U0499613

会计学国家一流专业建设点系列教材

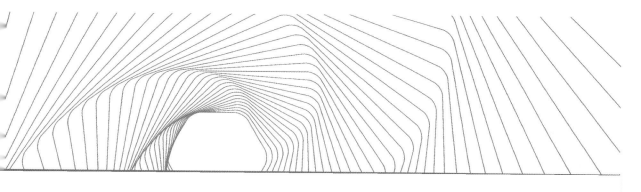

主 编 陆 丝
副主编 赵 翠 吴 尧 屈 楠

中国财经出版传媒集团

经济科学出版社
Economic Science Press
·北京·

图书在版编目（CIP）数据

财务大数据分析 / 陆丝主编；赵翠，吴尧，屈楠副主编 . -- 北京：经济科学出版社，2025.2. --（会计学国家一流专业建设点系列教材）. -- ISBN 978 - 7 - 5218 - 6787 - 9

Ⅰ . F275

中国国家版本馆 CIP 数据核字第 2025BA3725 号

责任编辑：杜　鹏　常家凤
责任校对：郑淑艳
责任印制：邱　天

财务大数据分析

CAIWU DASHUJU FENXI

主　编　陆　丝
副主编　赵　翠　吴　尧　屈　楠
经济科学出版社出版、发行　新华书店经销
社址：北京市海淀区阜成路甲 28 号　邮编：100142
编辑部电话：010 - 88191441　发行部电话：010 - 88191522
网址：www. esp. com. cn
电子邮箱：esp_bj@ 163. com
天猫网店：经济科学出版社旗舰店
网址：http: // jjkxcbs. tmall. com
固安华明印业有限公司印装
787×1092　16 开　18.75 印张　450000 字
2025 年 2 月第 1 版　2025 年 2 月第 1 次印刷
ISBN 978 - 7 - 5218 - 6787 - 9　定价：49.00 元
（图书出现印装问题，本社负责调换。电话：010 - 88191545）
（版权所有　侵权必究　打击盗版　举报热线：010 - 88191661
QQ：2242791300　营销中心电话：010 - 88191537
电子邮箱：dbts@ esp. com. cn）

前　　言

在当今这个数据激增、科技赋能的时代，财务领域正经历着深刻的变革，随着大数据技术的飞速发展，海量的财务及业务数据能够实现实时采集、高效整合与深度挖掘，为企业决策层提供精准、及时且极具前瞻性的决策依据。

本教材作为财务大数据理论与实训相结合的应用型教材，旨在通过介绍财务大数据的基本概念及操作方法，让使用者了解和掌握通用大数据工具——Power BI，掌握先进的数据分析技术和方法，使其能够通过收集—清洗—整理—挖掘—可视化的大数据处理流程，完成企业管理能力分析、企业资金预测、企业的风险分析和基于常用的财务数据模型的经营决策分析，挖掘财务数据背后的价值，为企业的战略决策、风险管理、绩效评估等提供有力的支持。

本教材对接数字经济等国家战略，根据人工智能、大数据、云计算等现代信息技术快速发展带来的财务工作转型需要，突出业财融合，应用职业场景及案例企业数据，实现理论与实践相结合，具有鲜明的职业特色。

本教材具有以下几个特点：

（1）理论与实践紧密结合。本教材不仅系统地介绍了财务大数据分析的基本理论和方法，还通过大量的实际案例和实训项目，让使用者在实践中加深对理论知识的理解和掌握，为使用者构建起清晰的操作路线，有效提高操作的准确性。

（2）突出案例教学。本教材选取了企业实际案例，具有很强的代表性和实用性。通过对这些案例的分析和讨论，使用者可以了解不同类型企业的财务状况和经营管理情况，提高分析问题和解决问题的能力。

（3）融入思政元素。本教材融入了思政元素，通过案例分析和讨论，引导使用者树立正确的价值观和职业道德观，增强使用者的社会责任感和使命感。

（4）采用"任务驱动式"编写体例。本教材在每一章前设置学习目标、课程导读，正文按照一般认知规律，共设计任务描述、任务要求、知识准备、任务实现、巩固与练习等环节，强化对知识点的理解，同时提高操作的熟练度和准确性，培养学习者分析和解决问题的能力。

本教材为会计学国家一流专业建设点系列教材之一，由长春光华学院会计学国家一流本科专业建设教学团队和企业会计专家合作编写。具体分工为：第一章感知财务大数据（陆丝），第二章初识 Power BI、第三章经营业务数据采集、第四章经营业务数据处理、第五章企业管理能力分析及可视化（吴尧），第六章企业销售分析及可视化、第七章企业费用分析及可视化、第八章企业成本分析及可视化、第九章企业资金需求预测、第十章企业综合经营分析（赵翠），第十一章企业经营决策分析实训（赵翠、屈楠）。

本教材的编写得到了云帐房网络科技有限公司、财智未来（北京）教育科技有限公司等单位的大力支持和帮助，在此表示衷心感谢。我们诚挚地希望广大读者在使用过程中提出宝贵的意见与建议，以便我们进一步提高和完善。

编者

2025 年 2 月

目　录

第一章　感知财务大数据

【学习目标】

知识目标
◇理解大数据的概念，掌握大数据的特征
◇掌握大数据的重要性与应用
◇了解大数据框架

能力目标
◇能够运用大数据思维解决问题的能力
◇能够利用可视化工具进行数据处理的能力

素质目标
◇培养学生对数据的敏感性
◇培养学生具备大数据时代正确处理和使用信息的网络素养

【课程导读】

国家大数据战略

2015 年 10 月，党的十八届五中全会正式提出"实施国家大数据战略，推进数据资源开放共享"。2022 年 10 月，党的二十大提出，加快构建制造强国、质量强国、航天强国、交通强国、网络强国、数字中国。"数字中国"建设经历萌芽起步、试点探索到上升为国家战略。数字时代，在企业经营管理过程中，财务人员需要系统地学习大数据分析的基本理念和方法。

第一节　大数据的概念和特征

▶▶ **任务描述**

什么是大数据？

大数据已经融入我们的生活中，从人口普查到网上购物，从交通路线选择到学习视频下载，每天大数据都围绕在我们身边。那么，到底什么是大数据呢？它的特征有哪些？

▶▶ **任务要求**

了解大数据的概念和发展历程，掌握大数据的基本特征和种类，为后面章节的学习奠定基础。

▶▶ **知识准备**

一、大数据的概念

麦肯锡全球研究院（McKinsey Global Institute）指出，大数据是指大小超过经典数据库系统收集、存储、管理和分析能力的数据集。这一定义是站在经典数据库处理能力的基础上看待大数据的。

维基百科（Wikipedia）指出，大数据是规模庞大，结构复杂，难以通过现有商业工具和技术在可容忍的时间内获取、管理和处理的数据集。

美国国家标准技术研究院（NIST）指出，大数据是具有规模巨大（volume）、种类繁多（variety）、增长速度快（velocity）和变化频繁（variability）的特征，且需要一个可扩展体系结构来有效存储、处理和分析的广泛的数据集。

互联网数据中心（IDC）认为，大数据是用来描述和定义信息化社会所产生的海量数据，涉及新架构和技术，并进行技术发展与创新，目的是更经济、有效地从高频率、大容量、不同类型和结构的数据中获取相关价值。

在维克托·迈尔–舍恩伯格（Viktor Maver-Schönberger）及肯尼斯·库克耶（Kenneth Gukier）编写的《大数据时代》中，大数据是指不用随机分析法（抽样调查），而采用所有数据进行分析处理。

本教材认为，大数据（big data）是指无法在一定时间范围内用常规软件工具进行捕捉、管理和处理的数据集合，是需要新处理模式才能具有更强的决策力、洞察发现力和流程优化能力的海量、高增长率和多样化的信息资产。

二、大数据的特征

本教材认为，大数据具有"5V"特征，即 veracity（数据真实）、volume（数据大量）、velocity（处理高速）、variety（数据多样）和 value（价值密度低）。

（一）数据真实

数据客观存在，数据也在如实地反映着客观世界。所以大数据的一个基本特点就是它的真实性。

（二）数据大量

数据体量非常大。大数据从 TB 级别直接向 EB 级别跨越。当前，个人计算机储存容量已经按 TB 进行计算，而一些大型企业的数据计算能量已经开始用 EB 进行计算。2021 年，全球电子设备存储的数据总产量已达到 67ZB。

（三）处理高速

数据处理速度非常快。在进行大数据数据处理时，数据处理一般遵循一秒定律，通过一秒钟时间可以从多样数据中迅速获取高价值的信息，必须要在 1 秒钟内形成答案，否则处理结果就是过时和无效的。

（四）数据多样

大数据种类繁多，数据来自多种数据源。由于数据是多样性的，使得其囊括了结构化、半结构化和非结构化数据，和以前以文本结构性保存数据相比，半结构化和非结构化数据与日俱增，70% ～ 80% 的数据是如图片、音频、视频、模型、连接信息、文档等非结构化和半结构化数据。非结构性数据主要包括视频、音频、网络图片等。

（五）价值密度低

大数据呈现出较低密度值。大数据数据量非常繁杂，但是真正有用的数据非常少，例如，大数据中收集了 1 小时的视频，而真正有意义的视频时间可能就是其中 1 秒钟。挖掘大数据的价值类似沙里淘金，从海量数据中挖掘稀疏且珍贵的信息，因此，我们需要借助各种算法，对数据进行挖掘，让大数据真正发挥作用。

第二节　大数据带来的改变

▶▶ 任务描述

大数据带来哪些变化？

随着人工智能的到来，以数据驱动产业的发展和变革，已经成为各个行业发展的重点，也使各行业和各领域发生了巨大的变化。

▶▶ 任务要求

大数据时代企业商业与经营决策，不再仅基于经验和直觉，更加基于数据和分析，结合生活经验并查阅相关资料，了解大数据给各行业带来的改变。

▶▶ 知识准备

一、大数据的发展历程

第一阶段为萌芽期（20 世纪 90 年代至 21 世纪初）。

随着数据挖掘理论和数据库技术的逐步成熟，一批商业智能工具和知识管理技术开始被应用，如数据仓库、专家系统、知识管理系统等。

第二阶段为成熟期（21世纪前10年）。

Web2.0应用迅猛发展，非结构化数据大量产生，传统处理方法难以应对，带动了大数据技术的快速突破，大数据解决方案逐渐走向成熟，形成了并行计算与分布式系统两大核心技术，谷歌的GFS和MapReduce等大数据技术受到追捧，Hadoop平台开始大行其道。

第三阶段为大规模应用期（2010年以后）。

大数据应用渗透各个行业，数据驱动决策，信息社会智能化程度大幅提高。

二、大数据在各领域的应用

全球零售业巨头沃尔玛在对消费者购物行为分析时发现，男性顾客在购买婴儿尿片时，常常会顺便搭配几瓶啤酒来犒劳自己，于是沃尔玛尝试推出了将啤酒和尿布摆在一起的促销手段。没想到这个举措居然使尿布和啤酒的销量都大幅增加了。如今，"啤酒+尿布"的数据分析成果早已成为大数据技术应用的经典案例，被人们津津乐道。

大数据在精准医疗上的应用前景正在被业界认可，目前业界很多公司都在探索将用户的所有医疗影像以及基因数据汇聚在一起，通过健康大数据分析软件进行深度挖掘，从而进行更加精准的医疗，致力于推动人类的诊疗从"治"逐步向"防"转变。

数字化是当前企业财务领域发生的深刻变化，基于大数据、机器学习和人工智能的数字化技术，奠定了企业财务转型升级的深厚基础。在物联网和数字化深度融合的时代，企业财务管理的科学化、前瞻性和数据化处理要求越来越高，不再是传统的模块管理、人工决策和单向操作，而是一种数据分析、数据应用和财务价值提升的升级。财务共享将成为企业运营的关键，并且为企业的战略决策、各部门运行以及组织变革提供强大的财务支持。

金税三期统一了全国征管应用系统版本，国税、地税合并，搭建了统一的纳税服务平台，税务部门管控企业非常严格，核心为"以票制税"，2021年8月1日，我们又迎来了金税四期，无论是对企业的发票管控还是企业内外账的管控都更加严格了。同时，金税四期通过大数据、人工智能等新一代信息技术，对税务的征管提供支持，税务系统与地产登记系统、银行系统等进行对接，从而进行更加严格的资金管控，并增加企业相关人员身份信息及信用的管控，包括法人、股东及其直系亲属的手机号、纳税状态、登记注册信息等，通过以上操作，能够帮助税务部门监管企业的每一笔交易、每一个合同，甚至是每一元钱，使企业变得更加透明，这就是大数据带来的改变。

大数据"杀熟"现象最早可以追溯到亚马逊在2000年的一个差别定价"实验"。当时，有用户发现《泰特斯》（*Titus*）的碟片对老顾客的报价为26.24美元，但是删了存储数据信息后发现报价变成了22.74美元。这件事情的曝光，让亚马逊面临消费者如潮的指责，最后CEO贝索斯亲自道歉，称一切只是为了"实验"。这是否只是个"实验"不得而知，但调整价格来"追逐利润"是毋庸置疑的。

大数据"杀熟"的方式还会体现在消费记录、地理位置、新老用户、手机型号和搜索记录等方面。人们用不同型号的手机打车时，大数据通常会根据手机型号的不同而体现不同的价格；人们在淘宝、天猫、京东上进行商品的搜索选择时，大数据会统筹客户偏好，并择优推荐，例如，信用卡中心，能够统计出卡主的消费情况，包括月消费额和消费频率等，进而描述客户的消费情况。

三、大数据对财务发展的影响

对于企业来说，业务与财务正逐渐走向融合，而追溯财务的发展历程，技术进步引发了财务的四次变革。第一次变革，复式记账法是现代会计的发端，复式记账法能清晰地反映企业业务往来和经营状况。第二次变革，计算机的诞生引发了会计电算化，传统的手工账被搬到了计算机上，使计算机实现了计算能力和存储能力的巨大飞跃。第三次变革，互联网的出现，跨过时空的障碍，把封闭、分散的财务聚集到一个点上，通过流程再造和 ERP 信息系统再造实现了财务共享。第四次变革，"大智移云物"革新了财务的工作模式，智能财税系列产品悄然改变着财务的工作模式，财务工作将更趋于自动化、数字化和智能化。

在相当长的时间里，石油是一些中东国家争夺的核心资源，而当前这个时代，核心资源已成为数据，因为数据里面带着很多可以再深度挖掘的信息，所以谁能更快更有效率地挖掘数据，他就掌握了相应的技能，能让我们的企业飞快的发展。

第三节　大数据的框架

▶▶ 任务描述

大数据的思维模型

大数据是收集、整理、处理大容量数据集，并从中获得见解所需的非传统战略和技术的总称。显然处理大数据所需的计算能力或储存容量早已超过一台计算机的上限，那么构建合理的大数据的处理框架，才能使得大数据被分析和利用。

▶▶ 任务要求

了解大数据的发展动能与处理框架。

▶▶ 知识准备

一、大数据的发展动能

云计算、人工智能、物联网、硬件性价比的提高以及软件技术的进步推动大数据技术的发展。

(一) 存储能力提升

数据存储设备的发展历史始终贯穿着"应用的需求"和"技术发展的推动"两条主线。数据分析、人工智能、机器学习、区块链、机器人技术和物联网 (IoT) 等几大趋势推动了人们对更大存储容量的需求。面对技术发展的推动,我们最直观的感受就是,日常工作生活所需要的存储介质容量已经由过去的 MB 为单位,发展到现在的 TB (1TB = 1 024GB = 1 048 576MB) 为单位。

(二) 计算能力的提升

在数字计算机的整个发展历程中,计算机发展的两个动力是算得更多和算得更快。在科学计算巨大需求的牵引之下,超级计算机的计算性能按照"十年千倍"的速度迅猛攀升。

(三) 数据结构创新

大数据包括结构化、半结构化和非结构化数据,非结构化数据越来越成为数据的主要部分。据互联网数据中心 (Internet Data Center,IDC) 的调查报告显示:企业中 80% 的数据都是非结构化数据,这些数据每年都按指数增长 60%。大数据就是互联网发展到现今阶段的一种表象或特征而已,没有必要神化它。在以云计算为代表的技术创新大幕的衬托下,这些原本看起来很难收集和使用的数据开始变得容易被利用起来,通过各个行业的不断创新,大数据会逐步为人类创造更多的价值。

(四) 数据范围扩展

交易数据包括 POS 机数据、信用卡刷卡数据、电子商务数据、互联网点击数据、"企业资源规划"(ERP)系统数据、销售系统数据、客户关系管理(CRM)系统数据、公司的生产数据、库存数据、订单数据、供应链数据等。

移动通信数据包括移动通信设备记录的数据量和数据的立体完整度,常常优于各家互联网公司掌握的数据。

人为数据包括电子邮件、文档、图片、音频、视频,以及通过微信、博客、推特、维基、脸书、领英等社交媒体产生的数据流。这些数据大多数为非结构性数据,需要用文本分析功能进行分析。

机器和传感器数据来自感应器、量表和其他设施的数据、定位/GPS 系统数据等,特别是新兴的物联网(IoT)的基础数据之一就是机器和传感器所产生的数据。

互联网上的"开放数据"来源,如政府机构、非营利组织和企业免费提供的数据。

二、大数据的技术支持

大数据处理需要拥有大规模物理资源的云数据中心和具备高效调度管理功能的云

计算平台的支撑。从某种观点来看，没有计算机的云计算技术，就不会有大数据的分析和利用，大数据与云计算是相辅相成的。云计算的核心思想，是将大量用网络连接的计算资源统一管理和调度，构成一个计算资源池向用户按需服务。云计算关键技术包括虚拟化、分布式存储、分布式计算和多租户等，而 Hadoop、Spark、Storm、Flink 是比较常用的分布式计算系统。

（一）Hadoop

Hadoop 是 Apache 软件联盟（The Apache Software Foundation）的一个项目，是一个处理、存储和分析海量的分布式、非结构化数据的开源框架。最初由雅虎的 Doug Cutting 创建，基于 Java 语言开发的，具有很好的跨平台特性，并且可以部署在廉价的计算机集群中。Hadoop 的灵感来自 Google 著名的三篇大数据的论文，分别讲述 GFS、MapReduce、BigTable。Hadoop 具有高效性、高可拓展性、高容错性、高可靠性、成本低和支持多种编程语言等特性。并行计算框架 MapReduce 是一种编程模型，用于大规模数据集（大于 1TB）的并行运算，最早是由 Google 公司研究提出的一种面向大规模数据处理的并行计算模型和方法。

（二）Spark

Apache Spark 是专门为大规模数据处理而设计的快速通用的计算引擎。Spark 是加州大学伯克利分校的 AMP 实验室（UC Berkeley AMP lab）所开源的类 Hadoop MapReduc 的通用并行框架。Spark 比 Hadoop 快 100 倍，因此，Spark 能更好地适用于数据检掘与机器学习等需要迭代的 MapReduce 的算法。Spark 具有快速、易用、广泛的平台支持和通用性等特征。

（三）Storm

Storm 由 Twitter 开源并托管在 GitHub 上的 Storm 大数据框架，与 Hadoop 的批处理模式不同，Storm 采用的是流计算框架。但 Storm 与 Hadoop 存在相似之处，它也提出了 Spout 和 Bolt 两个计算角色。

（四）Flink

Flink 大数据框架也是一种混合式的计算框架，与 Spark 不同，Fink 重点在于处理流式数据，目前 Fink 还不算成熟。

巩固练习

（1）了解大数据处理框架的几种方式，并自主探索 Google、淘宝网和中国移动运用的是哪种处理框架。

（2）查阅相关资料，总结大数据在交通运输行业的应用案例和场景，制作 PPT 并进行汇报。

第二章　初识 Power BI

【学习目标】

知识目标

◇了解 Power BI 的特点

◇掌握 Power BI Desktop 的 3 种视图

◇掌握 Power BI 数据获取、整理和合并等常用操作

◇熟悉 DAX 常用函数

能力目标

◇能够根据案例需求，通过 Power BI 进行数据表格的清洗，使数据符合可视化要求

◇能够根据案例需求，通过 Power BI 新建列和各种度量值

素质目标

◇培养学生动手操作能力

◇培养学生应用 Power BI 完成基础财务信息处理的能力

【课程导读】

工欲善其事，必先利其器

儒家学派创始人孔子曾在《论语·卫灵公》描述，子贡问为仁。子曰："工欲善其事，必先利其器。居是邦也，事其大夫之贤者，友其士之仁者。"前半句的意思是说，孔子告诉子贡，一个做手工或工艺的人，要想完成好工作，必须先使工具锋利。在大数据分析中，数据处理的基础知识非常重要。如果数据清洗、整理等操作不充分，就会导致后续数据分析工作不能顺利进行，因此，掌握 Power BI 的各项操作尤为重要。

第一节　体验 Power BI

▶▶任务描述

利用 Power BI 生成可视化表格

在当今万物互联的时代，大数据分析、数据挖掘、RPA 等技术的发展，导致各

类数据可视化应用如雨后春笋般层出不穷。我们主要研究如何让大数据分析成为非数据分析人员也能做到的事情，Power BI 作为一种自助式商业智能分析工具是如何实现"人人都是数据分析师"功能的。

▶▶ 任务要求

本任务主要通过熟悉 Power BI 各功能，完成2014～2023年我国31个省份的三个产业的 GDP 可视化图表，做到即刻生成一份可视化表格。

▶▶ 知识准备

一、什么是 Power BI

Power BI 是一套商业分析工具，用于在组织中提供见解，可连接数百个数据源、简化数据准备并提供进行分析，生成美观的报表并进行发布，供组织在 Web 和移动设备上使用。每个人都可以创建个性化仪表板，获取针对其业务的全方位独特见解，在企业内实现扩展，内置管理和安全性。换句话说，Power BI 是微软推出的，可以从多种数据源中提取数据，并对数据进行整理分析，然后生成多种样式的可视化图表，同时支持在电脑端或移动端多人共享的数据分析利器。

下载地址及方式（如图2-1、图2-2所示）：

https：//www. microsoft. com/zh-CN/download/details. aspx？ id=58494

Microsoft Power BI Desktop

重要！ 选择下面的语言后，整个页面内容将自动更改为该语言。

选择语言： 中文(简体) ⌄ **下载**

图 2-1　选择中文下载

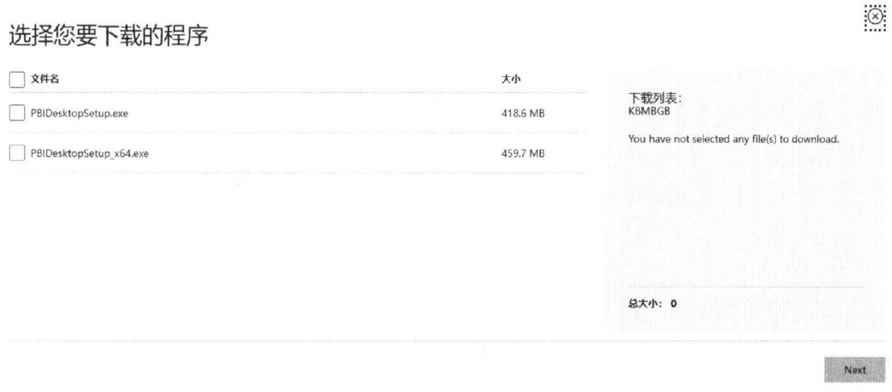

选择您要下载的程序

文件名	大小
☐ PBIDesktopSetup.exe	418.6 MB
☐ PBIDesktopSetup_x64.exe	459.7 MB

下载列表：
KBMBGB

You have not selected any file(s) to download.

总大小：0

Next

图 2-2　根据电脑操作系统选择安装包

二、Power BI 特点

Power BI 作为一款商务智能软件具有以下特点。

（一）Any Data（任何数据）

Power BI 在进行数据处理时，支持各种数据源，包括文件（如 Excel、CSV、XML、JSON、文件夹和 PDF 等），数据库（如 SQL Server、Access、Oracle、Db2、MySQL 等），以及各种微软云数据库和其他外部数据源（如 R 脚本、Hadoop 文件、Web 等），如图 2 - 3 所示。

图 2 - 3   Power BI 各种数据源

（二）Any Where（任何地点）

Power BI 支持用户在任何地方编辑和修改报表，而不仅是在桌面端 Power BI Desktop 中编辑和发布报表。微软公司还提供了一种功能丰富的在线编辑工具，通过模型的发布，可以对组合发布的报表使用分享功能，并发送到指定邮箱或者嵌入业务系统中，非常方便，如图 2 - 4 所示。

（三）Any Way（任何方式）

无论开发者、使用者还是领导，都可以随时在 PC 端、移动端根据赋予的权限查询、探索、分析相关数据，并作出决策，如图 2 - 5 所示。

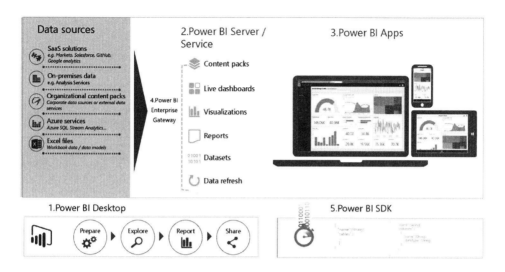

图 2 – 4　**Power BI 可以应用的场景**

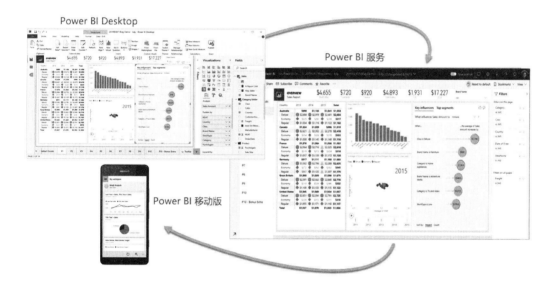

图 2 – 5　**Power BI 的应用方式**

三、Power BI 的使用

（一） Power BI Desktop 界面

Power BI Desktop 界面包括功能区、视图和报表编辑器三部分，如图 2 – 6 所示。

图 2 - 6　Power BI Desktop 界面

1. 功能区

功能区包括文件、主页、插入、建模、视图和帮助等操作，可用于数据可视化的基本操作。

在"主页"功能区选择"获取数据"，选择需要分析的数据。如果需要引入常用的 Excel、SQL、CSV/TXT 等格式之外的数据源，可以选择"更多"，如图 2 - 7 和图 2 - 8 所示。

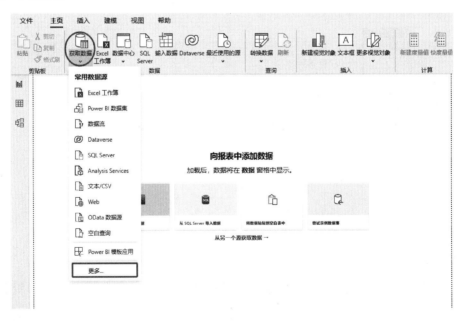

图 2 - 7　获取数据操作

图 2 - 8　根据实际需要，选择对应的数据源

2. 视图

Power BI 有三种视图，分别是报表视图、数据视图和模型视图。

在报表视图中，用户可以根据自己的需求创作可视化图标，在画布中加入条形图、柱状图、圆环图和文本等，如图 2 - 9 所示。

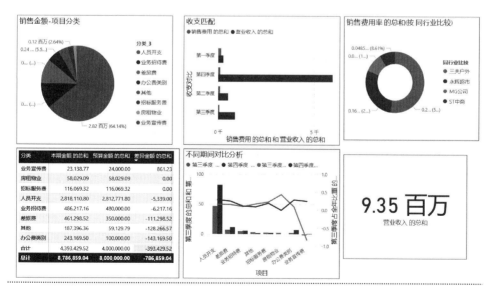

图 2 - 9　报表视图实例

在数据视图中，显示的是获取并整理后的数据。用户可以通过数据视图查询浏览 Power BI Desktop 中的数据，需要创建、计算度量值时，数据视图可以发挥作用，如图 2 - 10 所示。

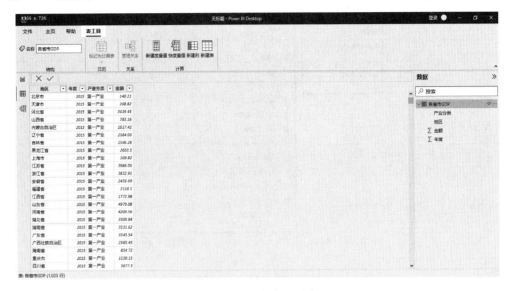

图 2 - 10　数据视图实例

在模型视图中，显示模型中的所有表、列和关系。在模型视图中可以建立表与表之间的关联，即数据建模，如图 2 - 11 所示。

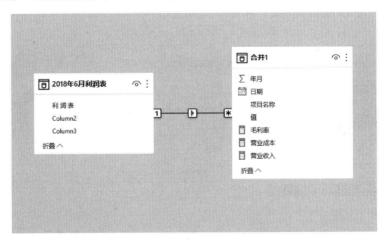

图 2 - 11　模型视图实例

（二）Power Query 界面

当大家学习 Power BI 一段时间之后，将会发现总是能碰到 Power Query（PQ），它和 Power BI 是什么关系呢？

Power Query 用作数据处理的大众化软件是 Excel，Excel 可以满足人们日常办公的需要，但在大数据时代则略有不足，微软也意识到了这一点，所以从 Excel 2010 开始，推出了一个叫 Power Query 的插件，以弥补 Excel 的不足，使其处理数据的能力边界大大提升。Excel 2010 和 Excel 2013 可以从微软官网下载 Power Query 插件使用。Excel 2016 以后，微软直接把 PQ 的功能嵌入进来，放在数据选项卡下，如图 2 - 12 所示。

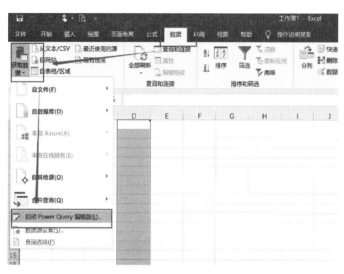

图 2 - 12　**Power Query 在 Excel 中的应用**

既然 Excel 也有 Power Query，那应该选择 Power BI 还是 Excel 呢？我们来看一下 Power BI 的优势：

- ✓ 界面更友好
- ✓ 更新速度更快，几乎每月都有更新（新功能、直接可以调用的新函数等）
- ✓ 图表库更丰富
- ✓ 对不同类型的终端支持更强大
- ✓ 可视化呈现能力非常强大
- ✓ 一款免费软件

使用 Power BI 可以帮用户快速清洗数据，提升数据的可用性。数据清洗在 Power BI 中内置的 Power Query 来完成的，导入初始数据源后，我们点击 Power BI Desktop 功能区中的转换数据进入 Power Query，如图 2 - 13 所示。

图 2 - 13　**Power Query 进入按钮**

Power Query 界面包括功能区、数据显示区和查询设置区三部分,如图 2 – 14 所示。

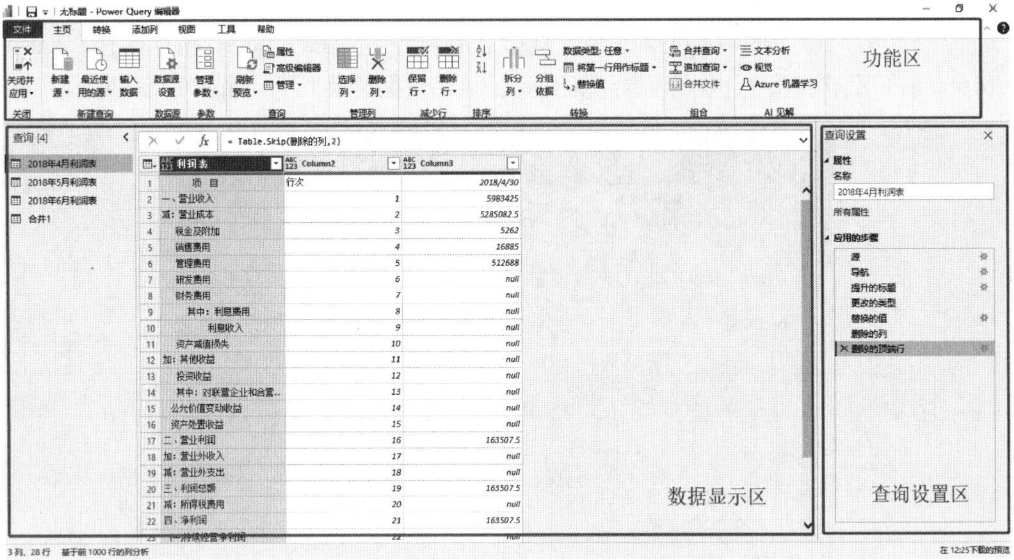

图 2 – 14　Power Query 界面

1. 功能区

功能区包括文件、主页、转换、添加列、视图、工具和帮助等菜单项,执行对数据清洗的各类操作。

其中,通过 Power Query 的"关闭并应用"功能,将清洗后的数据上载到 Power BI 数据模型中,我们可以在数据视图中查看这些数据,如图 2 – 15 所示。

图 2 – 15　将清洗完的数据返回主界面

2. 数据显示区

数据显示区可以显示涵盖的所有数据源,并且可以对每张表的编辑查询结果,对每列数据进行简单的操作,如更改属性、更改列名、删除等。

3. 查询设置区

查询设置区包括属性和应用的步骤两部分。其中,应用的步骤中,系统会自动记录 Power Query 编辑器的每一步操作,若想删除某一步骤,可以单击该步骤前的"×"按钮;若数据源保存位置变化,导致清洗的表格无法使用,可以单击"源",进行更改数据源,如图 2 – 16 所示。

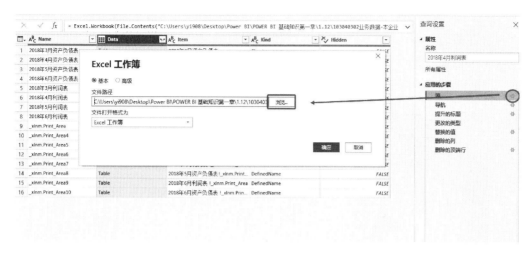

图 2 - 16　更改数据源

▶▶ **任务实现**

微软宣称 Power BI 只要几分钟就可以将数据转化为精美的图表，要不要尝试一下？

我们先准备一份 Excel 格式的数据，如图 2 - 17 所示。

地区	年度	第一产业	第二产业	第三产业
北京市	2023	140.21	4542.64	18331.74
天津市	2023	208.82	7704.22	8625.15
河北省	2023	3439.45	14386.87	11979.79
山西省	2023	783.16	5194.27	6789.06
内蒙古自治区	2023	1617.42	9000.58	7213.51
辽宁省	2023	2384.03	13041.97	13243.02
吉林省	2023	1596.28	7005.71	5461.14
黑龙江省	2023	2633.5	4798.08	7652.09
上海市	2023	109.82	7991	17022.63
江苏省	2023	3986.05	32044.45	34085.88
浙江省	2023	1832.91	19711.67	21341.91
安徽省	2023	2456.69	10946.83	8602.11
福建省	2023	2118.1	13064.82	10796.9
江西省	2023	1772.98	8411.57	6539.23
山东省	2023	4979.08	29485.9	28537.35
河南省	2023	4209.56	17917.37	14875.23
湖北省	2023	3309.84	13503.56	12736.79
湖南省	2023	3331.62	12810.82	12759.77
广东省	2023	3345.54	32613.54	36853.47
海南省	2023	854.72	875.82	1972.22
重庆市	2023	1150.15	7069.37	7497.75
四川省	2023	3677.3	13248.08	13127.72
贵州省	2023	1640.61	4147.83	4714.12
云南省	2023	2055.78	5416.12	6147.27
西藏自治区	2023	98.04	376.19	552.16

图 2 - 17　体验 Power BI 数据展示

数据是 2014～2023 年我国 31 个省份（不含港、澳、台地区）的三个产业的 GDP，我们用 Power BI 来看看这三个产业结构近年来有什么趋势？

（说明：本书所有案例数据可从教学资源中获取，以下不再重复说明）

获取数据，选择 Excel 格式导入，单击功能区，然后执行"获取数据"→"Excel"命令，如图 2-18 所示。

图 2-18 获取数据

这里选择编辑，进入查询编辑器，如图 2-19、图 2-20 所示。

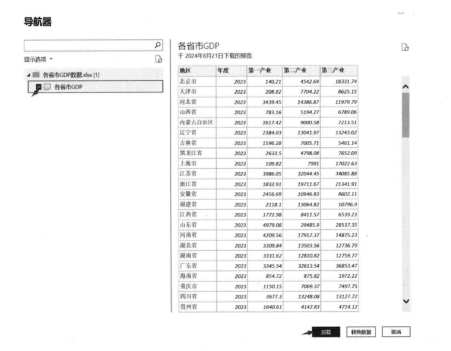

图 2-19 进入查询编辑器

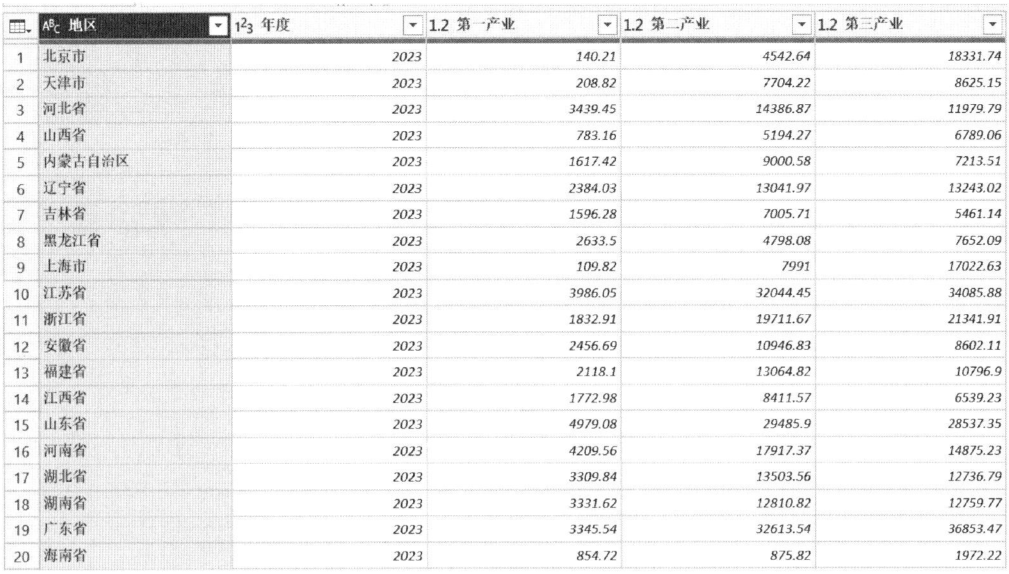

	ABC 地区	1²₃ 年度	1.2 第一产业	1.2 第二产业	1.2 第三产业
1	北京市	2023	140.21	4542.64	18331.74
2	天津市	2023	208.82	7704.22	8625.15
3	河北省	2023	3439.45	14386.87	11979.79
4	山西省	2023	783.16	5194.27	6789.06
5	内蒙古自治区	2023	1617.42	9000.58	7213.51
6	辽宁省	2023	2384.03	13041.97	13243.02
7	吉林省	2023	1596.28	7005.71	5461.14
8	黑龙江省	2023	2633.5	4798.08	7652.09
9	上海市	2023	109.82	7991	17022.63
10	江苏省	2023	3986.05	32044.45	34085.88
11	浙江省	2023	1832.91	19711.67	21341.91
12	安徽省	2023	2456.69	10946.83	8602.11
13	福建省	2023	2118.1	13064.82	10796.9
14	江西省	2023	1772.98	8411.57	6539.23
15	山东省	2023	4979.08	29485.9	28537.35
16	河南省	2023	4209.56	17917.37	14875.23
17	湖北省	2023	3309.84	13503.56	12736.79
18	湖南省	2023	3331.62	12810.82	12759.77
19	广东省	2023	3345.54	32613.54	36853.47
20	海南省	2023	854.72	875.82	1972.22

图 2-20 进入编辑页码

图 2-20 中的表格是二维表，为了方便分析，需要把二维表转化为一维表，这个操作在 Power BI 中非常简单，这里把三个产业结构的数据转化为一个字段，选中地区和年度列，从转换里找到"逆透视其他列"，如图 2-21 所示。

图 2-21 逆透视其他列

之后就成了一维表了，把最后两列的名称重命名一下，点击关闭并应用，如图 2-22 所示。

数据上载后，就可以在字段区看到这张表的字段，如图 2-23 所示。

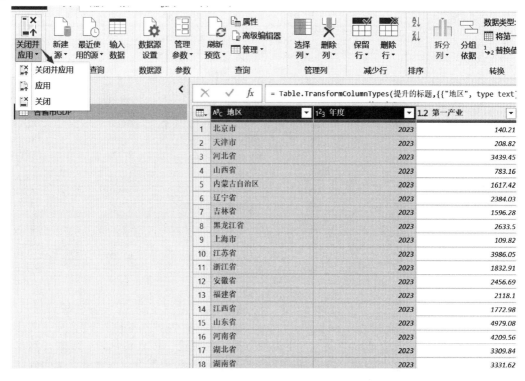

图2-22 关闭并应用

到这里数据已经整理完成，开始生成图表。为了直观看出各个产业的数据，我们先做一个产业结构数据的矩阵表，如图2-24所示。

图2-23 数据上载　　　　　　　　　**图2-24 矩阵表**

接下来把相应的字段拖进图表编辑框中，然后同样拖拽字段生成圆环图，如图2-25所示。

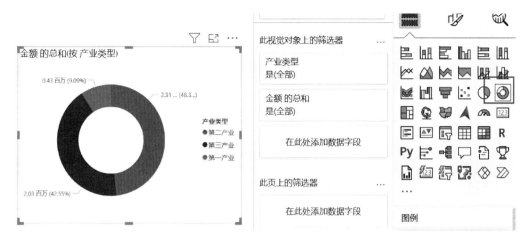

图 2 - 25　圆环表

图 2 - 25 中两个表都是按产业结构分类的，并没有把年度指标考虑进来，下面就来看看如何把年度放进来，如图 2 - 26 所示。

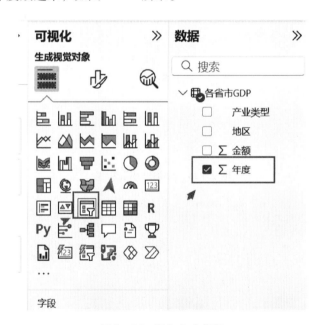

图 2 - 26　添加年度指标

实际上是做了一个切片器，通过点击年份的切片就可以控制另外两个图表的数据，这就是图表间的交互功能，我们先看一下效果，如图 2 - 27 所示。

如果不仅要看每年的数据，还要看这十年来的趋势，那么就放个堆积面积图，如图 2 - 28 所示。

使用堆积面积图后，设置将切片器不应用到堆积面积图上，如图 2 - 29 所示。

图 2 – 27 添加切片器

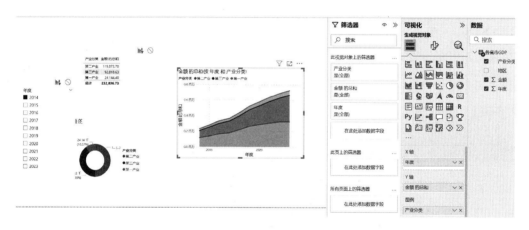

图 2 – 28 添加堆积面积图

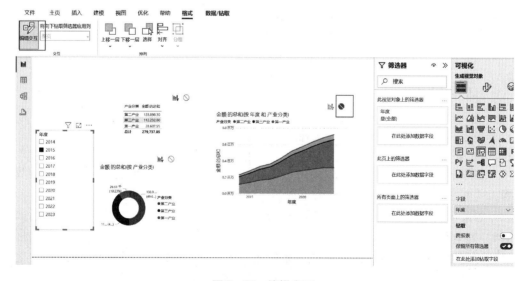

图 2 – 29 编辑交互

从图 2-29 可以看出，GDP 的增长主要来自第二产业和第三产业规模的扩大，第一产业的规模基本没什么变化，占比逐年降低。

原始数据是我国 31 个省份的产业数据，到现在为止还没有把省份维度放进来。和前面的年度切片器一样，再根据地区做一个各省份的切片器，然后在画布上拖拽调整对齐这几个图表的位置，并在上方写个标题，这套图表就完成了，我们来看一下效果，如图 2-30 所示。

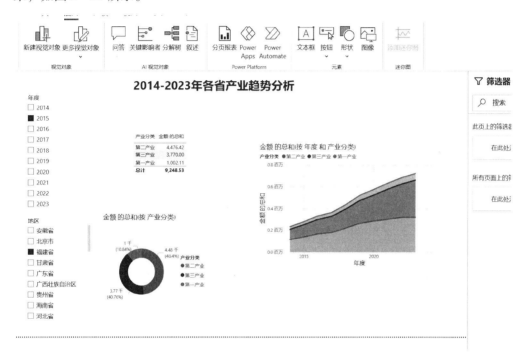

图 2-30 2014~2023 年各省产业趋势分析

如果操作熟练，5 分钟左右就可以生成一个这样的可视化图表。虽然图 2-30 看起来还有很多地方需要进一步完善，但是其效果已经超过大部分人用传统做法耗费一两个小时的成果。

第二节　数据清洗

使用 Power Query 完成数据清洗。

一、文件清洗

（一）单文件清洗

小明所在的公司每个月 BI 系统都会自动生成如图 2-31 所示的报表。

2023年1月份产品销售月报

2022.12.26-2023.1.25

产品名称	销售地区	客户名称	销售数量（吨）	单价（元）	平均单价（元）	总销售数量（吨）	应收货款（元）
ETC	东北	吉林合众	43.00	3600	3637.98	840.00	3055900.00
			91.00	3610			
			498.00	3635			
			136.00	3660			
			72.00	3675			
		三井物产	30.00	3650	3645.83	180.00	656250.00
			150.00	3645			
		大连得实	60.00	3590	3590.00	60.00	215400.00
		黑龙江银龙	27.00	3675	3675.00	27.00	99225.00
		平均单价：		**3637.56**		**1107.00**	**4026775.00**
其他	变焦料	沈阳百科	1.60	2750	2750.00	6.52	17930.00
		沈阳盈科	4.92	2750			
	装饰料	沈阳盈科	20.00	1290	1264.02	57.08	72150.00
		铁岭雄风	37.08	1250			
	平均单价：			**1416.35**		**63.60**	**90080.00**
合计：本月ETC销售xxxx吨，变焦料、装饰料销售xx吨，销售金额为xx元							

制表人　　王珂

图 2 -31　销售月报

现在我们需要将报表导入 Power BI 中，使其成为标准二维表，以便后续进行处理。导入时存在的问题有：

- 表头和表尾不属于数据内容，需删除；
- 末尾的 3 个列属于计算字段，可删除；
- 有几处平均价格的行，可删除；
- 合并单元格需要复制到每行。

第一步，导入数据，如图 2 -32 所示。

第二步，查看已生成的步骤，如图 2 -33 所示。

第三步，删除首尾的多余行。

第四步，删除最前面的 1 行。

第五步，删除空行。

第六步，删除最后 2 行，如图 2 -34 所示。

图 2－32 导入数据

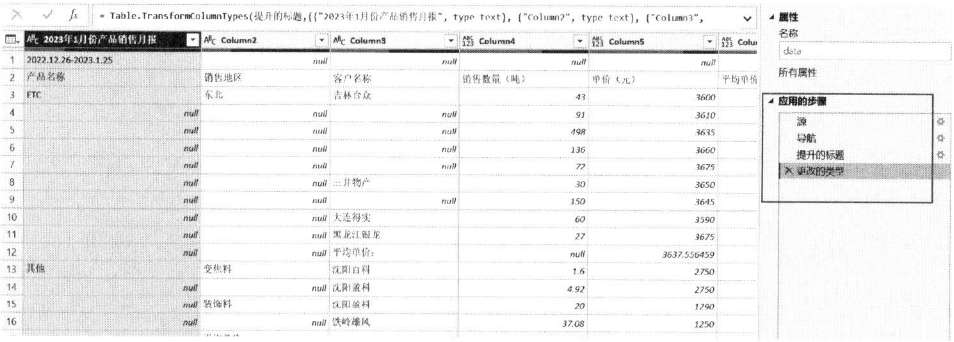

图 2－33 已生成步骤

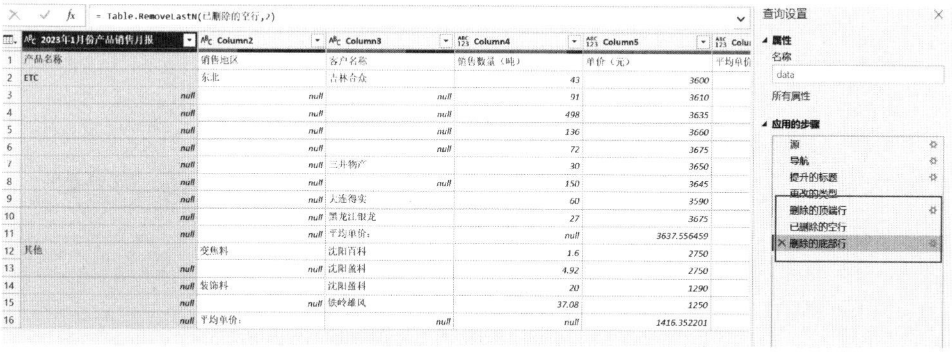

图 2－34 删除行

第七步，保留需要的列。保留前 5 列，删除其他列，如图 2 – 35 所示。

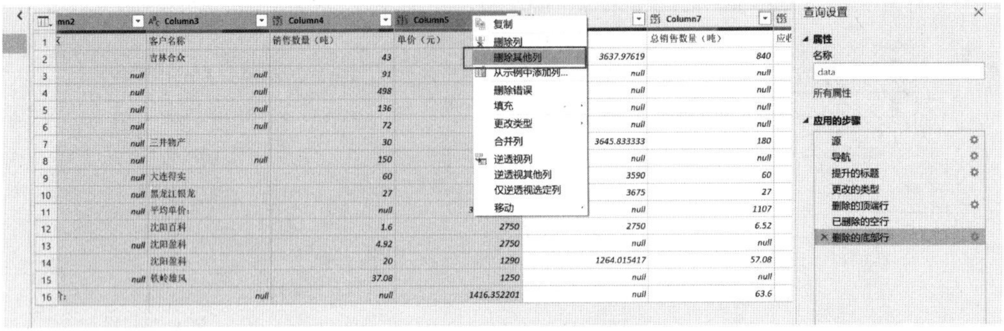

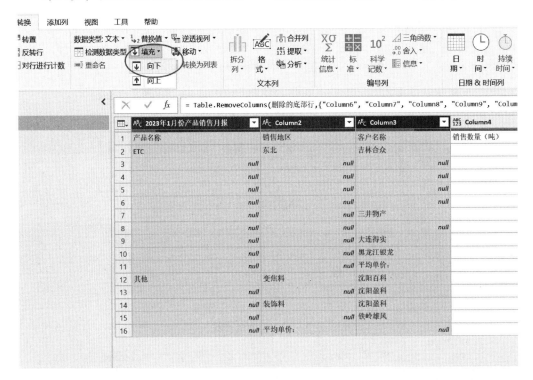

图 2 – 35   删除其他列

第八步，填充 null 值。将前三列的 null 值用值填充，如图 2 – 36 所示。

图 2 – 36   填充值

第九步，过滤掉不需要的行，如图 2 – 37、图 2 – 38、图 2 – 39 所示。

第 2 列和第 3 列中包含"平均单价"这 4 个字的行属于小计数据，需要删除。

图 2 - 37　删除第二列 ETC 平均单价

图 2 - 38　删除第二列其他平均单价

2023年1月份产品销售月报	Column2	Column3	Column4	Co
1	产品名称	销售地区	客户名称	销售数量（吨）	单价
2	ETC	东北	吉林合众	43	
3	ETC	东北	吉林合众	91	
4	ETC	东北	吉林合众	498	
5	ETC	东北	吉林合众	136	
6	ETC	东北	吉林合众	72	
7	ETC	东北	三井物产	30	
8	ETC	东北	三井物产	150	
9	ETC	东北	大连得实	60	
10	ETC	东北	黑龙江银龙	27	
11	其他	变焦料	沈阳百科	1.6	
12	其他	变焦料	沈阳盈科	4.92	
13	其他	装饰料	沈阳盈科	20	
14	其他	装饰料	铁岭雄风	37.08	

图 2 - 39　删除第三列平均单价

第十步，提升标题。将第一行提升为标题，如图2-40、图2-41所示。

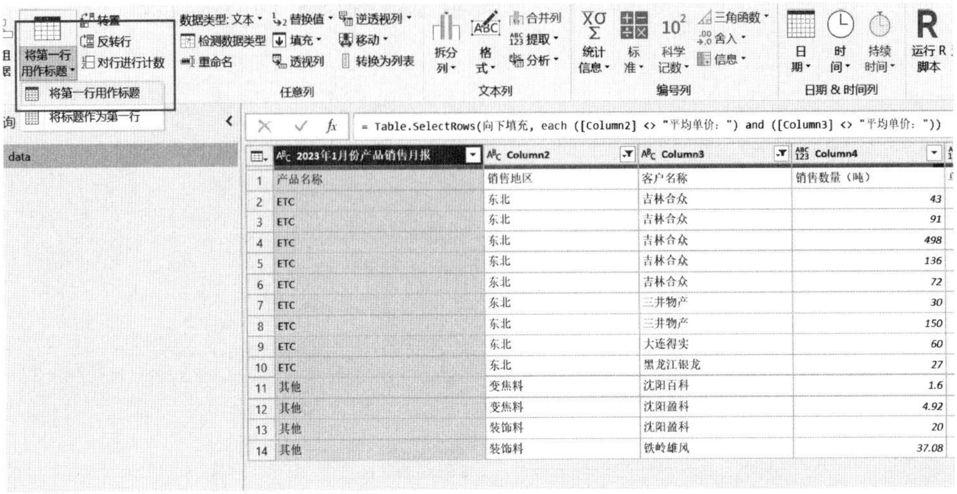

图2-40　将第一行提升为标题

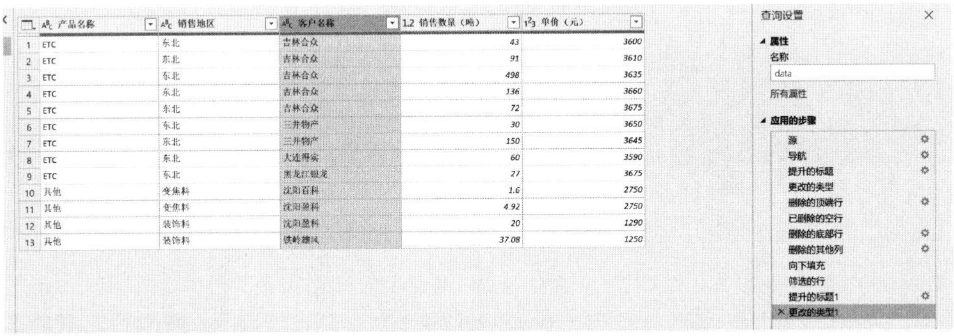

图2-41　提升标题

第十一步，检查数据类型，如图2-42所示。

图2-42　检查数据类型

第十二步，检验成果。关闭并应用，如图 2-43 所示。

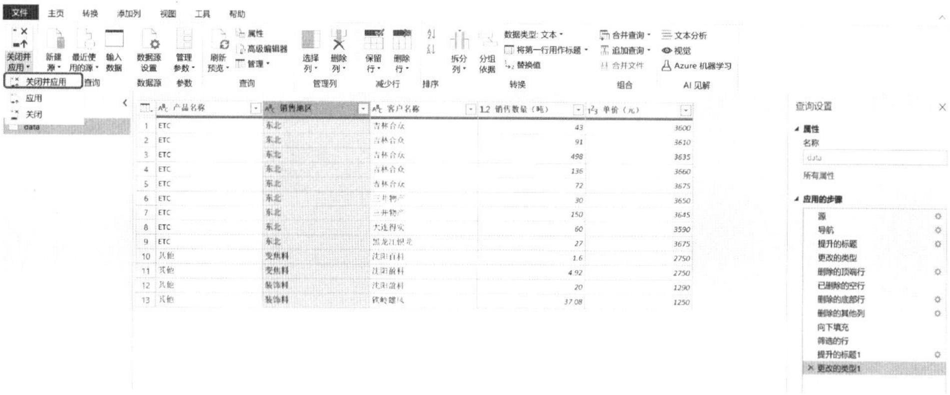

图 2-43 关闭并应用

第十三步，返回 Power BI Desktop 查看数据，如图 2-44 所示。

图 2-44 返回 Power BI Desktop

第十四步，保存，如图 2-45 所示。

02-单文件数据清洗 - Power BI Desktop

图 2-45 保存

（二）多文件清洗

完成了 1 月份数据文件的清洗后，2 月份的文件又如何清洗呢？其实不用重复以上步骤，下面介绍如何完成类似文件的清洗。

第一步，打开 Power Query。打开上节保存的文件，另存为另外的文件。点击"开始"选项卡中的"编辑查询"图标，重新进入 Power Query，如图 2-46 所示。

图 2 - 46　打开 Power Query

第二步，复制"1 月"查询并保存为"2 月"查询，如图 2 - 47、图 2 - 48 所示。

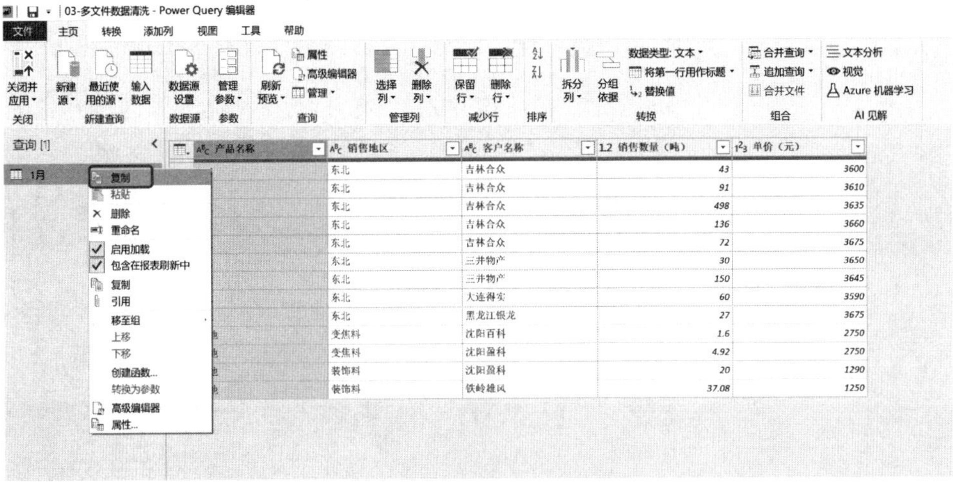

图 2 - 47　复制表

图 2 - 48　粘贴表

将查询重命名为"1月"，然后右键选择"复制"，右键选择"粘贴"后，重命名为"2月"。

第三步，更换源，如图2-49、图2-50所示。

图 2-49　更换源

图 2-50　数据呈现

二、多表合并

(一) 两表合并

我们已经清洗好了1月和2月的数据，现在将两个月的数据合并为一张大表，以便统计和分析。

这里有个问题需要解决，由于这两张表都没有时间标记，直接合并会导致分不清楚数据所属的时间，因此需要在合并之前为两张表添加时间列。

第一步，为两个查询添加"月份"列，如图2-51所示。

第二步，修改这列的数据类型为"整数"，如图2-52所示。

以同样的方式操作2月的数据。

第三步，将两张表合并为新表。将两张表按照"追加查询"合并成新表，如图2-53、图2-54所示。

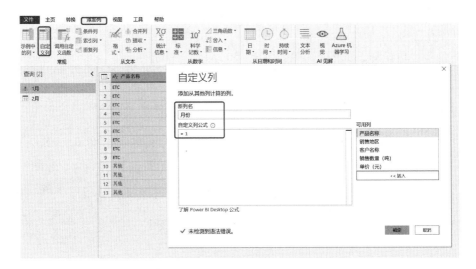

图 2-51　添加列

图 2-52　修改数据类型

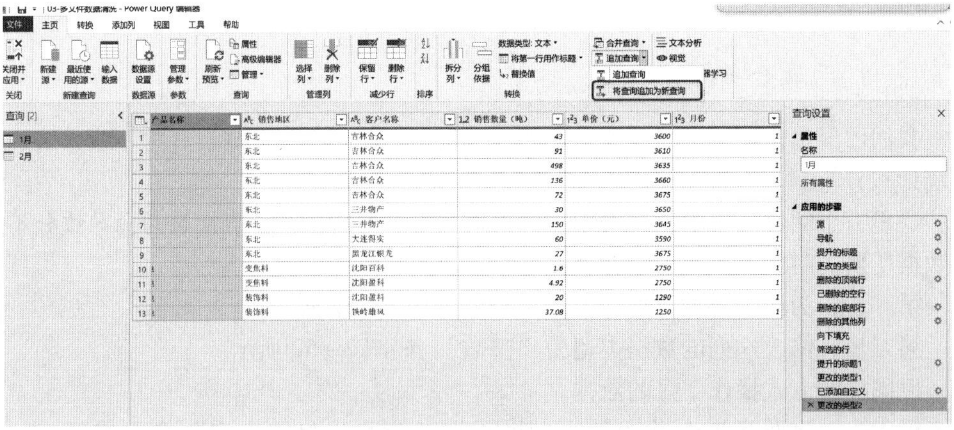

图 2-53　追加查询

图 2-54 合并表

第四步，查看结果，如图 2-55 所示。

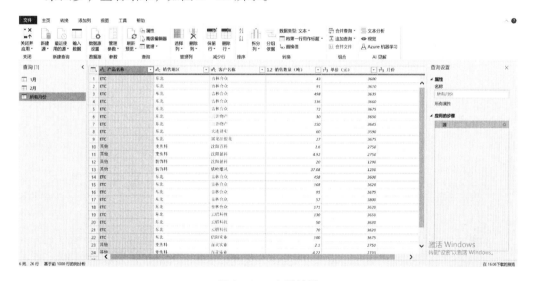

图 2-55 查看结果

（二）缺失值处理

数据的质量对数据分析的结果有较大的影响，本节介绍数据缺失的处理方法。

以《电信数据.xlsx》为例，进行缺失值的处理，如图 2-56 所示。

第一步，导入数据，如图 2-57 所示。

第二步，检查数据。将最后一列"流失"的数据类型修改成布尔型数据，如图 2-58 所示。

图 2 - 56　缺失值处理

图 2 - 57　导入数据

图 2 - 58　检查数据

第三步，删除空白行，如图 2-59 所示。

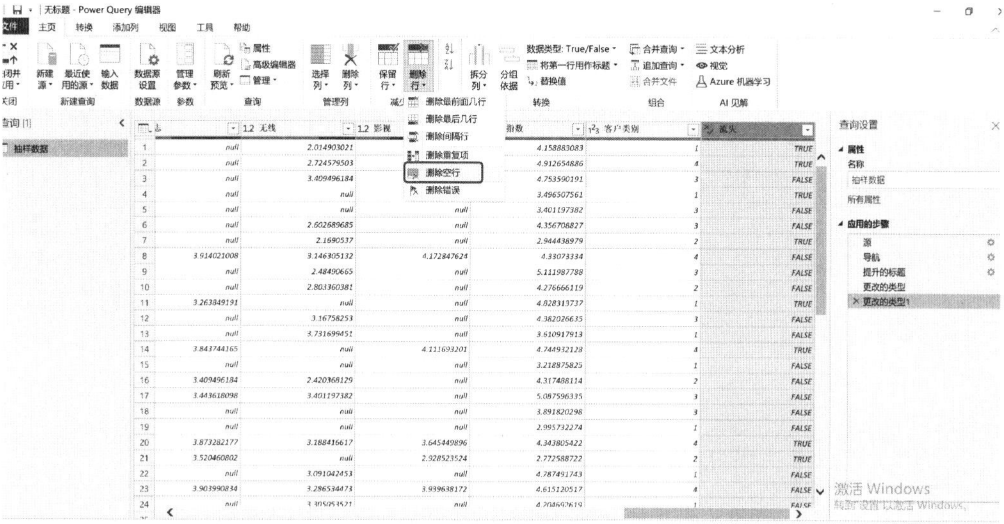

图 2-59 删除空白行

观察数据可以看到，有部分数据存在缺失值，在预览区里看到的只是部分数据，不能确定其他列没有缺失数据，因此，接下来需要确定每列是否都有缺失数据。

点击"关闭并应用"，返回 Power BI Desktop。

（1）在可视化组件选择区中选择"表"。

（2）在字段区中选择所有的字段。

（3）修改计算方式为"计数"，如图 2-60、图 2-61 所示。

图 2-60 修改计算方式

图 2 - 61　计数

第四步，点击"焦点模式按钮"放大表格，如图 2 - 62 所示。

图 2 - 62　焦点模式

第五步，保留缺失数据的列。计数值为 1 000 的列表示无缺失数据，可先将其删除。剩余有缺失数据的有 5 个字段：婚姻的计数、日志的计数、无线的计数、影视的计数、DL 时长的计数。

（1）分析和处理策略如表 2 - 1 所示。

表 2 - 1　　　　　　　　　　　　　　分析和处理策略

字段	处理策略
婚姻	文本型，两个缺失值，删除这两行数据对样本影响甚微，可以直接删除，也可以参考其他列的数据进行填充
日志	数值型，六成数据缺失，不能直接使用，可生成计算列"是否使用日志"
无线	数值型，1/3 数据缺失，可将缺失值填充为 0
影视	数值型，七成数据缺失，可生成计算列"影视使用情况"，分为"未使用、使用较少、使用较多"三种情况
DL 时长	数值型，一半数据缺失，可生成计算列"DL 使用情况"，分为未使用、较少时间、较长时间三种情况

（2）计算"影视"列和"DL 时长"列的均值，用于后续的计算字段。

选择表格，将"影视"列和"DL 时长"列的计算方式改为"平均值"，如图 2 - 63 所示。

DL时长 的平均值	影视 的平均值 i
3.24	3.60

图 2 – 63   计算均值

第六步，过滤"婚姻"列的空白行，如图 2 – 64 所示。

图 2 – 64   过滤空行

第七步，"日志"列的处理。添加条件列，如图 2 – 65 所示。

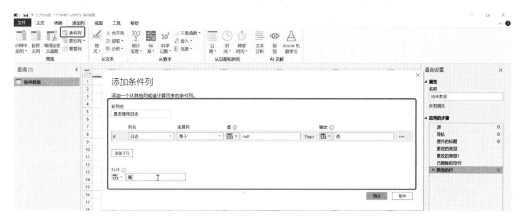

图 2 – 65   添加条件列

第八步，"无线"列的处理，如图 2 – 66 所示。无线列中 null 替换成 0。

图 2 - 66　处理"无线"列

第九步,"影视"列的处理,如图 2 - 67 所示。添加条件列,将"新列名"设置为"影视使用情况",条件如下:

If 影视 等于 null Then 未使用

Else if 影视 小于 3.6 Then 使用较少

Otherwise 使用较多

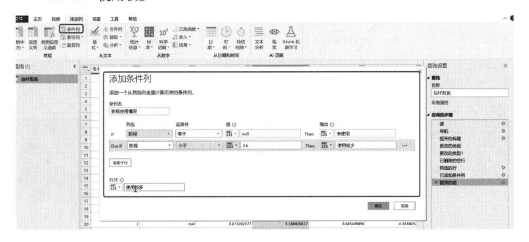

图 2 - 67　处理"影视"列

第十步,"DL 时长"列的处理,如图 2 - 68 所示。

添加条件列,将"新列名"设置为"DL 使用情况",条件如下:

If DL 时长 等于 null Then 未使用

Else if DL 时长 小于 3.24 Then 较少时间

Otherwise 较多时间

第十一步,更改数据类型,如图 2 - 69 所示。将新增加的三个条件列的数据类型修改为"ABC 文本"。

图 2 - 68　处理 DL 时长列

^{ABC} 是否使用日志	▼	^{ABC} 影视使用情况	▼	^{ABC} DL使用情况	▼
否		未使用		未使用	
否		使用较少		较少时间	
否		未使用		较少时间	
否		未使用		未使用	
否		未使用		未使用	
否		未使用		较少时间	
否		未使用		未使用	

图 2 - 69　更改数据类型

　　第十二步，变更"性别"的类型，如图 2 - 70 所示。性别列用 1 代表男性，用 0 代表女性，可替换为"男""女"：

（1）将类型修改为"ABC 文本"。

（2）将"0"替换为"女"，将"1"替换为"男"。

图 2 - 70　替换值

第十三步，回顾清洗的步骤。

第十四步，隐藏不需要的列，如图 2 - 71 所示。点击"关闭并应用"，返回 Power BI Desktop。隐藏"日志""影视""DL 时长"三个列。

图 2 - 71　隐藏列

第十五步，保存文件。将文件保存为"缺失值处理 . pbix"。

（三）多表横向合并

合并查询：多表横向合并。

有时需要把多个文件根据某个列的关联合并为一张大表，在 Excel 里通常使用 VLOOKUP 函数实现。但是，数值大的时候使用 VLOOKUP 函数往往会造成死机，此外，跨文件使用 VLOOKUP 函数也容易出现问题。

Power Query 的合并查询功能相对于 VLOOKUP 函数的优势在于：

- 性能较高，能处理超过 100 万行数据；
- 使用方便，不需要写公式，用鼠标操作即可完成。

第一步，获取数据。获取《销售数据 . xlsx》如图 2 - 72 所示。

第二步，合并前的准备工作。

对 Excel 中的销售数据、门店信息、产品信息、大区信息执行"删除空行"命令，如图 2 - 73 所示。

第三步，合并的目标。

"销售数据"中包含了销售明细，单表中只有门店编码，没有门店名称、城市、省份、大区的信息，缺少的信息可以在"门店信息"中找到。"销售数据"表中只有产品编码、产品名称、品类需要从"产品信息"表中获取合并的目标以"销售数据"为主表，合并"门店信息"和"产品信息"的内容，合并成"销售明细表"。

第四步，合并"门店信息"表，如图 2 - 74、图 2 - 75 所示。

年份	月份	门店编码	产品编码	销售数量	单价	销售金额
2023	1	S0001	P00001	55248	52	2,872,896
2023	1	S0047	P00001	39545	52	2,056,340
2023	1	S0001	P00003	33063	62	2,049,906
2023	1	S0047	P00002	33898	47	1,593,206
2023	1	S0009	P00001	39591	50	1,979,550
2023	1	S0001	P00004	34200	102	3,488,400
2023	1	S0013	P00001	34580	50	1,729,000
2023	1	S0001	P00002	29175	47	1,371,225
2023	1	S0001	P00005	23604	82	1,935,528
2023	1	S0001	P00006	21104	57	1,202,928
2023	1	S0009	P00002	25414	45	1,143,630
2023	1	S0009	P00003	31450	60	1,887,000
2023	1	S0047	P00003	26795	62	1,661,290
2023	1	S0047	P00004	19750	102	2,014,500
2023	1	S0047	P00005	28136	82	2,307,152
2023	1	S0001	P00007	22488	67	1,506,696
2023	1	S0002	P00003	24215	61	1,477,115
2023	1	S0032	P00001	28479	50	1,423,950
2023	1	S0001	P00010	23253	17	395,301
2023	1	S0009	P00004	23359	100	2,335,900
2023	1	S0002	P00006	30124	56	1,686,944
2023	1	S0047	P00006	21394	57	1,219,458
2023	1	S0002	P00001	22505	51	1,147,755
2023	1	S0001	P00008	23046	72	1,659,312
2023	1	S0013	P00006	21120	55	1,161,600
2023	1	S0031	P00005	30515	82	2,502,230
2023	1	S0027	P00001	35739	51	1,822,689
2023	1	S0047	P00007	24182	67	1,620,194
2023	1	S0050	P00001	35718	51	1,821,618
2023	1	S0056	P00002	27353	45	1,230,885
2023	1	S0013	P00002	23543	45	1,059,435
2023	1	S0001	P00009	33411	22	735,042
2023	1	S0050	P00003	35219	61	2,148,359
2023	1	S0056	P00004	22001	100	2,200,100

图 2-72 获取数据

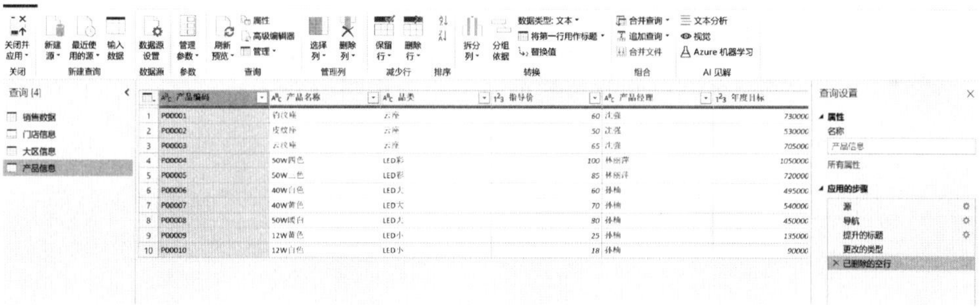

图 2-73 删除列

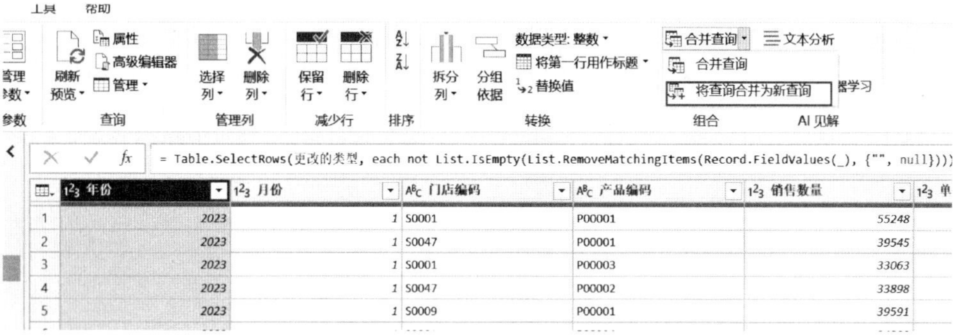

图 2-74 合并查询

图2-75 合并门店信息表

第五步，修改查询名称。修改新的查询为"销售明细表"。

第六步，扩展门店信息，如图2-76所示。

图2-76 扩展门店信息

第七步，合并"产品信息"表，如图2-77、图2-78所示。

第八步，扩展产品信息。保留"产品名称""品类"两个字段，如图2-79所示。

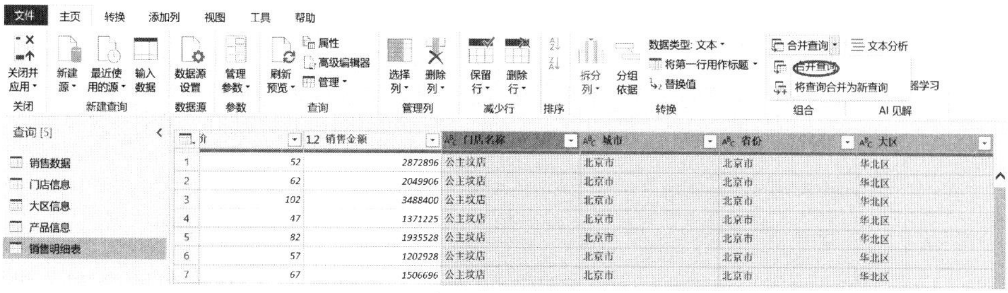

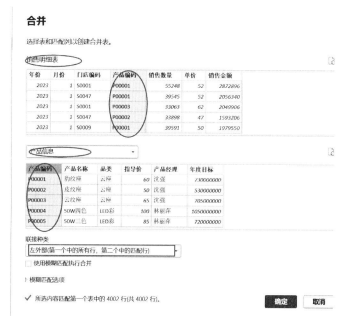

图 2-77 合并产品信息表

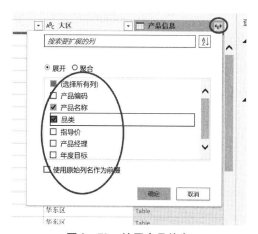

图 2-78 合并公共列产品编码

图 2-79 扩展产品信息

第九步，保存文件。保存文件为"05-合并查询.pbix"。

第三节　数据统计和呈现

一、数据汇总表

绝大多数组件以图形方式呈现，只有 3 个组件以数据或表格的方式呈现为卡片图、表和矩阵。

（1）卡片图主要用于展示单一指标，只能显示一个数值。

（2）表为二维统计表，类似 Excel 的分类汇总功能，有多个列标签，没有行标签。

（3）矩阵图类似 Excel 的交叉透视表，只允许有一个行标签和列标签。

以《客户信息.xlsx》为数据源，统计客户人数，统计不同学历、不同性别、不同婚姻状态的样本人数，如图 2 – 80 所示。

图 2 – 80　客户信息

（一）客户人数

（1）使用卡片图。

（2）设置显示外观。

（3）加上边框。

（二）统计不同学历、不同性别、不同婚姻状态的样本人数

（1）使用表。

（2）设置表的文本大小。

（三）交叉统计

使用矩阵组件，展示教育程度、收入、婚姻状态下的收入情况，如图 2 – 81 所示。

图 2 – 81　交叉统计

二、可视化图表

通过可视化图表展示，如图 2 – 82 所示。

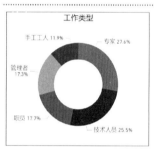

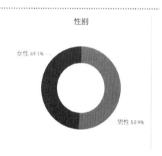

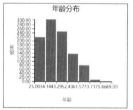
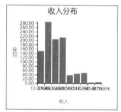

图 2 – 82　可视化展示

（1）工作类型分布。
（2）教育程度分布。
（3）性别分布。
（4）婚姻状态分布。
（5）年龄分布。
（6）收入分布。

第四节　交互式分析

交互式分析的功能包含：筛选、图表交互、钻取。

一、筛选

（1）图表筛选：需要对单一的图表进行筛选，得到想要的结果。例如，当前页面中有5个图表，希望每个图表显示不同的大区数据。

（2）页面筛选：需要对单个页面中的所有图表进行筛选。例如，为每个产品创建一个独立的分析页面，这些页面的数据来源于同一个表格，这时就需要页面筛选。每个页面筛选不同的产品。

（3）全报表筛选：希望用一个多页面的报表模板来应对日常每个月的分析，每个页面从不同的维度分析数据，这时就需要全报表筛选。例如，在筛选"4~6月"时，所有页面切换到2季度的汇总和报表。

筛选方式如表2-2所示。

表2-2　　　　　　　　　　　　　　　筛选方式

筛选方式	影响范围	实现方法
图表筛选	单个图表	使用视觉级筛选器
页面筛选	单个页面	切片器、页面级筛选器
全报表筛选	整个文件	使用报告级别筛选器

（一）视觉级筛选器

选择需要筛选的图表，在字段设置栏的下方可以找到筛选器，可以对选中的字段进行筛选，筛选的结果仅影响当前的图表，如图2-83所示。

图2-83　视觉筛选器

（二）页面级筛选器和报告级别筛选器

（1）页面级筛选器只作用于当前页面中的视觉对象或图表。

（2）报告级筛选器作用于所有页面中的图表。

（三）切片器

第一步，添加"大区"切片器以及"省份"切片器，如图 2 - 84 所示。

图 2 - 84 切片器

第二步，修改切片的交互范围，如图 2 - 85 所示。

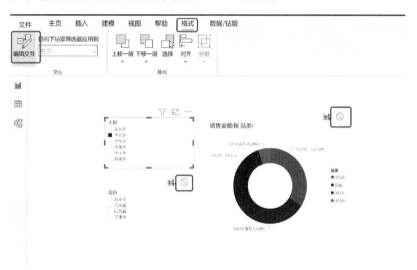

图 2 - 85 交互范围

二、图表交互

除了使用筛选器外，还可以使用图表交互功能筛选数据或突出数据。
本节使用的案例是《统计和呈现 . pbix》。

（一）突出模式

图表的默认交互方式是突出模式，具体来说就是单击图表的一部分后，这部分数据在其他图表中将被"突出"显示出来，如图 2 - 86 所示。

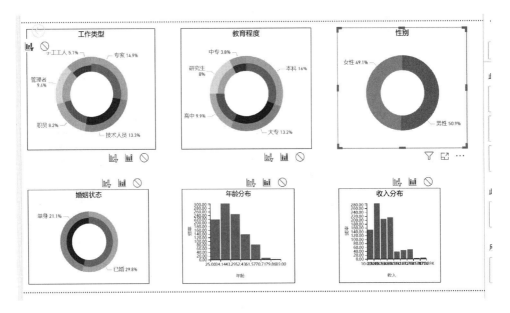

图 2 - 86　交互模式

（二）筛选模式

单击任意一个图表，功能区将多出来"格式"和"数据/钻取"两个选项卡，选择其中的"格式"选项卡，单击"编辑交互"，进入"编辑交互"模式，如图 2 - 87 所示。

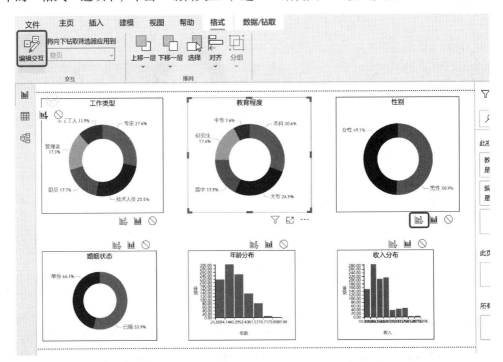

图 2 - 87　筛选模式

点击圆环下方的筛选器按钮则切换到筛选器模式。

三、钻取

钻取功能在企业中很常见，通过 Power BI 可以自己搭建钻取的界面，从上层的汇总数据下钻到数据的底层来观察数据。

（一）为图表设置钻取

第一步，新建"钻取"页，插入簇状柱形图，如图 2-88 所示。

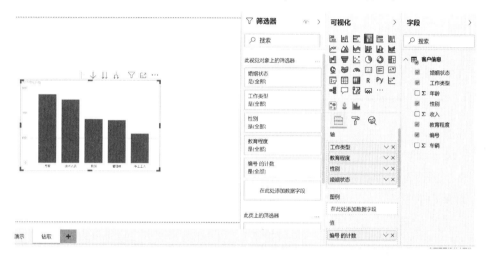

图 2-88 插入柱状图

第二步，将标题设置为"客户构成分析"，居中，如图 2-89 所示。

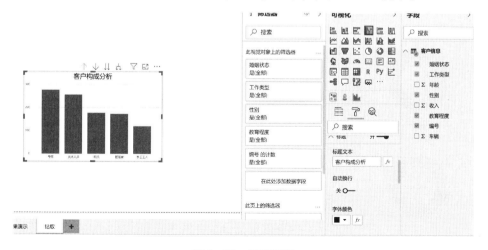

图 2-89 设置标题

第三步，单击图表上的"深化模式"按钮，启动钻取功能，如图 2-90 所示。

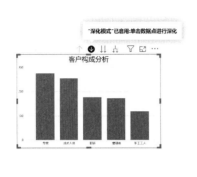

图 2-90　启动钻取功能

现在可以单击柱状图，使用钻取功能了。

（二）钻取到页面

前面讲的钻取功能都是在同一张图表上进行操作的，因此，钻取的时候只能看到同一个维度的展开情况。例如，单击"专家"，钻取的时候只能看到专家在"教育程度"上展开情况，看不到其他维度的信息。

如果希望在钻取的过程中对各个维度有更全面的展示和分析，则可以使用钻取到页面的功能。设置一个页面，专门用于展示各个维度的数据，也叫钻透，其操作步骤如下。

第一步，在"构成分析"上复制新页，修改名字为"多维度分析"，如图 2-91所示。

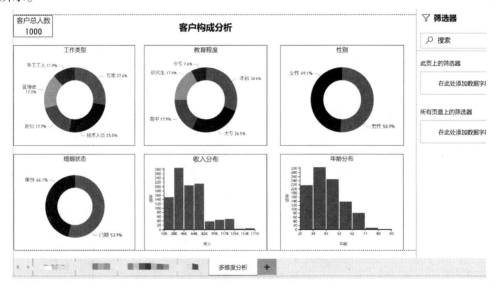

图 2-91　修改名称

第二步，单击图表区的空白处，在图表设置区下方可以看到"钻取"栏，将"工作类型"字段拖拽至此，如图2-92所示。

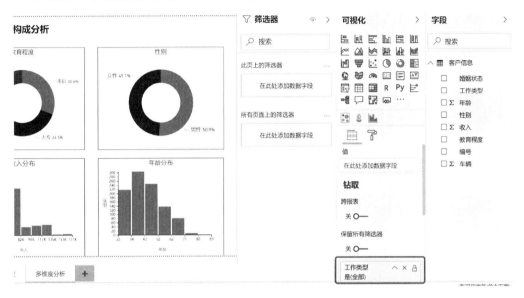

图2-92 拖拽

第三步，选择"钻取"页，在工作类型的柱形图上右击"技术人员"的柱形，从弹出的快捷菜单中选择"钻取"->"多维度钻取"命令，如图2-93所示。

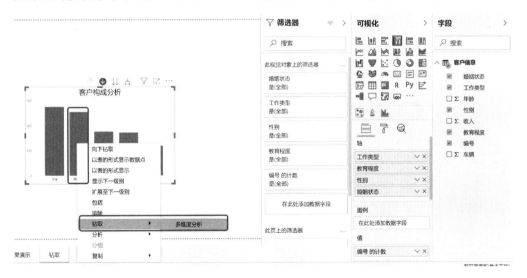

图2-93 多维度钻取

第四步，自动跳转到"多维度钻取"页，可以看到，这页自动筛选出技术人员的相关数据，如图2-94所示。

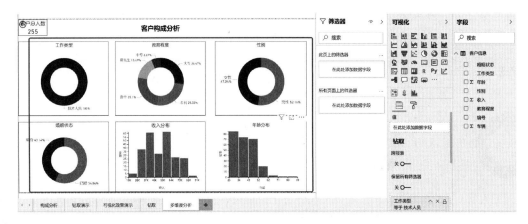

图2-94　筛选数据

四、数据分布分析

数据分布分析用于找出分布特征上有较大差异的维度，只有柱形图的图表才能使用。

第一步，插入柱形图。打开"统计和呈现.pbix"，新建"分布分析"页，插入簇状柱形图。将"轴"设置为"性别"，将值设置为"收入的平均值"，如图2-95所示。

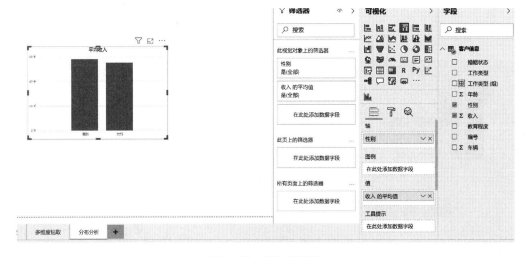

图2-95　插入柱形图

第二步，分布分析，如图2-96、图2-97所示。

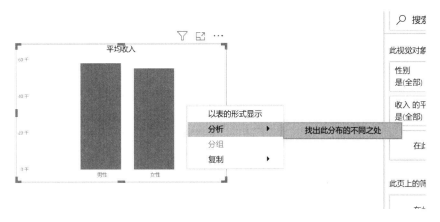

图 2 - 96 分布分析

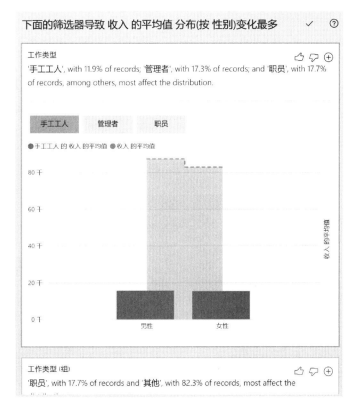

图 2 - 97 分布分析内容

第五节 认识 DAX 函数

DAX 函数（DATA，Analysis，Expressions）是一种用于在 Power BI、Excel 和 SQL

Server Analysis Services 中进行数据建模和计算的公式语言。DAX 提供了丰富的函数库，涵盖了聚合、日期和时间、筛选、逻辑等多种类型。

▶▶ 任务要求

统计各门店的销售业绩完成情况，希望得到类似如表 2 – 3 所示的统计结果。

表 2 – 3　　　　　　　　　各门店的销售业绩完成情况

门店名称	累计销售金额	年度目标	门店目标达成率
门店 1			= 累计销售金额/年度目标
门店 2			
……			

【分析】

（1）难点在于计算"门店目标达成率"，先回顾一下各表的数据及各表数据与各表间的关系，如图 2 – 98 所示。

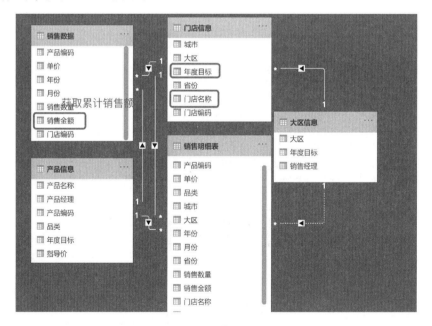

图 2 – 98　表间关系

（2）"门店信息"表保存了各个门店的名称和年度目标，并且"门店名称"唯一不重复。

（3）通过"门店信息"表和"销售数据"表的关联关系，可以获取每个门店的"累计销售金额"。

（4）创建计算列"门店目标达成率"，使其等于"累计销售金额"/"年度目标"。

一、DAX 函数应用

第一步，创建计算列。使用《合并查询 . pbix》。

第二步，切换到数据视图，在“门店信息”中创建新列：累计销售额 SUMX (RELATEDTABLE('销售数据'),[销售金额])，如图 2－99、图 2－100 所示。

```
1 累计销售额 = SUMX(RELATEDTABLE('销售数据'),[销售金额])
```

门店编码	门店名称	城市	省份	大区	年度目标	累计销售额
S0038	勾通店	沈阳市	辽宁省	东北区	90000000	58704985
S0039	龚英店	沈阳市	辽宁省	东北区	63000000	39006902
S0040	伊川店	济南市	山东省	华东区	90000000	52152532
S0041	柏丽盈店	济南市	山东省	华东区	45000000	22912630
S0042	古安店	青岛市	山东省	华东区	108000000	53637404
S0043	维迈店	青岛市	山东省	华东区	54000000	30037745
S0044	顺络店	烟台市	山东省	华东区	72000000	32725985
S0045	美涂士店	大同市	山西省	华北区	49500000	22352687
S0046	国帆店	太原市	山西省	华北区	90000000	56840886
S0047	绿和店	上海市	上海市	华东区	171000000	90594423
S0048	巴乐仕店	上海市	上海市	华东区	90000000	62470381
S0049	传树店	上海市	上海市	华东区	108000000	57257429
S0050	华昌店	成都市	四川省	西南区	135000000	94581466
S0051	绿春店	成都市	四川省	西南区	90000000	57097720
S0052	贝尔斯店	绵阳市	四川省	西南区	92000000	47654700
S0053	久圣店	天津市	天津市	华北区	90000000	65346102
S0054	敬业店	天津市	天津市	华北区	72000000	42163522
S0055	天经店	昆明市	云南省	西南区	90000000	60896805
S0056	正一店	杭州市	浙江省	华东区	108000000	68443730
S0057	金鹰店	杭州市	浙江省	华东区	90000000	52323224
S0058	昊时店	宁波市	浙江省	华东区	108000000	61436520
S0059	泰瑞店	重庆市	重庆市	西南区	135000000	84395689
S0060	正菱店	重庆市	重庆市	西南区	45000000	45636273

图 2－99　创建新列

```
累计销售额 = SUMX(RELATEDTABLE('销售数据'),[销售金额])
```

图 2－100　计算公式

DAX 函数的语法特点：

（1）等号左边是名称，如果是添加的新列，则名称就是列名。

（2）函数名用蓝色标识，如果输入的函数没有变色，则表示输入错误。函数名后必须是括号“()”，其中包含 1 个或多个参数。

（3）单引号“‘’”表示引用了一张表，如本例中的‘销售数据’表。

（4）中括号“[ ]”表示引用了字段名或列名，例如“[大区]”代表“大区”列，在公式编辑栏中输入左中括号“[”后，会弹出菜单选项，方便选择字段。

DAX 函数解读，如图 2－101 所示。

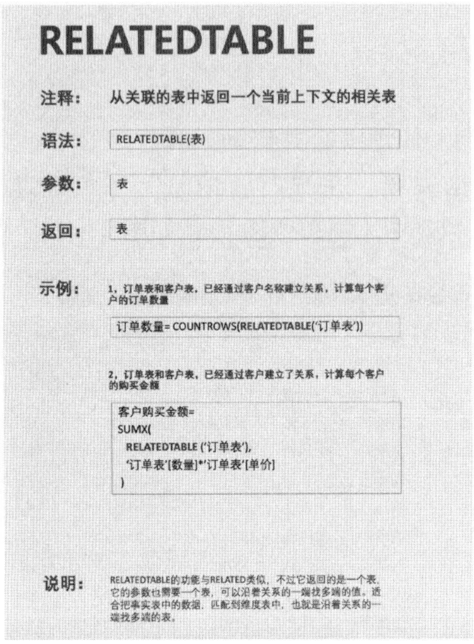

图 2 –101　函数解读

以门店编码"S0001"为例，RELATEDTABLE('销售数据')的结果如图 2 – 102、图 2 – 103 所示。

123 年份	123 月份	ABC 门店编码	ABC 产品编码
2023	1	S0001	P00001
2023	1	S0047	P00001
2023	1	S0001	P00003
2023	1	S0047	P00002
2023	1	S0009	P00001
2023	1	S0001	P00004
2023	1	S0013	P00001
2023	1	S0001	P00002
2023	1	S0001	P00005
2023	1	S0001	P00006
2023	1	S0009	P00002
2023	1	S0009	P00003
2023	1	S0047	P00003
2023	1	S0047	P00004
2023	1	S0047	P00005
2023	1	S0001	P00007
2023	1	S0002	P00003
2023	1	S0032	P00001
2023	1	S0001	P00010
2023	1	S0009	P00004
2023	1	S0002	P00006
2023	1	S0047	P00006
2023	1	S0002	P00001

图 2 –102　销售数据

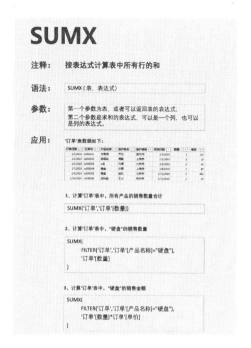

图 2 – 103　SUMX 函数

对关联后的表"销售数据"表中的"销售金额"求和。

第三步，计算"门店目标达成率"，如图 2 – 104 所示。

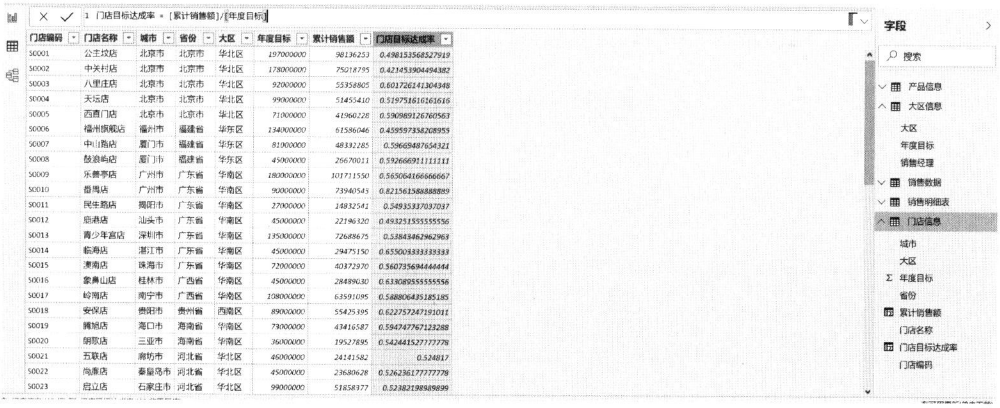

图 2 – 104　计算达成率

在"门店信息"中新建列：门店目标达成率 ＝［累计销售额］/［年度目标］。

通过"列工具"下的格式"%"，设置新建列的数据显示格式，如图 2 – 105 所示。

第四步，生成统计表，如图 2 – 106 所示。

使用"表组件"，设置值为"门店名称""累计销售额""年度目标""目标达成率"，即可生成我们需要的统计表。

图 2 – 105 设置格式

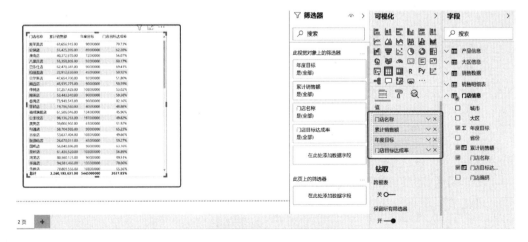

图 2 – 106 生成统计表

第五步，度量值应用，如图 2 – 107 所示。

门店名称	累计销售额	年度目标	门店目标达成率
爱莱美店	63,656,915.00	90000000	70.73%
安保店	55,425,395.00	89000000	62.28%
澳南店	40,372,970.00	72000000	56.07%
八里庄店	55,358,805.00	92000000	60.17%
巴乐仕店	62,470,381.00	90000000	69.41%
柏丽盈店	22,912,630.00	45000000	50.92%
贝尔斯店	47,654,700.00	92000000	51.80%
超迈店	45,535,275.00	90000000	50.59%
传树店	57,257,429.00	108000000	53.02%
赐美店	53,443,340.00	90000000	59.38%
番禺店	73,940,543.00	90000000	82.16%
菲邦店	19,796,560.00	40500000	48.88%
福州旗舰店	61,586,046.00	134000000	45.96%
公主坟店	98,136,253.00	197000000	49.82%
龚英店	39,006,902.00	63000000	61.92%
勾通店	58,704,985.00	90000000	65.23%
古安店	53,637,404.00	108000000	49.66%
鼓浪屿店	26,670,011.00	45000000	59.27%
国帆店	56,840,886.00	90000000	63.16%
昊时店	61,436,520.00	108000000	56.89%
鸿龙店	80,560,125.00	90000000	89.51%
华昌店	94,581,466.00	135000000	70.06%
华胜店	70,809,555.00	108000000	65.56%
总计	3,260,193,631.00	5445000000	3637.85%

图 2 – 107　度量值应用

如果想基于"门店信息"中的"城市"和"省份"进行汇总，该如何实现呢？

使用表组件，添加值为"城市""累计销售额""年度目标""门店目标达成率"，如图 2 – 108 所示。

图 2 – 108　使用表组件

存在的问题：以北京市为例，累计销售额的数据没有问题；但门店达成率的结果不对，应该是 50.24%，现在的门店目标达成率是数据表中的北京市门店对应的达成率的和，如图2－109所示。

门店名称	累计销售额	年度目标	门店目标达成率
八里庄店	55,358,805.00	92000000	60.17%
公主坟店	98,136,253.00	197000000	49.82%
天坛店	51,455,410.00	99000000	51.98%
西直门店	41,960,228.00	71000000	59.10%
中关村店	75,018,795.00	178000000	42.15%
总计	321,929,491.00	637000000	263.21%

城市	累计销售额	年度目标	门店目标达成率
北京市	321,929,491.00	637000000	263.21%
上海市	210,322,233.00	369000000	175.41%
广州市	175,652,093.00	270000000	138.66%
成都市	151,679,186.00	225000000	133.50%
重庆市	130,031,962.00	180000000	163.93%
南京市	129,004,380.00	180000000	143.34%
杭州市	120,766,954.00	198000000	121.51%
武汉市	111,395,104.00	135000000	82.51%
天津市	107,509,624.00	162000000	131.17%
大连市	106,249,732.00	180000000	59.03%
沈阳市	97,711,887.00	153000000	127.14%
长春市	84,889,686.00	135000000	62.88%
青岛市	83,675,149.00	162000000	105.29%
郑州市	80,560,125.00	90000000	89.51%
济南市	75,065,162.00	135000000	103.86%
厦门市	75,002,296.00	126000000	113.94%
深圳市	72,688,675.00	135000000	53.84%
石家庄市	71,654,937.00	139500000	101.26%
哈尔滨市	70,809,555.00	108000000	65.56%
总计	3,260,193,631.00	5445000000	3637.85%

图2－109 存在问题

使用度量值来设置达成率：在"门店信息"中右击选择新建"快度量值"，如图2－110所示。

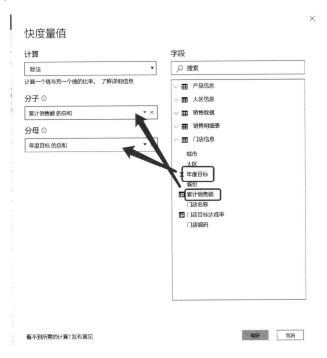

图2－110 新建快度量值

修改度量值的名称为"达成率"，创建成功后，在数据视图里没有看到度量值的结果，如图2－111所示。

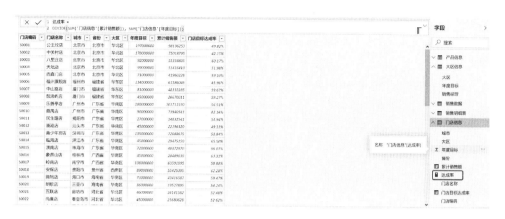

图 2－111 达成率

DAX 函数解读：

（1）达成率＝DIVIDE(SUM('门店信息'[累计销售额]),SUM('门店信息'[年度目标]))

（2）DIVIDE：做除法，比"/"操作符好的地方是可以处理除零错。

制作汇总表，插入"表"组件，设置值为"城市""累计销售额""年度目标""达成率"，如图 2－112 所示。

图 2－112 绘制表

自主练习生成：省份对应的目标达成率，如图 2－113 所示。

图 2－113 省份对应的目标达成率

综上所述，和"计算列"不同的是，"省份"和"城市"的达成率都不需要提前计算，这就是度量值独特的地方。当应用于图表时，度量值会自动根据上下文进行计算。

下面将计算列和度量值的应用场景作一下比较，如表2-4所示。

表2-4 计算列和度量值的应用场景

应用场景	计算列	度量值
在数据视图中可见	是	否
可使用 RELATED 函数进行引用	是	否
可在图表中引用	是	是
在图表中选择计算方式	是	否
上下文的适应能力	弱	强

二、DAX 常用函数

（一）统计函数（sumx/sum）

（1）COUNTROWS：计算行数，COUNTROWS(<表>)。

交易行数 = COUNTROWS(RELATEDTABLE('销售数据'))，计算关联表中的交易行数。

（2）DISTINCTCOUNT：计算唯一值个数，DISTINCTCOUNT(<列名>)，如图2-114所示。

图2-114 计算唯一值个数

产品数量 = DISTINCTCOUNT('销售数据'[产品编码])，计算销售数据表中不同产品的数量。

（二）筛选函数

（1）RELATED，求关联值，类似 VLOOKUP 函数，如图2-115所示。

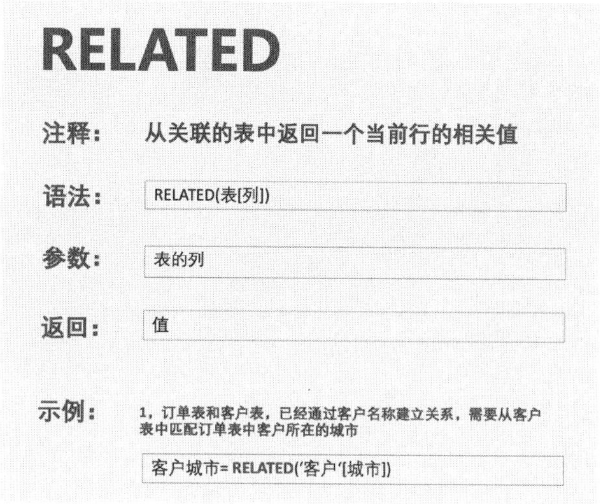

RELATED

注释：	从关联的表中返回一个当前行的相关值
语法：	RELATED(表[列])
参数：	表的列
返回：	值
示例：	1，订单表和客户表，已经通过客户名称建立关系，需要从客户表中匹配订单表中客户所在的城市
	客户城市 = RELATED('客户'[城市])

图 2 - 115　关联值函数

在"销售数据"表中可以使用 RELATED 函数获得和它相关的各个表的数据，例如，在"销售数据"表中添加新列后输入"产品名称 = RELATED('产品信息'[产品名称])"，就可以在"销售数据"表中加入产品名称列，如图 2 - 116 所示。

	产品名称 = RELATED('产品信息'[产品名称])

年份	月份	门店编码	产品编码	销售数量	单价	销售金额	产品名称
2018	6	S0001	P00009	32478	22	714516	12W黄色
2018	6	S0001	P00008	19953	72	1436616	50W暖白
2018	6	S0001	P00010	20264	17	344488	12W白色
2018	6	S0001	P00005	18449	82	1512818	50W三色
2018	6	S0001	P00003	21161	62	1311982	云纹座
2018	6	S0001	P00001	38245	52	1988740	豹纹座
2018	6	S0001	P00002	24870	47	1168890	皮纹座
2018	6	S0001	P00004	24532	102	2502264	50W四色
2018	6	S0001	P00007	22659	67	1518153	40W黄色
2018	6	S0001	P00006	21142	57	1205094	40W白色
2018	5	S0001	P00009	26405	22	580910	12W黄色
2018	5	S0001	P00010	15883	17	270011	12W白色
2018	5	S0001	P00008	17375	72	1251000	50W暖白
2018	5	S0001	P00007	16381	67	1097527	40W黄色
2018	5	S0001	P00005	16246	82	1332172	50W三色
2018	5	S0001	P00006	15646	57	891822	40W白色
2018	5	S0001	P00003	21437	62	1329094	云纹座
2018	5	S0001	P00001	35623	52	1852396	豹纹座
2018	5	S0001	P00002	22416	47	1053552	皮纹座
2018	5	S0001	P00004	23437	102	2390574	50W四色
2018	7	S0001	P00006	16015	57	912855	40W白色
2018	7	S0001	P00010	19578	17	332826	12W白色
2018	7	S0001	P00008	20336	72	1464192	50W暖白

图 2 - 116　添加产品名称公式

（2）FILTER，如图2－117所示。

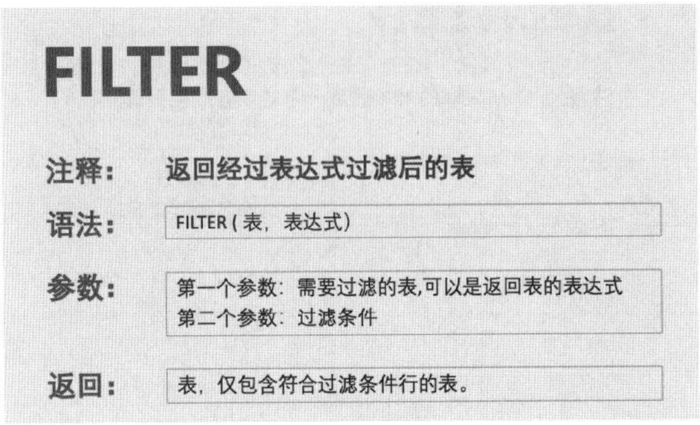

图2－117　过滤条件行

FILTER（'产品信息',［产品名称］="12W 黄色"）得到'产品信息'表中所有产品名称为"12W 黄色"的行。

FILTER 函数一般和其他函数一起使用，如 SUM 函数；在度量值时使用 FILTER 函数时，返回值不仅会受"筛选器"的影响，还会受上下文的影响。如果想摆脱上下文的影响，则在指定表的时候要使用 ALL 函数。如 FILTER（ALL（'产品信息'),［产品名称］="12W 黄色"），如图2－118所示。

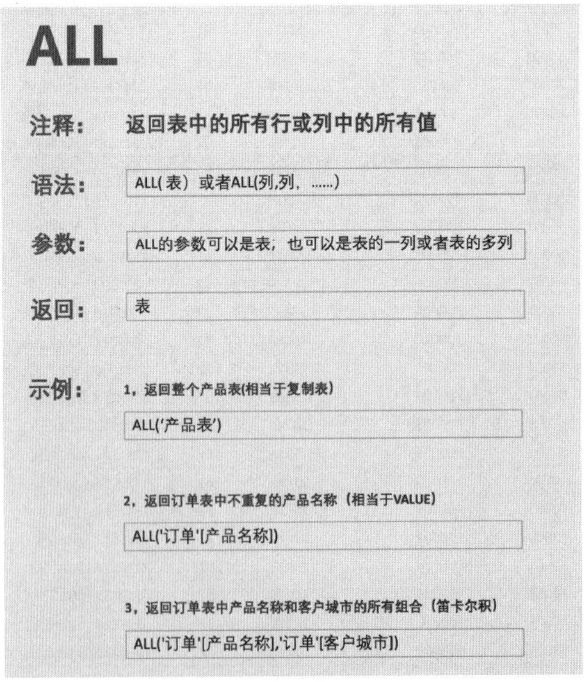

图2－118　所有值

（3）CALCULATE 函数。

DAX 函数中最常用也是最重要的函数。按照筛选器指定的上下文计算表达式，可以指定多个筛选器，如图 2 – 119 所示。

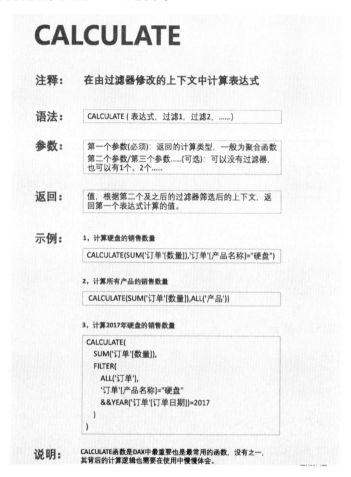

图 2 – 119 CALCULATE 函数

任务要求：求北京市的销售额。

在"门店信息"中创建度量值"北京市的销售额"，通过 CALCULATE 函数和其他函数实现。实现后，将度量值通过卡片图显示出来。

第一步，在"门店信息"中创建度量值"北京市的销售额"，设置公式：北京市的销售额 = CALCULATE（SUM（'销售数据'[销售金额]），FILTER（ALL（'门店信息'），[省份] = "北京市"））

第二步，使用卡片图展示度量值的值，如图 2 – 120 所示。

门店名称	累计销售额	年度目标	门店目标达成率
爱莱美店	63,656,915.00	90000000	70.73%
安保店	55,425,395.00	89000000	62.28%
澳南店	40,372,970.00	72000000	56.07%
八里庄店	55,358,805.00	92000000	60.17%
巴乐仕店	62,470,381.00	90000000	69.41%
柏丽盈店	22,912,630.00	45000000	50.92%
贝尔斯店	47,654,700.00	92000000	51.80%
超迈店	45,535,275.00	90000000	50.59%
传树店	57,257,429.00	108000000	53.02%
总计	3,260,193,631.00	5445000000	3637.85%

城市	累计销售额	年度目标	达成率
北京市	321,929,491.00	637000000	50.54%
上海市	210,322,233.00	369000000	57.00%
广州市	175,652,093.00	270000000	65.06%
成都市	151,679,186.00	225000000	67.41%
重庆市	130,031,962.00	180000000	72.24%
南京市	129,004,380.00	180000000	71.67%
杭州市	120,766,954.00	198000000	60.99%
武汉市	111,395,104.00	135000000	82.51%
天津市	107,509,624.00	162000000	66.36%
大连市	106,249,732.00	180000000	59.03%
总计	3,260,193,631.00	5445000000	59.87%

省份	累计销售额	年度目标	达成率
北京市	321,929,491.00	637000000	50.54%
福建省	136,588,342.00	260000000	52.53%
广东省	355,217,749.00	594000000	59.80%
广西省	92,080,125.00	153000000	60.18%
贵州省	55,425,395.00	89000000	62.28%
海南省	62,944,482.00	108000000	57.75%
河北省	119,477,147.00	230500000	51.83%
河南省	80,560,125.00	90000000	89.51%
黑龙江省	70,809,555.00	108000000	65.56%
湖北省	111,395,104.00	135000000	82.51%
总计	3,260,193,631.00	5445000000	59.87%

321,929,491.00

北京市的销售额

图 2 – 120　卡片图

（4）EARLIER 函数，如图 2 – 121 所示。

EARLIER 语法

EARLIER(<column>, <number>)

- 第一个参数是列名

- 第二个参数一般可省略

- EARLIER 函数提取本行对应的该列的值，实际上就是提取本行和参数列交叉的单元格

图 2 – 121　EARLIER 函数

任务要求：基于《月销售统计表．xlsx》，计算累计销售额。

通过添加计算列来实现，计算每月对应的累计销售额时，需要先获取到小于等于当前月份的销售额，然后求和得到。

第一步，加载《月销售统计表．xlsx》，修改查询名称为"月数据"，如图 2 – 122 所示。

第二步，添加计算列累计销售额，设置累计销售额的公式，如图 2 – 123 所示。

累计销售额 = SUMX(FILTER('月数据',[月份] < = EARLIER('月数据'[月份])),[销售金额(万元)])

EARLIER（'月数据'［月份］）获取当前行的数据，FILTER 函数将整个"月数据"表进行过滤，筛选出小于或者等于当前月份的行。最后由 SUMX 函数将筛选出的行的"销售金额"相加。

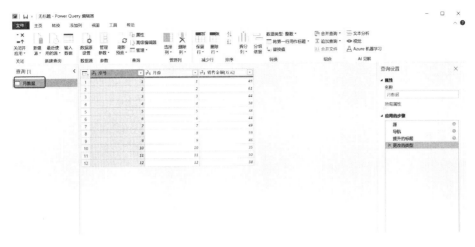

图 2 – 122　月数据

序号	月份	销售金额(万元)	累计销售额
1	1	49	49
2	2	61	110
3	3	44	154
4	4	38	192
5	5	38	230
6	6	44	274
7	7	49	323
8	8	59	382
9	9	46	428
10	10	35	463
11	11	50	513
12	12	38	551

1　累计销售额 = SUMX(FILTER('月数据',[月份]<=EARLIER('月数据'[月份])),[销售金额(万元)])

图 2 – 123　设置公式

巩固练习

案例 1

任务要求：使用《同环比 . xlsx》，内有"销售数据"和"日期数据"两个工作表。导入数据后先查看一下"销售数据"表，"销售数据"表中保存了两年的销售数据，时间是 2022 年 1 月 1 日至 2023 年 12 月 31 日。基于销售数据实现同比统计。

同比统计一般有两种格式，一种是两年的数据同比，数值双列呈现。

（1）基于分类维度的同比。

第一步，在"销售数据"表中新建"年"列，公式如下：年 = YEAR（［日期］）

创建两个度量值"2022 年"和"2023 年"，公式分别如下：

2022 年 = SUMX(FILTER('销售数据','销售数据'［年］= 2022),［销售收入］)

2023 年 = SUMX(FILTER('销售数据','销售数据'［年］= 2023),［销售收入］)

第二步，创建度量值"同比增长"，公式如下：

同比增长 = DIVIDE([2023年]，[2022年]) - 1

创建完成后将"同比增长"的格式设置为"百分比"。

第三步，切换到"图表"视图，创建地区统计表，如图 2-124 所示。

插入"表"组件，将"值"设置为"地区""2022年""2023年"。"同比增长"。

图 2-124　切换视图

第四步，在"同比增长"上设置数据条突出数据差异。数据条在条件格式中设置，如图 2-125 所示。

图 2-125　设置条件格式

（2）基于月份的同比。

第一步，在数据转换中添加自定义列"月份"，设置公式为：Date. Month（［日期］），如图 2 – 126 所示。

图 2 – 126 设置月份

第二步，修改"月份"列的数据类型为整数，如图 2 – 127 所示。

图 2 – 127 修改数据类型

第三步，创建图表，如图 2 – 128 所示。

图 2 – 128 创建图表

切换到"图表"视图，插入"表"组件，将"值"依次设置为"月份""2022年""2023年""同比增长"，并设置数据条。

第四步，关闭并应用。

案例2

任务要求：基于 BD 公司 2023 年 3~6 月资产负债表和利润表的数据，展示毛利率的趋势图，如图 2-129 所示。相关公式如下：

营业成本 = SUMX(FILTER('利润表',[项目名称] = "减:营业成本"),[值])

营业收入 = CALCULATE(SUM('利润表'[值]),FILTER('利润表',[项目名称] = "一、营业收入"))

毛利率 = DIVIDE([营业收入] - [营业成本],[营业收入])

图 2-129　毛利率趋势

（1）基于 power BI 数据处理技术，将源文件中的数据处理后，得到利润表的数据：日期、项目名称、值、年月。

（2）展示盈利能力指标 - 毛利率的趋势图。

第三章 经营业务数据采集

【学习目标】

知识目标

◇掌握会计科目的概念、作用及分类

◇理解经营业务数据采集及导入大数据平台科目信息的方法

◇了解经营业务数据采集的需求

能力目标

◇能够熟练掌握 Power BI 基础功能：删除列、删除行、数据类型转换、合询、替换值

◇能够利用 Power BI 采集科目信息

素质目标

◇培养学生动手操作能力

◇培养学生应用 Power BI 完成基础财务信息处理的能力

【课程导读】

"智财科技"的公司引入财务大数据平台

在遥远的商业都市中，有一家名为"智财科技"的公司。这家公司的财务部门一直使用传统的会计软件来处理账目，但随着业务的不断扩张，数据量日益庞大，财务团队的工作变得越来越繁重。

一天，财务总监在一次行业会议上听到了关于财务大数据平台的介绍。他意识到，如果能将这些技术应用到自己的工作中，可能会极大地提高工作效率和数据分析的准确性。财务总监回到公司后，立即组织了一个跨部门的团队，包括 IT 专家、财务分析师和业务经理，共同探讨引入财务大数据平台的可能性。他们的目标是建立一个能够实时处理和分析大量财务数据的系统，以便更好地预测市场趋势，控制成本，并作出更明智的投资决策。团队经过几个月的努力，终于成功部署了财务大数据平台。这个平台不仅能够自动收集和整理来自不同业务部门的财务数据，还能够通过先进的数据分析工具，识别出潜在的风险和机会。随着大数据平台的运行，公司开始看到显著的变化。财务报告的准备时间缩短了，错误率降低了，而且管理层能够更快地获得关键的财务指标，从而更快速地作出决策。此外，通过深入分析数据，公司还发现了一些之前未被注意到的成本节约机会和收入增长点。

智财科技的员工们对新系统赞不绝口，他们再也不用熬夜加班处理复杂的 Excel 表格了。公司的财务透明度和决策质量都有了显著提升，客户和投资者对公司的财务健康状况也更加有信心。最终，智财科技通过引入财务大数据平台，不仅提高了工作效率，还增强了市场竞争力，成为行业内的佼佼者。

第一节　会计科目

会计科目是对会计要素对象的具体内容进行分类核算的类目。会计对象的具体内容各有不同，管理要求也有不同。为了全面、系统、分类地核算与监督各项经济业务的发生情况，以及由此而引起的各项资产、负债、所有者权益和各项损益的增减变动，有必要按照各项会计对象分别设置会计科目。设置会计科目是对会计对象的具体内容加以科学归类，是进行分类核算与监督的一种方法。

为了连续、系统、全面地核算和监督经济活动所引起的各项会计要素的增减变化，有必要对会计要素的具体内容按照其不同的特点和经济管理要求进行科学的分类，并事先确定分类核算的项目名称，规定其核算内容。这种对会计要素的具体内容进行分类核算的项目，称为会计科目。

一、会计科目的作用

（1）会计科目是复式记账的基础。
（2）会计科目是编制记账凭证的基础。
（3）正确设置会计科目为成本核算及财产清查提供了前提条件。
（4）会计科目为编制会计报表提供了方便。

二、会计科目的分类

为明确会计科目之间的相互关系，充分理解会计科目的性质和作用，进而更加科学规范地设置会计科目，以便更好地进行会计核算和会计监督，有必要对会计科目按一定的标准进行分类。对会计科目进行分类的标准主要有三个：一是会计科目核算的归属；二是会计科目核算信息的详略程度；三是会计科目的经济用途。

（一）按其归属的会计要素分类

按照会计科目的经济内容进行分类，遵循了会计要素的基本特征，它将各项会计要素的增减变化分门别类地进行归集，清晰地反映了企业的财务状况和经营成果。具体分为资产类、负债类、共同类、所有者权益类、成本类、损益类六种。

资产类科目按资产的流动性分为反映流动资产的科目和反映非流动资产的科目。

负债类科目按负债的偿还期限分为反映流动负债的科目和反映长期负债的科目。共同类科目需要从其期末余额所在方向界定其性质。

所有者权益类科目按权益的形成和性质分为反映资本的科目和反映留存收益的科目。

成本类科目包括"生产成本""劳务成本""制造费用"等科目。

损益类科目分为收入性科目和费用支出性科目。收入性科目包括"主营业务收入""其他业务收入""投资收益""营业外收入"等科目。费用支出性科目包括"主营业务成本""其他业务成本""税金及附加""其他业务支出""销售费用""管理费用""财务费用""所得税费用"等科目。

（二）按其核算信息详略程度分类

为了使企业提供的会计信息更好地满足各会计信息使用者的不同要求，必须对会计科目按照其核算信息的详略程度进行级次划分。一般情况下，可以将会计科目分为总分类科目和明细科目分类。

总分类科目又称一级科目或总账科目，是对会计要素具体内容所作的总括分类，它提供总括性的核算指标，如"固定资产""原材料""应收账款""应付账款"等。明细分类科目又称二级科目或明细科目，是对总分类科目所含内容所作的更为详细的分类，它能提供更为详细、具体的核算指标，如"应收账款"总分类科目下按照具体单位名称分设的明细科目，具体反映应向该单位收取的货款金额。如果有必要，还可以在二级科目下分设三级科目、四级科目等进行会计核算，每往下设置一级都是对上一级科目的进一步分类。

在我国，总分类科目一般由财政部统一制定，各单位可以根据自身特点自行增设、删减或合并某些会计科目，以保证会计科目的要求。

（三）按其经济用途分类

经济用途指的是会计科目能够提供的经济指标。会计科目按照经济用途可以分为盘存类科目、结算类科目、跨期摊配类科目、资本类科目、调整类科目、集合分配类科目、成本计算类科目、损益计算类科目和财务成果类科目等。

第二节 Power BI 数据采集

一、Power BI 链接数据库

数据库（database）是按照数据结构来组织、存储和管理数据的仓库，它产生于距今 60 多年前，随着信息技术和市场的发展，特别是 20 世纪 90 年代以后，数据管理不再只是存储和管理数据，而是转变成用户所需的各种数据管理的方式。

SQL Server 是一种关系型数据库，关系型数据库最重要的概念就是表，表具有固定的列数和任意的行数，在数学上称为"关系"二维表是同类实体的各种属性的集合。每个实体对应于表中的一行，在关系中称为元组，相当于通常的一条记录。表中的列属性称为 Field，相当于通常记录中的一个数据项，也叫作列、字段。

在 Power BI 中，新建一个文件，并根据给定的数据库信息成功连接到数据库上。

第一步，打开 Power BI，新建一个文件，并命名保存，如图 3-1 所示。

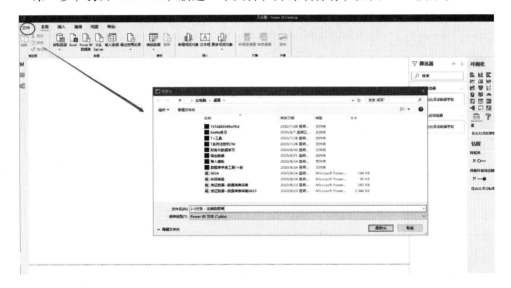

图 3-1　打开 Power BI

第二步，点击"获取数据"——选择 SQL Server，如图 3-2 所示。

图 3-2　获取数据

第三步，输入服务器名称，如图 3 - 3 所示。

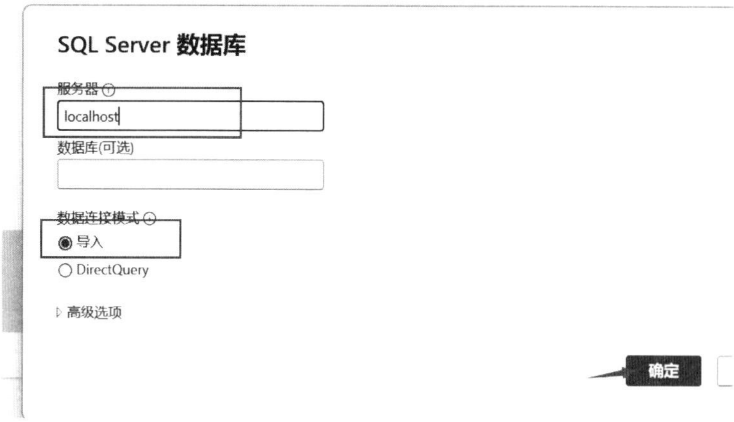

图 3 - 3　输入服务器名称

第四步，选择数据库。数据库名称：UFTData608357_900998，如图 3 - 4 所示。

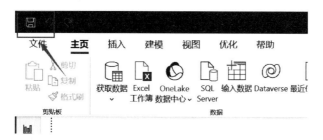

图 3 - 4　选择数据库

第五步，点击保存，如图 3 - 5 所示。

图 3 - 5　保存

二、Power BI 采集科目表

▶▶**任务描述**

将采集科目信息的源数据按照《科目导入模板》进行数据处理，并导入大数据财务分析平台中。

▶▶**任务要求**

根据《下载科目导入模板》需要的数据，记录好数据库中《AA Account——科目 DTO 已完成字典项匹配》中对应的字段英文名称。通过 Power BI 完成从 ERP 数据库中进行科目模板表的数据采集任务，并参考《下载科目导入模板》添加表头内容。

科目编码：对应的字段为"code（编码）"。

科目名称：对应的字段为"name（名称）"。

余额方向：对应的字段为"dcdirection（余额方向）"，其中 652 代表"借"；653 代表"贷"。

▶▶**任务实现**

第一步，打开报表，如图 3-6 所示。

图 3-6 打开报表

第二步，选择数据库及需要的表格，如图 3-7 所示。

图 3-7 选择数据库

第三步，选择需要的字段，如图 3－8 所示。

图 3－8　选择字段

第四步，筛选 2023 年数据，如图 3－9 所示。

图 3－9　筛选数据

第五步，删除列，如图 3 – 10 所示。

图 3 – 10　删除 accountingyear 列

第六步，重命名字段，如图 3 – 11 所示。

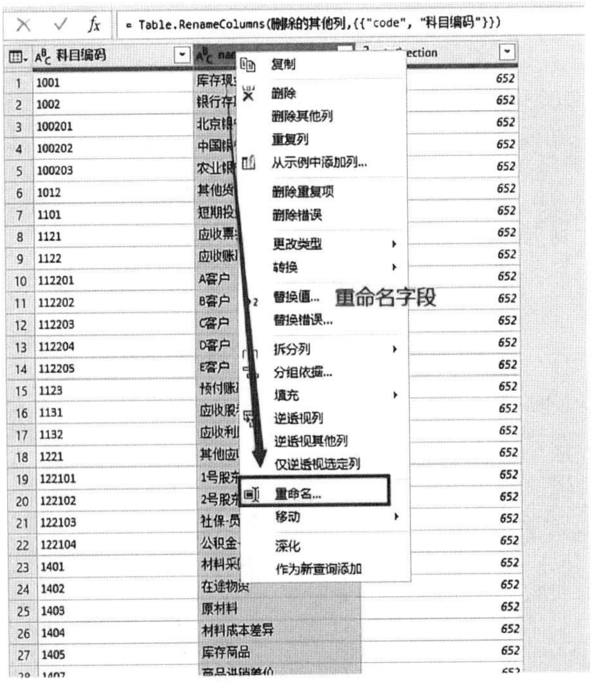

图 3 – 11　重命名为科目名称

第七步，调整数据类型，如图 3-12 所示。

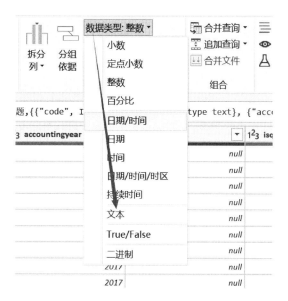

图 3-12 调整数据类型

第八步，数据转换，如图 3-13 所示。

图 3-13 替换值

第九步，关闭并应用。

第十步，新建 Excel 表格粘贴复制的内容，如图 3-14、图 3-15 所示。

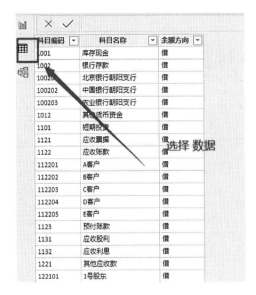

图 3 – 14　选择数据

图 3 – 15　复制表

第十一步，手动添加表头，如图 3 – 16 所示。

科目信息表		
科目编码	科目名称	余额方向
1001	库存现金	借
1002	银行存款	借
100201	北京银行朝阳支行	借
100202	中国银行朝阳支行	借
100203	农业银行朝阳支行	借
1012	其他货币资金	借
1101	短期投资	借
1121	应收票据	借
1122	应收账款	借
112201	A客户	借
112202	B客户	借
112203	C客户	借
112204	D客户	借
112205	E客户	借
1123	预付账款	借
1131	应收股利	借
1132	应收利息	借
1221	其他应收款	借
122101	1号股东	借
122102	2号股东	借
122103	社保-员工负担	借
122104	公积金-员工负担	借
1401	材料采购	借
1402	在途物资	借
1403	原材料	借

图 3 – 16　手动添加表头

第三节　大数据平台的科目信息导入

▶▶任务要求

按照模板，将 ERP 采集的科目表数据导入财务大数据分析平台中。

财务大数据分析平台中通过基础设置—科目初始化—上传科目文件。

导入前，需要按照模板，手动添加"科目信息表"表头，如图 3 – 17 所示。

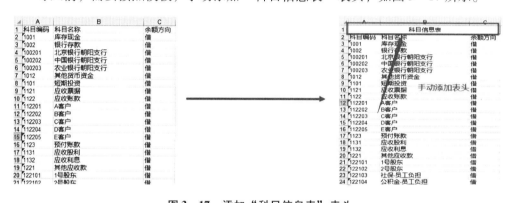

图 3 – 17　添加"科目信息表"表头

▶▶任务实现

第一步，通过实训中心进入实训，选择基础设置—科目初始化—上传科目文件，如图 3 –18、图 3 –19 所示。

图 3 –18　进入财务大数据实训平台

图 3 – 19　上传科目文件

第二步，上传完成后，点击"开始导入"，导入成功后，对未匹配科目进行匹配，科目匹配对应关系，点击"完成"，如图 3 – 20、图 3 – 21 所示。

图 3 – 20　开始导入

科目编码	科目名称	类别	余额方向	匹配科目 21	操作
101	短期投资	资产	借		编辑
421	消耗性生物资产	资产	借		编辑
501	长期债券投资	资产	借		编辑
2211	应付职工薪酬	负债	贷	2211应付职工薪酬	编辑
221101	职工工资	负债	贷		编辑
221103	社会保险费	负债	贷	221103社会保险费	编辑
221104	住房公积金	负债	贷	221104住房公积金	编辑
2221	应交税费	负债	贷	2221应交税费	编辑
222101	应交增值税（一般纳税人）	负债	贷		编辑
22210101	进项税额	负债	贷		编辑
22210102	销项税额	负债	贷		编辑
222102	应交城市维护建设税	负债	贷	222114应交城市维护建设税	编辑
222103	应交教育费附加	负债	贷		编辑
222104	应交地方教育费附加	负债	贷		编辑

图 3 – 21　科目匹配

附"科目匹配对应关系表"，如图 3 - 22 所示。

序号	案例企业科目信息		企业会计准则2017版科目信息	
	科目代码	会计科目	科目代码	会计科目
1	1101	短期投资	1101	交易性金融资产
2	1421	消耗性生物资产	1621	生产性生物资产
3	1501	长期债券投资	1501	持有至到期投资
4	221101	职工工资	221101	工资
5	222101	应交增值税（一般纳税人）	222101	应交增值税
6	22210101	进项税额	22210101	进项税额
7	22210107	销项税额	22210107	销项税额
8	222103	应交教育费附加	222113	教育费附加
9	222104	应交地方教育费附加	222115	地方教育费附加
10	2232	应付利润	2231	应付股利
11	4401	工程施工	1604	在建工程
12	4403	机械作业	5101	制造费用
13	560101	办公费	660128	办公用品及办公费
14	560103	广告费和业务宣传费	660112	广告宣传费
15	560107	房租	660116	租赁费
16	560203	商业保险费	660219	保险费
17	560204	办公费	660208	办公用品及办公费
18	560205	广告费和业务宣传费	660224	广告宣传费
19	560209	折旧费	660215	固定资产折旧费
20	560210	无形资产摊销	660216	无形资产摊销费
21	560303	利息支出	660301	利息费用

图 3 - 22　科目匹配对应关系表

巩固练习

独立完成从 ERP 数据库中进行科目模板表的数据采集的任务。

第四章　经营业务数据处理

【学习目标】

知识目标

◇掌握期初余额的概念，掌握会计凭证的概念、分类、作用

◇理解经营业务数据处理及导入大数据平台科目信息的方法

◇了解企业经营业务数据处理的需求

能力目标

◇能够熟练掌握 Power BI 基础功能：删除列、删除行、数据类型转换、合询、替换值

◇能够利用 Power BI 采集凭证信息

素质目标

◇培养学生动手操作能力

◇培养学生应用 Power BI 完成基础财务信息处理的能力

【课程导读】

IBM，电动汽车动力与电力供应系统优化预测

　　基于大量的信息输入，如汽车的电池电量、汽车的位置、一天中的时间以及附近充电站的可用插槽等，IBM 开发了一套复杂的预测模型。它将这些数据与电网的电流消耗以及历史功率使用模式相结合。通过分析来自多个数据源的巨大实时数据流和历史数据，能够确定司机为汽车电池充电的最佳时间和地点，并揭示充电站的最佳设置点。随着大数据应用的进一步深化，会有越来越多的应用场景，最大限度发挥大数据应用的价值。大数据对各个行业的渗透，成为推动社会生产和生活的核心要素。

第一节　会计凭证与期初余额

一、会计凭证

　　会计凭证是记录经济业务事项发生或完成情况的书面证明，也是登记会计账簿的依据。原始凭证：是在经济业务发生时取得或填制的，用以记录和证明经济业务发生

或完成情况的凭证。记账凭证：是财会部门根据原始凭证填制，记载经济业务简要内容，确定会计分录，作为记账依据的会计凭证。

会计凭证具有记录经济业务，提供记账依据；明确经济责任，强化内部控制；监督经济活动，控制经济运行的作用。

二、期初余额

期初余额是指期初已存在的账户余额。期初余额以上期期末余额为基础，反映了以前期间的交易和上期采用的会计政策的结果。期初已存在的账户余额是由上期结转至本期的金额，或是上期期末余额调整后的金额。期初余额是后续计量的会计基础，按照复式记账法记账原则，期初余额要保持平衡。

根据余额时间的不同，又分为期初余额平衡和期末余额平衡两类。期初余额平衡是期初所有账户借方余额合计与贷方余额合计相等；期末余额平衡是期末所有账户借方余额与贷方余额合计相等，这是由"资产 = 负债 + 所有者权益"的恒等各项决定的。公式如下：

全部账户本期借方期初余额合计 = 全部账户本期贷方期初余额合计
全部账户本期借方期末余额合计 = 全部账户本期贷方期末余额合计

第二节　Power BI 数据清洗与聚合

一、Power BI 凭证源数据处理

▶▶ 任务描述

采集凭证信息的源数据并按照《凭证导入模板》《凭证导入模板与数据库表关系》进行数据处理，导入财务大数据平台中。

▶▶ 任务要求 1

通过 Power BI 在 ERP 数据库中采集凭证信息的源数据，为下一步将多个数据表的数据进行清洗和聚合做准备。

包含凭证信息的数据库表有：《AA_Account》会计科目表、《AA_DocType》凭证类型表、《GL_Doc》凭证表、《GL_Entry》分录表、《GL_Journal》明细账。

▶▶ 任务实现 1

第一步，打开 Power BI—获取数据/最近使用的源—连接数据库—选择需要的数据库表，如图 4 - 1 所示。

第二步，保存文件：文件—保存—选择保存位置—命名，如图 4 - 2 所示。

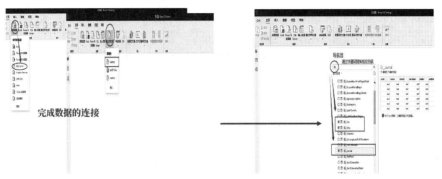

图 4-1 打开 Power BI

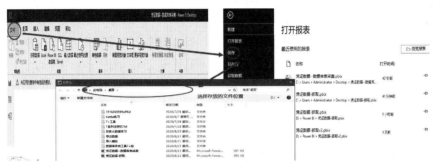

图 4-2 保存文件

▶ 任务要求 2

将采集凭证信息的源数据，按照《凭证导入模板》《凭证导入模板与数据库表关系》进行数据处理，完成系统平台所需的凭证数据。

运用的 Power BI 功能：删除列、删除行、数据类型转换、合并查询、替换值。

第一步，《AA Account》表处理。

确定各表中需要的字段——《AA_Account》，需要的字段：code、Name、id，如图 4-3 所示。

图 4-3 《AA Account》表处理

重命名各字段的名字，并进行数据类型转换。code——科目编码、name——科目名称、id——id，如图4-4所示。

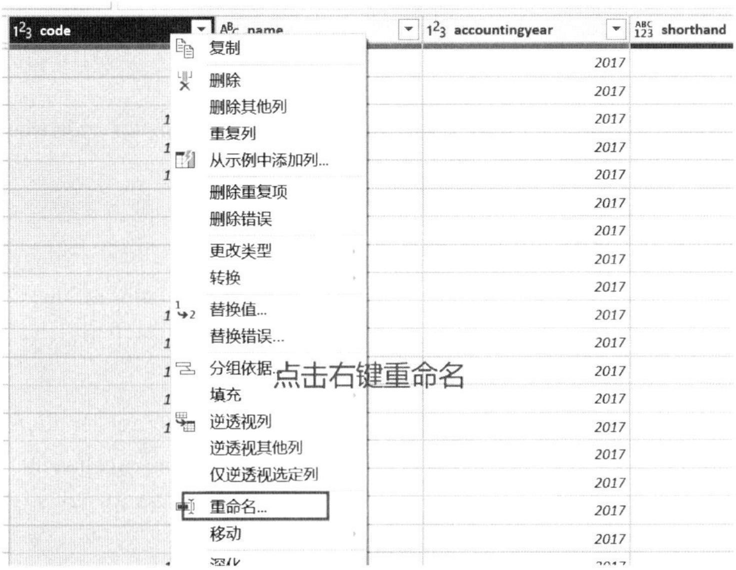

图4-4　重命名"Name"列

第二步，《AA_DocType》表处理。

确定各表中需要的字段——《AA_DocType》，需要的字段：docword、id，如图4-5所示。

图4-5　《AA_DocType》表处理

重命名各字段的名字，并进行数据类型转抄。docword——凭证类别、id——id，如图4-6所示。

图4-6　重命名"DocType"列

第三步，《GL_Doc》表处理、《GL_Entry》表处理、《GL_Journal》表处理。处理方法与前两个表格一致（仅处理要素不同）。

《GL_Doc》需要处理的字段：code、voucherdate、attachedvouchernum、iddoctype、id。

字段对应的文本名称：code——凭证号、voucherdate——凭证日期、attached-vouchernum——附单据数、iddoctype——iddoctype、id——id。

《GL_Entry》需要处理的字段：summary、amountdr、amountcridaccount、idDocD-TO、id。

字段对应的文本名称：summary——摘要、amountdr——借方金额、amountcr——贷方金额、idaccount——idaccount、idDocDTO——idDocDTO、id——id。

《GL_Journal》需要处理的字段：dauxAccCustomer、idauxAccSupplier、idauxAc-cDepartment、idauxAccPerson、idauxAccInventory、maker、entryid idauxAccProject、au-ditorname。

字段对应的文本名称：idauXAccCustomer——客户、idauxAccSupplier——供应商、idauxAccDepartment——部门、idauxAccPerson——员工、idauxAccInventory——存货、idauxAccProject——项目、maker——制单人、auditorname——审核人、entryid——entryid。

第四步，转换数据类型。

将《GL_Doc》表中需要的字段"凭证号"数据类型修改为整数。

将《GL_Journal》表中部门、存货、客户、供应商、员工、项目的数据类型调整为"文本"，如图4-7、图4-8所示。

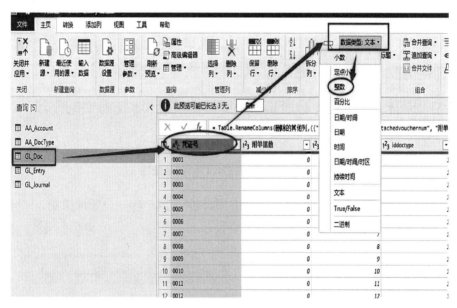

图4-7 转换为文本

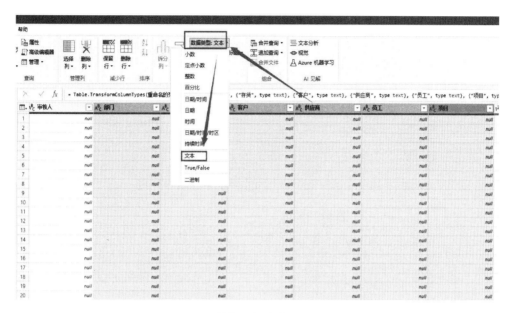

图 4 – 8　转换"供应商"列为文本

第五步，数据聚合——表合并。

将《GL_Entry》表设为主表，根据字段关联关系与其他表合并。选择"合并查询"中的"将查询合并为新查询"，如图 4 – 9 所示。

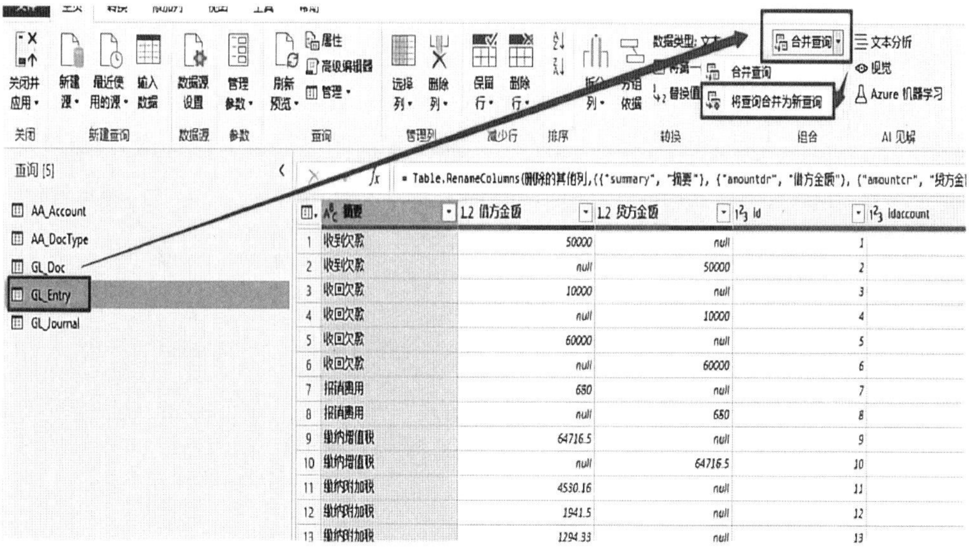

图 4 – 9　合并"Entry"表

将《GL_Entry》+《AA_Account》通过《GL_Entry》的 idaccount 字段和《AA_Account》的 id 字段关联关系进行合并，将合并后的表重新命名，并展开合并的内容，如图 4 – 10、图 4 – 11 所示。

图 4 – 10 关联 "idaccount" 字段

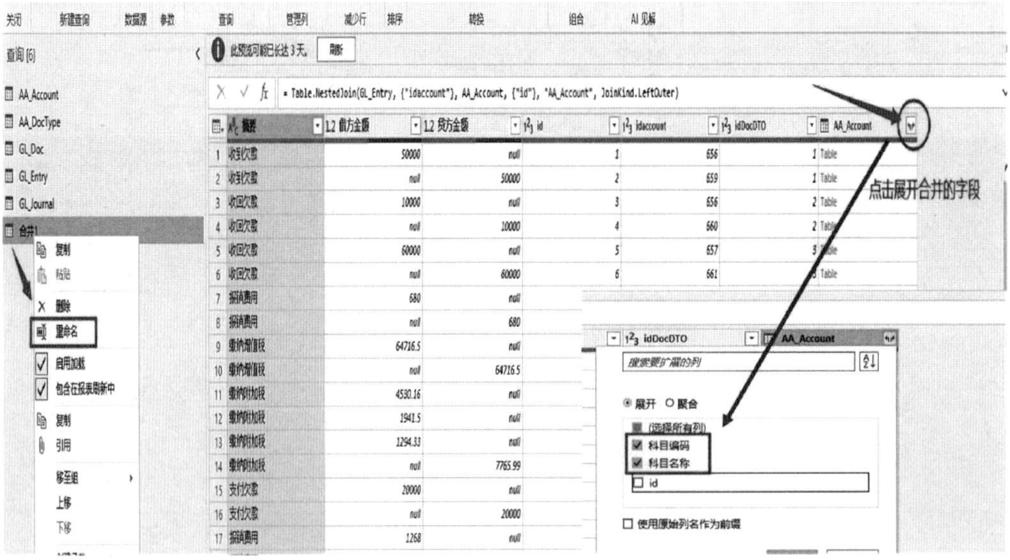

图 4 – 11 展开合并字段

将《Entry + Account》与《GL_Doc》合并。利用 "idDocDTO" 字段与 "id" 字段的关联关系，如图 4 – 12 所示。

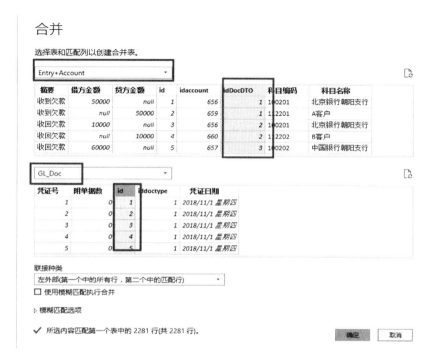

图 4 – 12　合并《Entry + Account》与《GL_Doc》

将《Entry + Account + Doc》与《AA_DocType》合并。利用 "iddoctype" 字段与 "id" 字段的关联关系，如图 4 – 13 所示。

图 4 – 13　关联 "iddoctype" 字段

将《Entry + Account + Doc》和《GL_Journal》利用"id"字段与"entryid"字段的关联关系，最终完成的所有表数据合并，如图4-14、图4-15所示。

图4-14 合并《Entry + Account + Doc》和《GL_Journal》

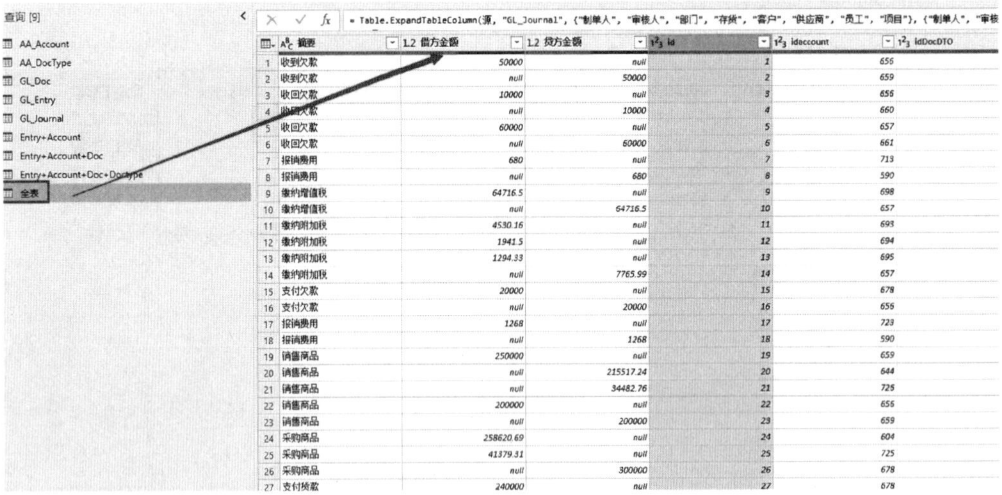

图4-15 全表呈现

第六步，将《全表》表中需要的字段"凭证日期"数据类型修改为"日期"，如图4-16所示。

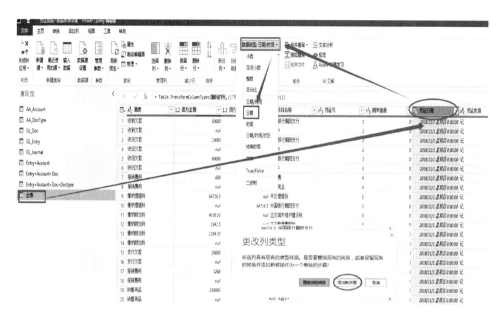

图 4 - 16　修改数据类型为日期

第七步，将《全表》表中需要的字段"凭证日期"数据类型修改为"文本"，如图 4 - 17 所示。

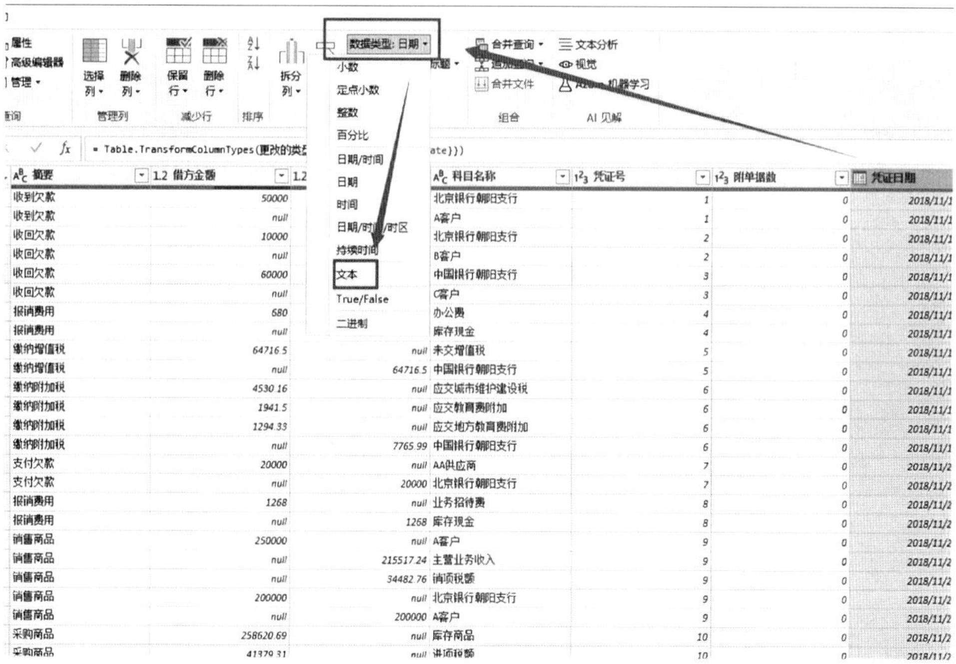

图 4 - 17　修改数据类型为文本

第八步，将《全表》表中需要的字段"凭证日期"格中"/"通过"替换值为"修改为"_"，最终凭证日期格式为："年 - 月 - 日"，如图 4 - 18 所示。

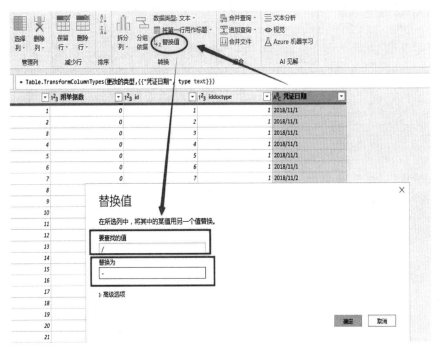

图 4 – 18　替换值

第九步，根据导入模板，字段删除不需要的"关联项"字段，应用完成的处理数据，如图 4 – 19 所示。

图 4 – 19　删除字段

二、Power BI 期初余额数据处理

▶▶任务要求 3

采集期初余额信息的源数据，按照《期初余额》导入模板和《期初导入模板与

数据库表关系》进行数据处理，完成系统平台所需要的期初数据。

运用的 Power BI 功能：删除列、数据类型转换、合并查询、替换值。

《GL Journal》表中的"idaccount（科目 ID）"=《GL_AccountPeriodBegin》表中的"idaccountDTO（科目 DTOID）"。

《GL_Journal》表中的"idaccount（科目 ID）"=《AA_Account》表中的"id（主键）"。

▶▶**任务实现 3**

第一步，完成三张表采集，如图 4-20 所示。

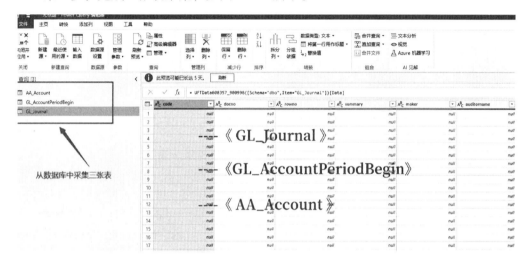

图 4-20 采集报表

第二步，确定各表中需要的字段，如图 4-21 所示。

图 4-21 确定各表中需要的字段

《GL_Journal》需要的字段：idaccount、idauxAccCustomer、isPeriodBegin、idauxAccSupplier、idauxAccDepartment、idauxAccPersonidauxAccInventory、idauxAccProject。

《GL_AccountPeriodBegin》需要的字段：daccountDTO、cumamountdr、cumamountcr、periodbeginbalanceamount。

《AA_Account》需要的字段：code、name、id。

第三步，重命名各字段的名字，并进行数据类型转换，如图 4-22 所示。

图 4 - 22 重命名各字段的名字

《GL_Journal》需要调整的字段：idaccount——idaccount、idauxAccCustomer——客户、idauxAccSupplier——供应商、idauxAccDepartment——部门、idauxAccPerson——员工、idauxAccInventory——存货、idauxAccProject——项目、isPeriodBegin——是否期初（1 代）。

《GL_AccountPeriodBegin》需要调整的字段：idaccountDTO——idaccountDTO、periodbeginbalanceamount——期初余额、cumamountdr——本年借方累计发生额、cumamountcr——本年贷方累计发生额。

《AA_Account》需要调整的字段：code——科目编码、name——科目名称、id——id。

第四步，表合并，如图 4 - 23 所示。

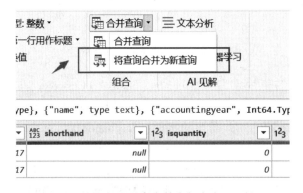

图 4 - 23 表合并为新查询

以《GL_Journal》为主表，通过"idaccount"与"id"的关联关系与《AA_Account》合并。

重命名合并的表，并展开《AA_Account》表中字段，如图4-24所示。

图4-24 展开字段

同样以《Journal + Account》为主表，通过"idaccount"与"idaccountDTO"的关联关系与《GL_AccountPeriodBegin》合并。

重命名合并的表，并展开《GL_AccountPeriodBegin》表中字段。

第五步，选择数据：筛选"是否期初"为1的数据，如图4-25所示。

图4-25 选择数据

第六步，关闭并应用，如图 4 - 26 所示。

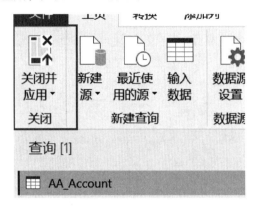

图 4 - 26　关闭并应用

第三节　大数据平台的数据导入

▶▶任务要求 4

将按照模板从 ERP 数据库中采集并处理后期初余额和凭证数据表导入财务大数据平台中。

▶▶任务实现 4

第一步，通过实训中心进入实训，选择基础设置——数据导入，如图 4 - 27、图 4 - 28 所示。

进入财务大数据平台

图 4 - 27　进入实训中心

第二步，科目初始化，如图 4 - 29 所示。

第三步，导入数据，如图 4 - 30 所示。

第四步，导入期初余额、凭证数据，如图 4 - 31、图 4 - 32 所示。

图 4 - 28 数据导入

图 4 - 29 科目初始化

图 4 - 30 选择导入方式

图 4 - 31 导入期初数据

步骤2:　上传 凭证 文件
只支持系统模板Excel文件格式导入，单个Excel最大50M

图4 – 32　导入凭证数据

第五步，导入完成，如图4 – 33所示。

创建企业 ————— 科目初始化 ————— 导入数据 ————— 4 开始体检

图4 – 33　导入完成

巩固练习

独立完成案例公司使用Power Bl进行数据清洗和聚合的任务。

第五章　企业管理能力分析及可视化

【学习目标】

知识目标

◇掌握管理能力分析及可视化页面设计的方法

◇了解企业管理能力分析需求

◇理解 Power BI 数据建模思想在可视化页面设计的应用

能力目标

◇能够熟练掌握盈利能力、偿债能力、营运能力、发展能力的主要衡量指标

◇能够完成案例企业管理能力可视化页面设计

素质目标

◇培养学生具有企业经营管理数据分析思维

◇培养学生应用 Power BI 完成管理能力数据可视化呈现的能力

【课程导读】

如何诊断企业财务状况?

在经济繁荣的都市中,有一家名为"智汇集团"的中型企业,它在多个领域都有业务,但近年来,公司的财务状况开始出现波动,这让公司的管理层感到担忧。为了诊断和改善公司的财务健康,他们决定聘请一位财务顾问,就像医生检查病人的身体状况一样,来为公司进行财务"体检"。这位财务顾问名叫赵敏,她是一位经验丰富的财务分析师,擅长通过财务报表来诊断企业的财务状况。赵敏就像是企业的财务"医生",她的工作是确保公司的财务健康,预防可能出现的财务危机。她要求查看公司的财务报表,包括利润表、资产负债表和现金流量表。她像医生一样,仔细检查这些报表,寻找可能的"症状"。在赵敏的"治疗"下,智汇集团的财务状况逐渐好转。公司采取了降低成本、改善现金流和优化资本结构的措施。几个月后,公司的财务报表显示出了积极的变化:收入开始增长,成本得到控制,现金流更加稳定,财务比率也有所改善。智汇集团的管理层对赵敏的工作非常满意,他们将她誉为公司的财务"医生",因为她不仅诊断出了公司的财务问题,还开出了有效的"药方"。在赵敏的帮助下,智汇集团的财务状况变得更加健康,为公司的长期发展奠定了坚实的基础。

诊断是做好决策的第一步，准确的诊断才能为下一步对症下药打好基础，本模块从盈利能力、营运能力、偿债能力、发展能力等方面来讲解如何诊断企业财务状况。

第一节 盈利能力分析及可视化

一、盈利能力分析

企业经营的本质是创造价值，企业的价值在很大程度上是需要用利润来衡量的。企业如果一直亏损，那么这个企业不但在浪费投资人的钱，也在浪费企业内部职工的辛勤劳动。会分析、能判断企业的盈利能力是进行财务分析的重要基本功。反映盈利能力的指标非常多，但是如果不得方法，没有一个好的思路，即使完全掌握了这些盈利指标，也未必能做好盈利能力分析。本节内容将从实用的角度来讲解盈利能力分析的思路、方法和技巧。主要从销售毛利率和销售净利率两个指标对盈利能力进行分析。

（一）销售毛利率

销售毛利率是毛利占销售净收入的比值，通常称为毛利率。其中，毛利是销售净收入与销售成本的差。毛利＝主营业务收入－主营业务成本。毛利是企业实现最终净利润的基础和前提，如果毛利过低，企业要想取得理想的经营净利润是不可能的。

$$销售毛利率＝毛利/主营业务收入×100\%$$

销售毛利率主要反映构成主要业务的商品生产、经营的获利能力，是反映企业主营业务盈利能力的指标。销售毛利率越高，企业抵补各项支出的能力越强，获利能力越高；相反，获利能力越低。该比率经常用来反映管理者根据产品成本进行产品定价的能力，即企业的产品还有多大的降价空间。

注意：由于各个企业所处行业不同、会计反映业务的处理方式不同、产品成本的组成有很大的差别，所以在用这个指标比较两个企业时要注意分析所属行业和产品成本组成的具体情况。

影响销售毛利率的因素可以分为直接因素和间接因素。直接因素包括销售数量、销售单价、单位销售成本变动的影响。间接因素包括市场供求变动、企业成本管理水平、产品构成及独特性、行业差别等。当其他因素不变时，销售数量与销售毛利率成正比。销售单价的变动，会正比例地影响到毛利和毛利率的变动。销售成本的变动，会导致单位销售毛利的反方向、等额的变动，从而反比例地影响毛利额，同样反比例地影响销售毛利率。

市场供求关系影响商品价格，进而影响企业的销售毛利率。因此，销售毛利率大小取决于市场供需状况、竞争者的数量和实力等因素。成本费用是企业为了获取收益而付出的代价。企业的成本管理水平直接影响产品成本的大小。提高成本管理水平，可以有效地降低产品成本，进而增加企业利润。因此，企业的成本管理水平和业绩影响企业的毛利率大小。

　　一个企业不可能仅生产一种产品，每种产品的市场需求状况不同，产品组合可以在盈利水平上相互弥补、取长补短，以使企业获利最大。同理，如果产品组合不当，也会制约每个产品的获利能力，而削弱产品组合带来的利润。同时，如果企业生产的产品是某种独特、有价值的产品而不仅因价格低廉而取胜时，它便可以获得溢价，以一定的价格售出更多的产品。因此，产品构成决策的正确与否、产品的差别性都会影响毛利大小。

　　企业所处的行业大环境不同，对其经营状况有很大的影响。各个行业的企业数量和各自的实力不同，不同行业的产品数量及产品市场竞争力也不相同，这使不同的产品获利的空间也不同。因此，行业间的平均毛利率比较是盈利分析的重要环节。

　　运用销售毛利率分析企业盈利能力步骤如下。

　　第一步，计算销售毛利率指标。

　　第二步，对两个会计期间的销售毛利率指标进行分析时，还应将毛利率与本企业不同时期、同行业平均水平、先进水平进行比较，以正确评价企业的获利能力，并从中找出差距，提高企业的获利水平。

　　商品零售行业属于低销售毛利率的行业，这类企业的特点是营业周期短、固定费用低；重工业企业属于要求高销售毛利率的行业，这类企业的特点是营业周期长、固定费用高，要求有较高的毛利率以弥补高额的固定成本。

　　第三步，如果需要对单产品进行分析，那么要对销售毛利率指标作进一步分析。分别分析销量、销售单价、单位销售成本变动对毛利额和毛利率产生的影响。

$$毛利额计算公式为毛利额 = 销量 \times (销售单价 - 单位销售成本)$$
$$毛利率计算公式为毛利率 = (销售单价 - 单位销售成本) \div 销售单价$$

　　从上述公式可以看出，单一产品毛利的变动受销量、销售单价、单位销售成本的影响；毛利率的变动则受销售单价和单位销售成本的影响。

（二）销售净利率

　　销售净利率是净利润占销售收入的百分比。该指标反映每 1 元销售收入带来的净利润，表示销售收入的收益水平。

$$销售净利率 = 净利润 / 营业收入 \times 100\%$$

　　销售净利率是用来衡量企业营业收入给企业带来利润的能力，是企业经营活动最基本的盈利能力的体现。销售净利率越高越好，说明企业获利能力较强。该比率较低，表明企业经营管理者未能创造出足够多的营业收入或者没有成功地控制成本，可以用来衡量企业总的经营管理水平。销售净利率与净利润成正比，与销售收入成反比，企业在增加销售收入额的同时，必须相应地获得更多的净利润，才能使销售净利率保持不变或有所提高。在经营中往往可以发现，企业在扩大销售的同时，由于销售费用、财务费用、管理费用的大幅增加，净利润并不一定会同比例增长。盲目扩大生产和销售规模未必会为企业带来真正的收益。

因此，我们在分析时应关注企业每增加1元销售收入的同时净利润的增减程度，以此来判断销售收入增长的效益。通过分析销售净利率升降变动，可以促使企业在扩大销售的同时，注意改进经营管理而提高盈利水平。

不同使用者对该指标的运用不同：

其一，对于企业的短期投资者和债权人来说，其利益的大小和保障程度主要受企业当期盈利水平的影响，因此，企业总盈利能力的大小是他们最为关心的，他们通常可以直接根据该指标的高低对企业盈利能力进行分析评价。

其二，对于企业的管理者及所有者来说，不能单纯地根据该指标的高低判断企业的盈利能力，还应进一步分析净利润的内部构成对该指标的影响，以正确判断企业的盈利能力。

在盈利能力分析中，首先，应当评估利润数据的可信度。反映盈利能力的每一个指标，都离不开利润这个数据。利润表中涉及利润的项目有营业利润、利润总额、净利润等。因此，在做盈利分析之前，要判断利润数据的可信度。其次，要判断收入的确认是否可靠，判断成本的核算是否准确。最后，需要评估是否存在关联交易，是否为合并报表数据。如果一家公司有关联公司且我们分析的报表不是合并报表，则其报表质量会大打折扣。当然，即使是合并报表，也并不能表示完全可信，但可信度会高一些。因此，我们在分析盈利能力，包括其他财务状况的时候，需要考察该公司是否有与其他关联公司的交易往来，如果有严重影响公司财务状况的交易往来，应相应调整报表数据。

当然，盈利能力指标值高不完全等同于盈利能力强。

首先，看盈利的质量。如果主营业务的盈利能力强，那么企业的盈利质量高；如果主营业务的盈利能力差，而盈利能力指标值高，其原因可能是营业外收入多、投资收益多或者其他非经常性损益多，那么这样的盈利能力是不可靠的，也是不可持续的，其盈利能力不见得就强。

其次，企业的盈利能力指标值高，并不代表这种能力具有可持续性。如果企业的盈利能力指标值高伴随着技术水平提升、管理水平提升、市场大环境也变好了，那么其盈利能力持续性强，这样的盈利能力指标值高确实是盈利能力强的标志。

但如果仅是一个时期的盈利能力指标值高，仅是一个特殊的原因、偶然的因素导致的盈利能力指标值提高，并不能就说企业的盈利能力强，还需要继续观察。

最后，应结合财务状况长远考虑。企业经营肯定不能仅考虑当期的盈利状况，一定也要考虑总投入的盈利情况，而总资产净利率、净资产收益率、资本收益率就是从投入的角度来考察盈利能力的指标。分析企业的盈利能力，不仅要看当期的利润，还要考虑投入额，包括总资产、净资产以及初始投入的实收资本，这就是我们要计算总资产净利率、净资产收益率和资本收益率的原因。

二、盈利能力可视化

▶▶ 任务描述

请同学们根据已知企业资料"业务数据 – 本企业月度（4 – 6 月）的三大报表（案例）"，通过 Power BI 实现案例企业第二季度盈利能力分析两大指标的可视化：销售毛利率、销售净利率。

▶▶ 任务要求

下载《业务数据 – 案例企业 4 – 6 月的报表》，进行多表合并操作，完成数据可视化展示。

【提示】

$$销售毛利率 =（营业收入 – 营业成本）/营业收入$$
$$销售净利率 = 净利润/营业收入$$

【操作步骤】

第一步，数据清洗（案例企业 4 – 6 月的利润表）。

第二步，设置度量值：

营业收入 = SUMX(FILTER('利润表',[项目名称] = "一、营业收入"),[值])

营业成本 = SUMX(FILTER('利润表',[项目名称] = "减：营业成本"),[值])

净利润 – SUMX(FILTER('利润表',[项目名称] = "四、净利润"),[值])

销售毛利率 = DIVIDE([营业收入] – [营业成本],[营业收入])

销售净利率 = DIVIDE([净利润],[营业收入])

第三步，制作可视化报告。

▶▶ 任务实现

第一步，进入实训中心的企业管理能力分析及可视化模块，找到基于 Power BI 实现 2023 年第二季度盈利能力指标分析及可视化的实操任务。进入实训任务，如图 5 – 1 所示。

图 5 – 1　进入实训任务

第二步，下载《业务数据 – 案例企业 4 – 6 月的报表》并进入 Power BI。鼠标左键单击"打开 Power BI"，如图 5 – 2 所示。

图 5 - 2　下载《业务数据 - 案例企业 4 - 6 月的报表》并进入 Power BI

第三步，使用 Power BI 获取《业务数据 - 案例企业 4 - 6 月的报表》中 4～6 月的利润表。鼠标点击"转换数据"，如图 5 - 3 所示。

图 5 - 3　获取 4～6 月份的利润表

第四步，将《2023 年 4 月利润表》中的"本月数"替换为 2023/4/30。鼠标点击界面上方的"替换值"，弹出对话框，将本月数替换为 2023/4/30，如图 5 - 4 所示。

利润表	Column2	Column3	Column4
1	43281	null	null
2 编制单位：	单位：...	null	null
3 项　目	行次	本月数	本年累计数
4 一、营业收入	1	4678926	2.
5 减：营业成本	2	4210033.4	2
6 税金及附加	3	2133.13	
7 销售费用	4	15568	
8 管理费用	5	431480	
9 研发费用	6	null	
10 财务费用	7	null	
11 其中：利息费用	8	null	
12 利息收入	9	null	
13 资产减值损失	10	null	
14 加：其他收益	11	null	
15 投资收益	12	null	

本月数

图 5 - 4　将本月数替换为 2023/4/30

第五步，删除行。鼠标单击界面上方的"删除行"，弹出对话框，点击"弹出最前边几行"，弹出对话框，输入"2"。

第六步，删除后四列数据。鼠标点击第四列数据同时按 Ctrl 键选中第五至第七列数据，单击鼠标右键弹出功能菜单，点击"删除列"。如图 5-5 所示。

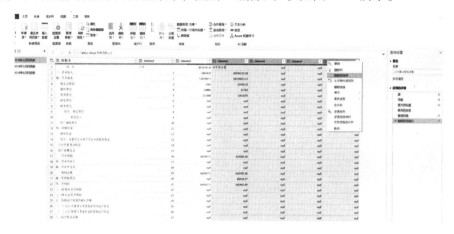

图 5-5 删除后四列数据

第七步，《2023 年 5 月利润表》和《2023 年 6 月利润表》同理操作。

第八步，将《2023 年 4 月利润表》作为基表与《2023 年 5 月利润表》进行合并。鼠标点击"合并查询"，弹出下拉菜单，点击"将查询合并为新查询"，如图 5-6 所示。

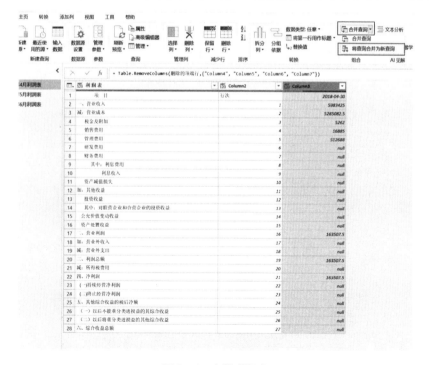

图 5-6 合并利润表

第九步，合并《2023 年 4 月利润表》和《2023 年 5 月利润表》。鼠标单击选中关联列"项目列"，点击确定，如图 5 - 7 所示。

图 5 - 7　关联项目列

第十步，重命名并展开合并内容。鼠标双击"查询"功能下的新建《合并 1》表重命名为《利润表》。鼠标左键单击标题《2023 年 5 月利润表》，弹出需要展开的列，选择"column3"，单击确定，如图 5 - 8 所示。

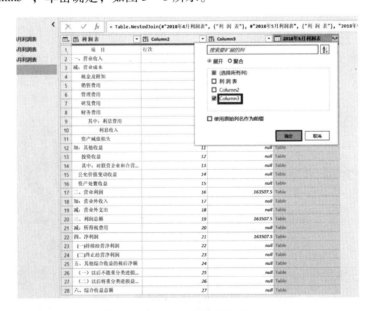

图 5 - 8　重命名并展开合并内容

第十一步，将《利润表》作为基表，将《2023 年 6 月利润表》进行合并。鼠标点击"合并查询"，弹出下拉菜单，点击"合并查询"如图 5 - 9 所示。

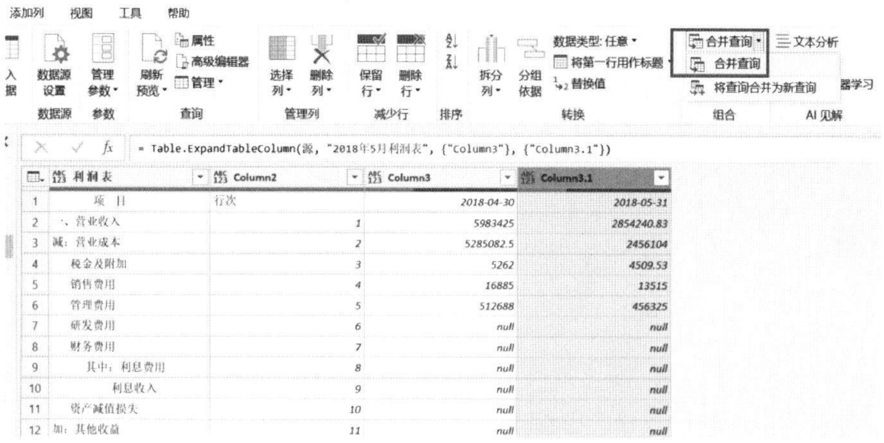

图 5 - 9　关联多月利润表

第十二步，合并《利润表》和《2023 年 6 月利润表》。鼠标单击选中关联列"项目列"，点击确定，如图 5 - 10 所示。

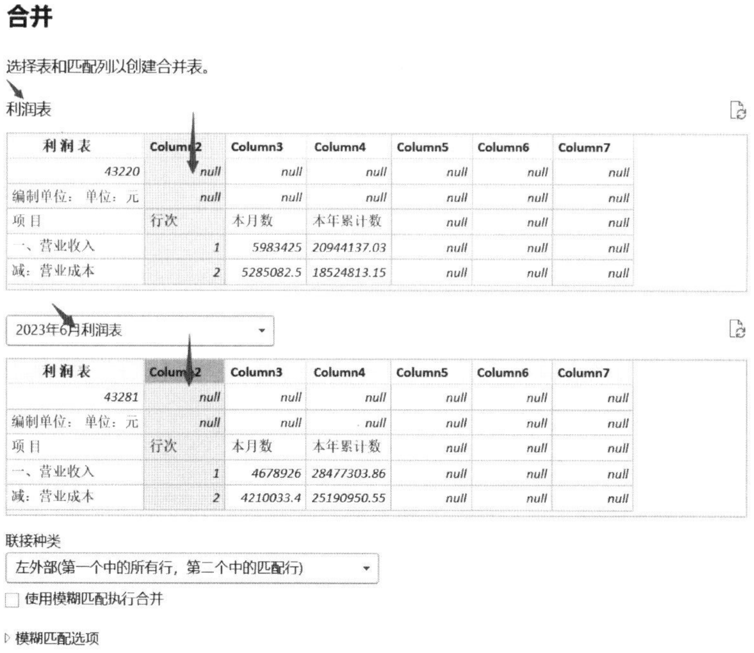

图 5 - 10　合并《利润表》和《2023 年 6 月利润表》

第十三步，展开合并内容。鼠标左键单击标题《2023 年 6 月利润表》，弹出需要展开的列，选择"column3"，单击确定，如图 5 - 11 所示。

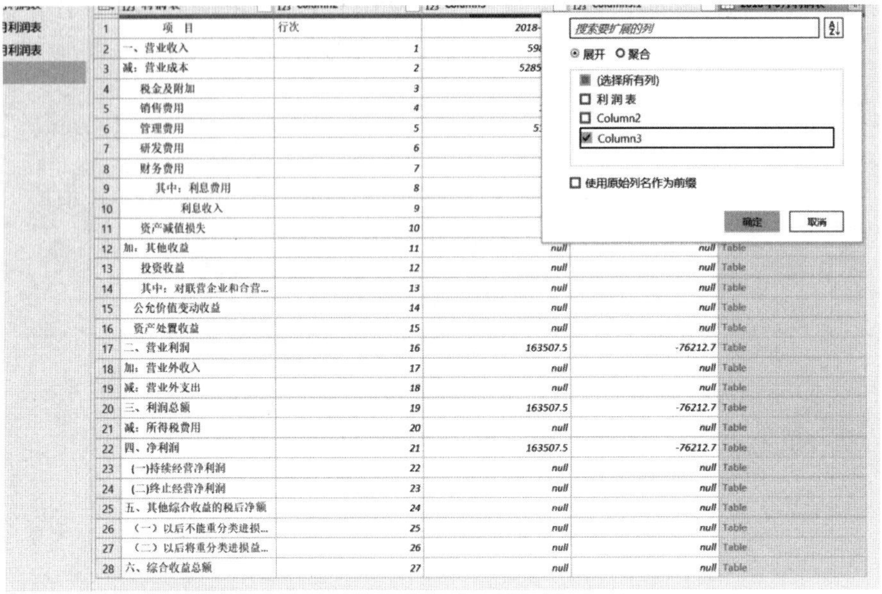

图 5－11　展开合并内容

第十四步，转置数据。鼠标点击“转换”功能，弹出下拉菜单，点击“转置”，如图 5－12 所示。

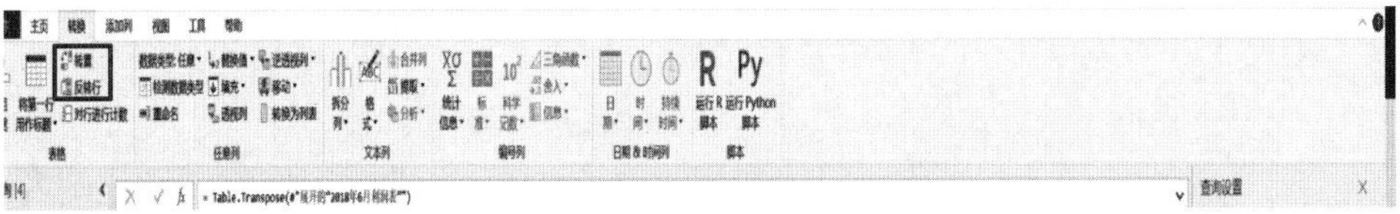

图 5－12　转置数据

第十五步，提升标题。鼠标点击主页界面中的“将第一行用作标题”，如图 5－13 所示。

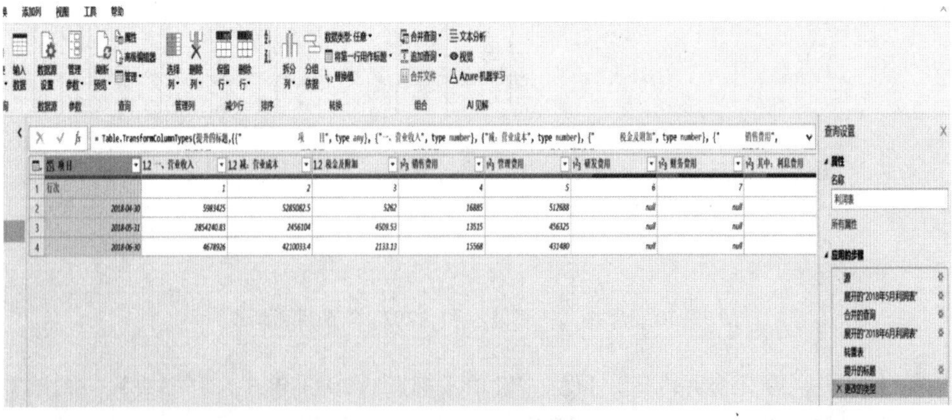

图 5－13　提升标题

第十六步，删除行。鼠标点击主页界面中的"删除行"，弹出下拉菜单，点击"删除最前边第几行"，输入"1"，点击确定，如图5-14所示。

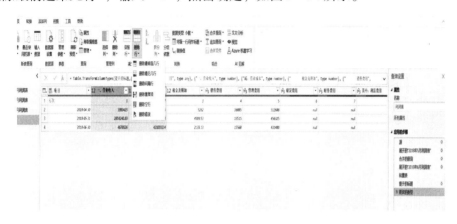

图5-14　删除第一行

第十七步，逆透视其他列。鼠标单击选中第一列"项目"列，在"转换"功能界面中点击"逆透视列"，弹出下拉菜单，点击"逆透视其他列"，如图5-15所示。

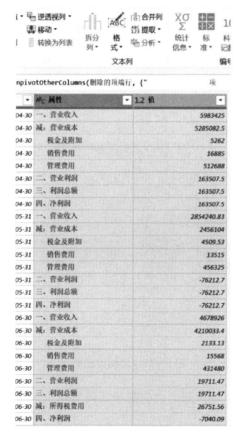

图5-15　逆透视其他列

　　第十八步，重命名并调整数据类型。鼠标双击第一列数据的标题重命名为"日期"，并将数据类型调整为"日期"格式，鼠标双击第二列数据的标题重命名为"项目名称"，并将数据类型调整为"文本"，第三列数据类型调整为"小数"，如图5-16所示。

图5-16　重命名并调整数据类型

　　第十九步，添加自定义列。鼠标点击"添加列"功能界面，单击"自定义列"，弹出对话框，新列名命名为"年月"，自定义列公式 = Date. Year([日期]) * 100 + Date. Month([日期])，点击确定，如图5-17所示。

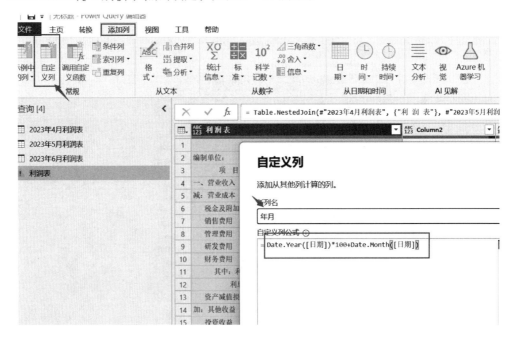

图5-17　添加自定义列

　　第二十步，调整"年月"列的数据类型。鼠标单击选中"年月"列，在主页界面上方点击"数据类型：整数"，弹出下拉菜单，点击"整数"，如图5-18所示。

图5－18 调整"年月"列的数据类型

第二十一步，鼠标左键单击"关闭并应用"，进入到 Power BI Desktop。

第二十二步，在字段区《利润表》下"新建度量值"。鼠标点击界面上方的"新建度量值"，编辑 DAX 函数公式。

营业收入＝SUMX(FILTER('利润表',[项目名称]＝"一、营业收入"),[值])

营业成本＝SUMX(FILTER('利润表',[项目名称]＝"减:营业成本"),[值])

净利润＝SUMX(FILTER('利润表',[项目名称]＝"四、净利润"),[值])

毛利率＝DIVIDE([营业收入]－[营业成本],[营业收入])

净利率＝DIVIDE([净利润],[营业收入])

第二十三步，卡片图。鼠标左键点击可视化区域的"卡片图"，字段添加"毛利率"。鼠标点击字段区"毛利率"，界面上方弹出"度量工具"，点击"％"符号。同理，完成净利率卡片图，如图5－19所示。

第二十四步，可视化展示。鼠标左键点击可视化区域的"折现图"，"轴"选择"年月"，"值"选择"净利率"和"毛利率"，如图5－20所示。

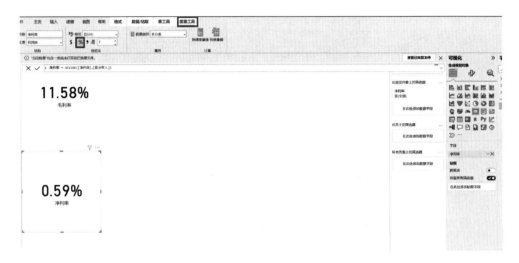

图 5 - 19　卡片图

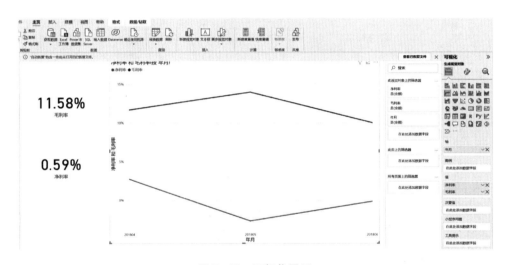

图 5 - 20　可视化展示

第二节　营运能力分析及可视化

一、营运能力分析

从财务角度来看，企业的货物周转得快，销售状况好，企业的营运能力就强。营运能力是企业经营管理的运作能力，是通过合理配置和组合运用企业的人力资源、生产资料资源、财务资源、技术资源等，使之能够发挥更高效率，创造更多价值的能力。营运能力的提升一定是企业综合管理能力的提升，它需要营销部、生产部、物流部、仓储部、售后服务部、财务等所有部门相互配合、共同努力。

营运能力强不仅是资产周转速度快、营运效率高，还必须要有效益。营运能力必须以有效益为前提，如果货物在亏损，那么转得越快亏损得越严重。因此，我们在分析营运能力时，必须要考虑货物资产的盈利能力，如果只为了提高货物资产周转的速度，赔钱经营，那就失去了经营的意义。在保证盈利的前提下，营运能力越强，盈利能力和偿债能力也就会越强。

营运能力对企业的盈利能力和偿债能力的影响是很大的。营运能力强，企业资产周转速度快，商品销售越快，货款回收越快，那么企业的盈利能力自然会增强，偿债能力也就随之增强。不是所有的企业都需要很快的资产周转速度，要考虑行业特征，不同行业、不同类型的企业，其营运能力指标差别很大。例如，酿酒业，贵州茅台公司的存货周转天数高达 2 000 多天，但不能就此判断该公司的营运能力很差，茅台酒的酿造需要很多年，但是茅台酒的毛利率在 90% 以上，极高的毛利率弥补了商品周转速度慢的缺点，因此，该公司的净资产收益率在 30% 以上，业绩同样很优秀。

不是所有的企业都需要很快的资产周转速度，要考虑行业特征资本密集型企业、技术密集型企业，可能需要投入大量的长期资产，如设备、仪器、厂房等，这些企业的资产周转速度可能偏慢；服务业、咨询业类企业，有可能资产就很少，其资产周转速度可能会很快。因此，在分析营运能力时一定要结合行业特征、经营周期、资产管理的水平等因素进行分析，不能妄下定论。

营运能力的关键分析指标有应收账款周转率、存货周转率、总资产周转率。

二、营运能力可视化

▶▶ 任务描述

请同学们根据已知企业资料"业务数据－本企业月度（4－6 月）的三大报表（案例）"，通过 Power BI 实现案例企业第二季度营运能力分析两大指标的可视化：应收账款周转率、总资产周转率。

▶▶ 任务要求

下载《业务数据－案例企业 4－6 月的报表》，进行多表合并操作，完成数据可视化展示。

【提示】

应收账款周转率 = 赊销收入净额／应收账款平均余额

应收账款平均余额 =（期初应收账款 + 期末应收账款）/2

总资产周转率 = 总收入净额／平均总资产

平均总资产 =（期初资产总额 + 期末资产总额）/2

（假定营业收入 = 赊销收入 = 总收入净额）

【操作步骤】

第一步，数据清洗（案例企业 4－6 月的利润表）。

第二步，设置度量值。

应收账款 = calculate([余额],'资产负债表'[项目名称] = "应收票据及应收账款")

期初应收账款设置步骤：

①期初应收账款 =

②var x = MAX('日期表'[年月]) − 1

③Return

④calculate([应收账款],'日期表'[年月] = x)

期末应收账款设置步骤：

①期末应收账款 =

②var x = MAX ('日期表'[年月])

③Return

④calculate([应收账款],'日期表'[年月] = x)

应收账款周转率 = DIVIDE([营业收入],DIVIDE([期初应收账款] + [期末应收账款],2))

营业收入 = calculate([收入],'利润表'[项目名称] = "一、营业收入")

资产总额 = calculate([余额],'资产负债表'[项目名称] = "资产总计")

期初资产总额设置步骤：

①期初资产总额 =

②var x = MAX('日期表'[年月]) − 1

③Return

④calculate([资产总额],'日期表'[年月] = x)

期末资产总额设置步骤：

①期末资产总额 =

②var x = MAX('日期表'[年月])

③Return

④calculate([资产总额],'日期表'[年月] = x)

总资产周转率 = DIVIDE([营业收入],DIVIDE([期初资产总额] + [期末资产总额],2))

第三步，制作可视化报告。

▶▶任务实现

详细操作步骤已在任务 1 中作出清晰展示，任务 2 可在任务 1 基础上进行修改。

第一步，修改公式。

应收账款周转率 = 利润表![营业收入]/((资产负债表!应收票据及应收账款]期初 + 资产负债表![应收票据及应收账款]期末)2)

总资产周转率 = 利润表![营业收入]/((资产负债表![资产总计]期初 + 资产负债表![资产总计]期末)2)

第二步，拷贝指标。

拷贝《盈利能力分析指标》，粘贴成《营运能力分析指标》，将值替换成《应收账款周转率》《总资产周转率》。

第三节 偿债能力分析及可视化

一、偿债能力分析

债务常常成为压垮企业的最后一根稻草。偿债能力的管控是财务管理中一个非常重要的课题，但我们通常对偿债能力的分析和评估都存在较大的问题，主要表现在以下两点。第一，对偿债能力的分析建立在对现有资产进行清算变卖的基础上，把企业的资产变现能力和流动性作为债务的重要保障。但是这并不符合企业的实际运行状况。企业要生存下去，就不可能将所有资产变现来偿还企业所有债务。企业偿债并非仅靠资产，企业经营、融资获得的现金都是偿债的资金来源。第二，现有的债务能力分析是静态的，而不是动态的，只重视静态效果，而没有充分重视在企业生产经营运转过程中的偿债能力，只重视某一时点上的偿债能力，而不重视达到这一时点之前积累的过程。

因此，我们在分析企业债务风险时，不仅要考虑资产负债表上的静态数据，而且要考虑企业的盈利能力，更要考虑企业的现金流量情况。

偿债能力分析需要关注以下三个方面。第一，债务风险往往不单纯是债务问题，账面的债务（如短期借款、应付账款等）只是结果，但导致债务高的因素往往有很多：客观方面，有的是企业过度扩张，自身实力不够、资金不够，只能大量举债，从而导致债务越积越多；主观方面，有的是企业在战略判断上出现错误，对市场走向、客户需求、行业发展趋势的判断出现严重错误，导致前期借贷投入的巨资有去无回。

第二，评估偿债能力关键看以下四点。一看资产负债率。资产负债率是反映企业债务负担的综合性指标，通俗地讲就是企业欠账是否太多。资产负债率究竟多高算高，并没有完全统一的标准，不同的企业规模、不同的行业特征、不同的企业性质，其资产负债率的水平都不相同，但通常情况下超过50%就是偏高了。二看资产质量。既要看流动资产的质量，也要看非流动资产的质量。看资产的质量不仅要看其当前变现能力和市场价值，还要看其当前可利用价值以及未来能为企业创造经济效益的能力。如果企业的资产负债率高，而且其资产的变现能力差，资产的利用价值小，那么这样的企业其债务风险自然就高。三看盈利能力。不盈利会导致企业的资金越来越少，最终会导致资金链断裂。如果企业的资产盈利能力强，而且获得的利润能够较快地转化为现金，那么即使企业的资产负债率高一些，其债务风险也会被稀释不少，为企业具有较强的创造现金的能力，能够很快获得偿还债务的资金。如果企业债务较多，资产负债率又高，企业的盈利能力又差，那么这样的企业其债务风险就比较高了。四看现金流。企业的债务最终是需要用现金来偿还的，因此，企业的现金流是非常关键的。企业的现金流包括经营现金流、投资现金流和筹资现金流三个方面。经营现金流是立身之本，企业偿债的资金主要来自企业的经营现金净流入。投资现金流可能是锦上添花，也可能是资金"黑洞"。投资成功可以为企业带来额外的投资收益，但是投资风险也较高，如果没有专业的人员操作，投资失败也会给企业带来很大的损失。筹资现金流是在关键时刻可以为企业带来需要的现金，筹资能力与企业的实力、信用能力、抵押担保能力、是否是上市公司等密切相关。筹资能力也是企业偿债能力强弱的一个标准。

第三，控制债务风险绝非减少负债那么简单。控制债务风险是一项很庞大的系统工程，绝不是仅减少债务、降低资产负债率那么简单。首先，企业的最高决策层必须要有财务风险的理念和意识，不能仅凭自己的感觉做企业，必须对企业承担债务的能力有清晰的认识。其次，债务风险的控制需要一个良好的分析、评估机制，需要通过专业的财务分析人员定期评估企业的债务风险。再次，债务负担的总规模和资产负债率要有控制目标，也就是要画红线，严禁越过红线。最后，债务风险的控制要懂得分散风险，采取多种融资形式，必要时可以采取股权融资，这样能减少债务的增加。

偿债能力的关键分析指标包括资产负债率、流动比率等。

二、偿债能力可视化

▶▶ 任务描述

请同学们根据已知企业资料"业务数据－本企业月度（4－6月）的三大报表（案例）"，通过 Power BI 实现案例企业第二季度偿债能力分析两大指标的可视化：资产负债率、流动比率。

▶▶ 任务要求

下载《业务数据－案例企业 4－6 月的报表》，进行多表合并操作，完成数据可视化展示。

【提示】

$$资产负债率 = 负债总额/资产总额$$
$$流动比率 = 流动资产合计/流动负债合计$$

【操作步骤】

第一步，数据清洗（案例企业 4－6 月的资产负债表）。

第二步，设置度量值：

余额 = calculate(sum('资产负债表'[值]), treatas(values('日期表'[年月]), '资产负债表'[年月]))

资产总额 = calculate([余额], '资产负债表'[项目名称] = "资产总计")

负债总额 = calculate([余额], '资产负债表'[项目名称] = "负债合计")

资产负债率 = DIVIDE([负债总额],[资产总额])

流动资产 = calculate([余额],'资产负债表'[项目名称] = "流动资产合计")

流动负债 = calculate([余额],'资产负债表'[项目名称] = "流动负债合计")

流动比率 = DIVIDE([流动资产],[流动负债])

第三步，制作可视化报告。

▶▶ 任务实现

第一步，进入实训中心的企业管理能力分析及可视化模块，找到基于 Power BI 实现 2023 年第二季度企业偿债能力指标分析及可视化的实操任务。进入实训任务，如图 5 – 21 所示。

图 5 – 21　进入实训任务

第二步，下载《业务数据 – 案例企业 4 – 6 月的报表》并进入 Power BI。鼠标左键单击"打开 Power BI"键，如图 5 – 22 所示。

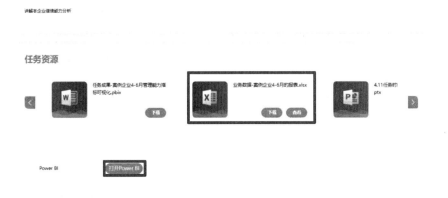

图 5 – 22　下载《业务数据 – 案例企业 4 – 6 月的报表》并进入 Power BI

第三步，使用 Power BI 获取《业务数据 – 案例企业 4 – 6 月的报表》中 4 ~ 6 月份的资产负债表。鼠标点击"转换数据"，如图 5 – 23 所示。

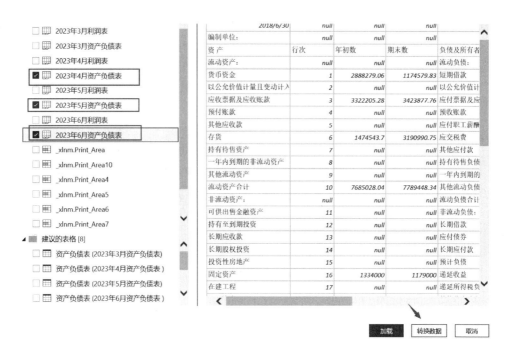

图 5 - 23 获取 4 ~ 6 月份的资产负债表

第四步，将"2023 年 4 月资产负债表"中的"期末数"替换为 2023/4/30。鼠标点击界面上方的"替换值"，弹出对话框，将本月数替换为 2023/4/30，如图 5 - 24 所示。

图 5 - 24 替换

第五步，删除行。鼠标单击界面上方的"删除行"，弹出对话框，点击"弹出最前边几行"，弹出对话框，输入"2"。删除最前两行，如图 5 - 25 所示。删除空行，如图 5 - 26 所示。

图 5 - 25 删除前两行数据

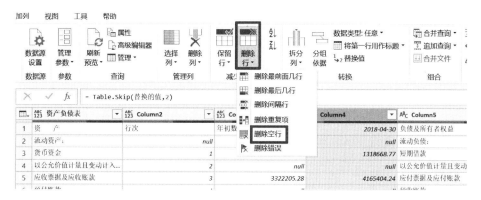

图 5 - 26 删除空行

第六步，删除最后一列数据。鼠标点击最后一列数据，单击鼠标右键弹出功能菜单，点击"删除"，如图 5 - 27 所示。

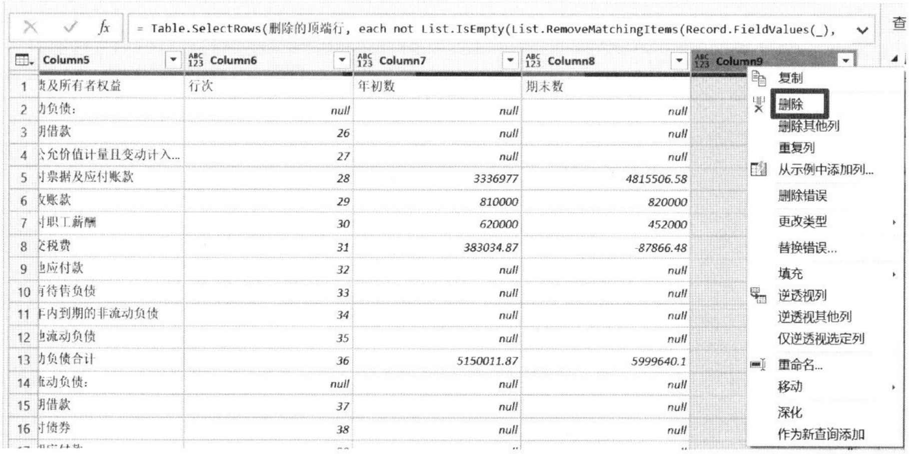

图 5 - 27 删除最后一列数据

第七步，"2023 年 5 月资产负债表"和"2023 年 6 月资产负债表"同理操作。

第八步，将"2023 年 4 月资产负债表"作为基表与"2023 年 5 月资产负债表"进行合并。鼠标点击追加查询，弹出下拉菜单，点击"将查询追加为新查询"，如图 5-28 所示。

图 5-28 合并资产负债表

第九步，合并"2023 年 4 月资产负债表"和"2023 年 5 月资产负债表"。鼠标单击选中关联列"负债及所有者权益"列，点击确定，如图 5-29 所示。

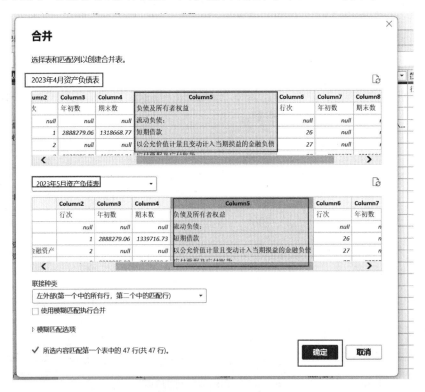

图 5-29 合并第五列

第十步，展开合并内容。鼠标左键单击标题"2023 年 5 月资产负债表"，弹出需要展开的列，选择"column4"和"column8"列，单击确定，如图 5 - 30 所示。

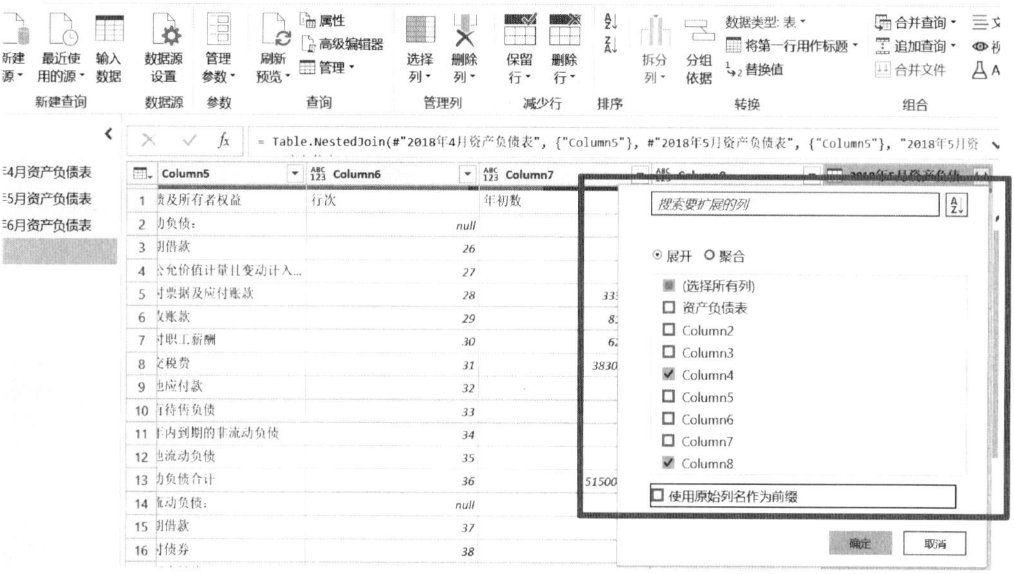

图 5 - 30　"2023 年 5 月资产负债表"展开合并内容

第十一步，调整列顺序。鼠标点击新增加的"column8.1"列，拖拽到"column8"列的后边，如图 5 - 31 所示。

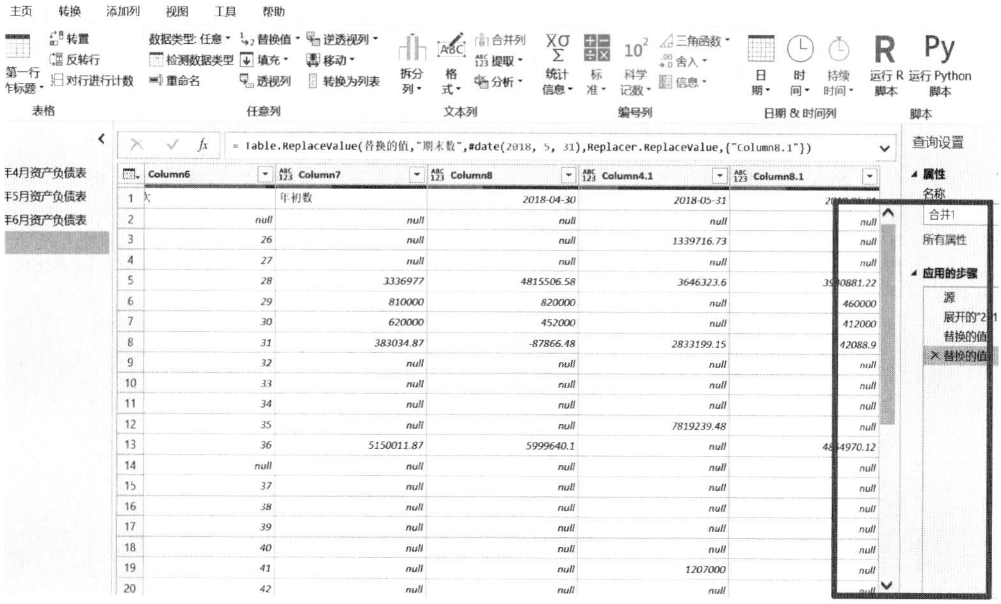

图 5 - 31　调整列顺序

第十二步，完成调整列顺序，如图 5 - 32 所示。

图 5 - 32　完成调整列顺序

第十三步，将"查询"功能下的新建"合并 1"表作为基表，与"2023 年 6 月资产负债表"进行合并。鼠标点击追加查询，弹出下拉菜单，点击"追加查询"。弹出合并对话框，鼠标单击选中关联列"负债及所有者权益"列，点击确定，如图 5 - 33 所示。

图 5 - 33　"合并 1"表与"2023 年 6 月资产负债表"合并

第十四步，展开合并内容。鼠标左键单击标题"2023 年 6 月资产负债表"，弹出需要展开的列，选择"column4"和"column8"列，单击确定，如图 5 - 34 所示。

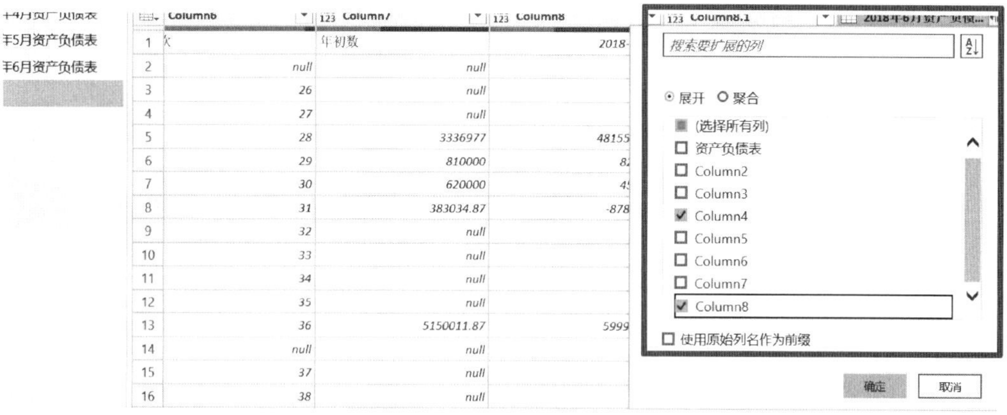

图 5 - 34　"2023 年 6 月资产负债表"展开合并内容

第十五步，调整列顺序，如图 5 - 35 所示。

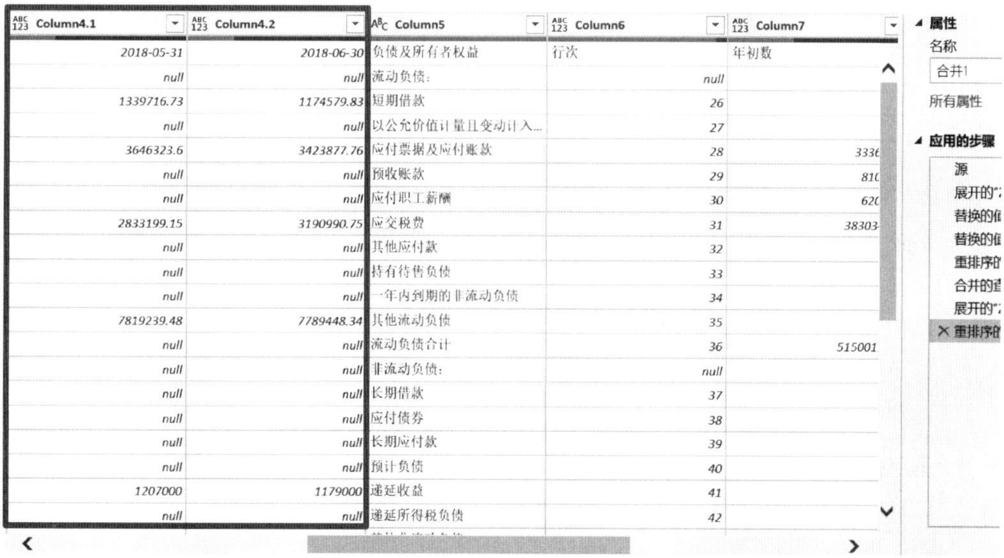

图 5 - 35　再次调整列顺序

第十六步，重命名。鼠标点击"资产"，在界面上方点击"替换值"，弹出对话框，要查找的值输入"资产"，替换为输入"项目名称"，点击确定。"资产"重命名，如图 5 - 36 所示。同理，将"负债及所有者权益"替换为"项目名称"，如图 5 - 37 所示。

第十七步，复制表。鼠标选中"合并 1"表，单击鼠标右键弹出下拉菜单，点击"复制"，如图 5 - 38 所示。

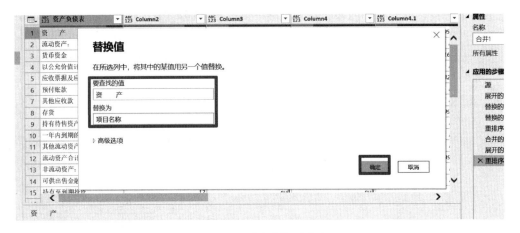

图 5－36 "资产"重命名

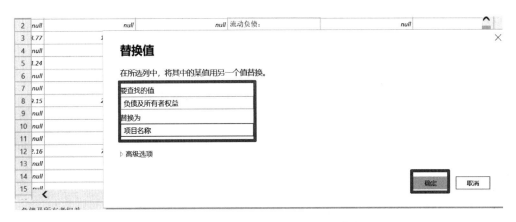

图 5－37 "负债及所有者权益"重命名

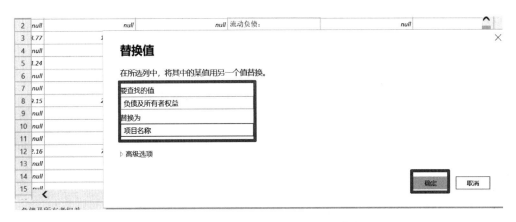

图 5－38 复制表

第十八步，重命名。鼠标双击"合并1"表重命名为"资产表"，鼠标双击"合并2"表重命名为"负债表"，如图5－39所示。

图 5 – 39　合并"资产表"和"负债表"

第十九步，删除列。鼠标单击"资产表"，选中"column5"列，按住 Ctrl 键同时选中后边所有列，单击鼠标右键，弹出下拉菜单，点击"删除列"，如图 5 – 40 所示。

图 5 – 40　删除其他列

第二十步，提升标题。鼠标单击"资产表"，在界面上方点击"将第一行用作标题"，如图 5 – 41 所示。

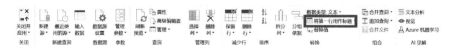

图 5 – 41　将第一行用作标题

第二十一步，删除列。鼠标单击"负债表"，选中"column5"列之前的所有列，单击鼠标右键，弹出下拉菜单，点击"删除列"，如图 5 – 42 所示。

第二十二步，提升标题。鼠标单击"负债表"，在界面上方点击"将第一行用作标题"，如图 5 – 43 所示。

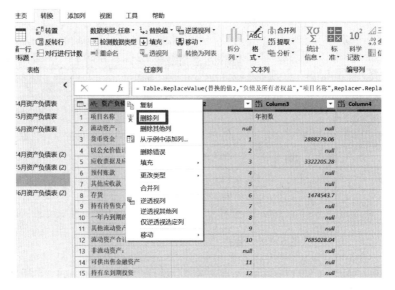

图 5 – 42　删除第一列

图 5 – 43　选择提升标题

第二十三步，"资产表"作为基表，将"负债表"进行追加合并。鼠标点击"追加查询"，弹出下拉菜单，第一张表为"资产表"，第二张表为"负债表"，点击确定，如图 5 – 44 所示。

图 5 – 44　"资产表"与"负债表"追加合并

第二十四步，重命名新表。鼠标双击"资产表"和"负债表"追加合并的新表为"资产负债表"，如图 5 - 45 所示。

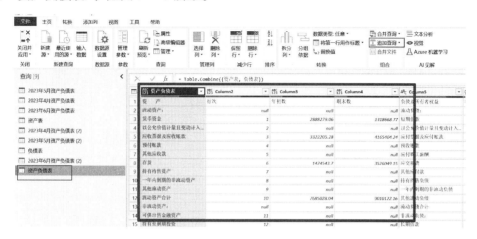

图 5 - 45　重命名新表

第二十五步，将标题作为第一行。鼠标点击"资产负债表"，在界面上方的功能区，点击"将第一行用作标题"，弹出下拉菜单，点击"将标题作为第一行"，如图 5 - 46 所示。

图 5 - 46　将标题作为第一行

第二十六步，转置。鼠标点中"Columnl"列，在转换界面单击"转置"键，如图 5 - 47 所示。

图 5 - 47　转置

第二十七步，提升标题。鼠标单击"资产负债表"，在界面上方点击"将第一行用作标题"，如图 5 - 48 所示。

图 5 - 48　提升资产负债表标题

第二十八步，删除行。鼠标单击界面上方的"删除行"，弹出对话框，点击"弹出最前边几行"，弹出对话框，输入"2"，点击确定，如图 5 - 49 所示。

图 5 - 49　删除前两行

第二十九步，逆透视其他列。鼠标单击选中第一列"项目名称"列，在"转换"功能界面中点击"逆透视列"，弹出下拉菜单，点击"逆透视其他列"，如图 5 - 50 所示。

图 5 - 50　逆透视其他列

第三十步，重命名并调整数据类型。鼠标双击第一列数据，重命名为"日期"，在主页界面上方点击"数据类型：整数"弹出下拉菜单，点击"日期"格式。同理，第二列数据，重命名为"项目名称"，调整为"文本"格式，第三列数据调整为"小数"格式，如图 5 - 51 所示。

图 5 - 51　重命名并调整数据类型

第三十一步，添加自定义列。鼠标点击"添加列"功能界面，单击"自定义列"，弹出对话框，新列名命名为"年月"，自定义列公式 = Date. Year（[日期]）∗ 100 + Date. Month（[日期]），点击确定，如图 5 - 52 所示。

第三十二步，调整"年月"列的数据类型。鼠标单击选中"年月"列，在主页界面上方点击"数据类型：整数"，弹出下拉菜单，点击"整数"。

第三十三步，鼠标左键点击"关闭并应用"。进入 Power BI Desktop，如图 5 - 53 所示。

第三十四步，在字段区"资产负债表"下"新建度量值"。鼠标点击界面上方的"新建度量值"，编辑 DAX 函数公式：

项目金额 = SUM（'资产负债表'[值]）

资产总额 = CALCULATE（[项目金额]，'资产负债表'[项目名称] = "资产总计"）

负债总额 = CALCULATE（[项目金额],'资产负债表'[项目名称] = "负债合计"）

流动资产总额 = CALCULATE（[项目金额],'资产负债表'[项目名称] = "流动资产
合计"）

流动负债总额 = CALCULATE（[项目金额],'资产负债表'[项目名称] = "流动负债
合计"）

流动比率 = DIVIDE（[流动资产总额],[流动负债总额]）

资产负债率 = DIVIDE（[负债总额],[资产总额]）

图 5 – 52　添加自定义列

图 5 – 53　鼠标左键点击"关闭并应用"

第三十五步，卡片图。鼠标左键点击可视化区域的"卡片图"，字段添加"流动
比率"。鼠标点击字段区"流动比率"，界面上方弹出"度量工具"，点击"%"符
号。同理，完成资产负债率卡片图，如图 5 – 54 所示。

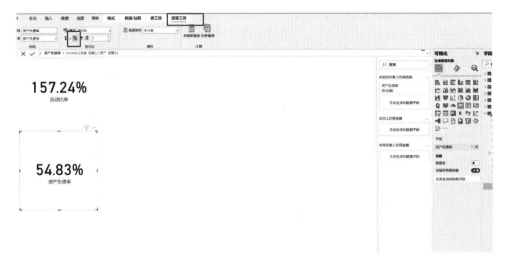

图 5 – 54　卡片图

第三十六步，可视化展示。鼠标左键点击可视化区域的"折线图"，"轴"选择"年月"，"值"选择"净利率"和"毛利率"，如图 5 – 55 所示。

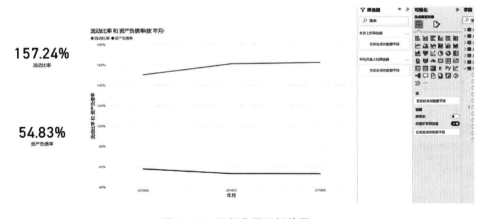

图 5 – 55　可视化展示折线图

第四节　发展能力分析及可视化

一、发展能力分析

企业的发展能力是指企业的成长能力或者说增长能力。我们在考察企业的发展能力时，是不是资产、收益、权益等发展指标值越高越好呢？高当然是好事，但企业经营并不一定要追求增长的最大化，如果企业的发展能力能够稳定地增长，在不过度消耗企业的财务资源的情况下，能够保持企业成长的持续性、长期性是最合适的。

我们从以下三个方面来评价企业的发展能力：

（1）收入、利润增长的角度；

（2）总资产、所有者权益增长的角度；

（3）非财务的角度。

收入和利润是企业经营成果的两个重要指标，这两个指标的增减变动是反映企业发展能力强弱的重要信号。

一般情况下，企业的营业收入越多，其市场占有率就越高，企业生存和发展的空间自然就越大。企业的营业收入增长越快，说明企业经营业务、开拓市场的能力越强，企业生存的能力也就越强。我们先通过企业营业收入增长率来评价企业在营业收入方面的发展能力。

发展能力的关键分析指标为营业收入增长率、净利润增长率、总资产增长率。

二、发展能力可视化

▶▶ 任务描述

请根据已知企业资料"业务数据 – 本企业月度（4 – 6 月）的三大报表（案例）"，通过 Power BI 实现案例企业第二季度发展能力分析两大指标的可视化：营业收入增长率、总资产增长率。

▶▶ 任务要求

下载《业务数据 – 案例企业 4 – 6 月的报表》，进行多表合并操作，完成数据可视化展示。

【提示】

营业收入增长率 =（期末营业收入 – 期初营业收入）/ 期初营业收入

总资产增长率 =（期末资产总额 – 期初资产总额）/ 期初资产总额

【操作步骤】

第一步，数据清洗（案例企业 4 – 6 月的利润表）。

第二步，设置度量值：

营业收入 = calculate（[收入]，'利润表'[项目名称] = "一、营业收入"）

期初营业收入设置步骤：

①期初营业收入 =

②var x = MAX（'日期表'[年月]）– 1

③Return

④calculate（[营业收入]，'日期表'[年月] = x）

期末营业收入设置步骤：

①期末营业收入 =

②var x = MAX（'日期表'[年月]）

③Return

④calculate（［营业收入］,'日期表'［年月］＝x）

营业收入增长率＝DIVIDE（［期末营业收入］－［期初营业收入］,［期初营业收入］）

期初资产总额设置步骤：

①期初资产总额＝

②var x＝MAX（'日期表'［年月］）－1

③Return

④calculate（［资产总额］,'日期表'［年月］＝x）

期末资产总额设置步骤：

①期末资产总额＝

②var x＝MAX（'日期表'［年月］）

③Return

④calculate（［资产总额］,'日期表'［年月］＝x）

总资产增长率＝DIVIDE（［期末资产总额］－［期初资产总额］,［期初资产总额］）

第三步，制作可视化报告。

▶▶任务实现

详细操作步骤已在任务3中做出清晰展示，任务4可在任务3基础上进行修改。

第一步，修改公式。

收入增长率＝利润表!［营业收入］期末/利润表!［营业收入］期初

总资产增长率＝资产负债表!［期末资产总额］－［期初资产总额］/资产负债表!

［期初资产总额］

第二步，拷贝指标。

拷贝《偿债能力分析指标》，粘贴成《发展能力分析指标》，将值替换成收入增长率、总资产周转率，如图5-56所示。

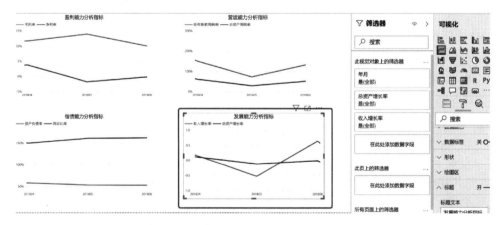

图5-56 可视化展示发展能力

巩固练习

（1）基于 Power BI 完成某上市公司管理能力数据分析呈现。

（2）根据已知某上市公司信息，从大数据分析平台的"模型分析"模块中的"上市企业对比"模型中查询到三家同行业企业管理能力数据，并从盈利能力、营运能力、偿债能力、发展能力四方面进行同行业对比分析。

第六章　企业销售分析及可视化

【学习目标】

知识目标

◇掌握销售分析及可视化页面设计的方法

◇理解销售业财税一体化分析思路及报告形式

◇了解企业销售分析需求

能力目标

◇培养学生具有销售数据分析思维

◇培养学生能够应用 Power BI 完成销售数据可视化呈现的能力

素质目标

◇培养学生钻精深的学习态度、科学严谨的学术精神

◇培养学生爱岗敬业、精益求精、坚持不懈的工匠精神

【课程导读】

如何让企业"销"得更有价值?

在生活的广阔舞台上,销售的身影无处不在,它以一种微妙而深刻的方式融入我们的日常交流之中,从自我介绍到公众演讲,都是自我价值的"推销"与观点的"营销"。在业界精英的眼中,销售远不止于简单的买卖交易,而是一个分析需求、判断需求、解决需求、满足需求的过程,这一过程不仅体现了销售的智慧与策略,更是企业生存与发展的关键所在。作为企业收入的命脉与利润的坚实基石,销售的重要性不言而喻。对销售数据的深入剖析,如同为企业把脉问诊,能够清晰地揭示出企业的总体盈利状况与运营健康状况。通过对销售数据的持续监控与分析,企业能够及时调整销售策略,优化资源配置,确保销售活动始终沿着正确的方向前进。这种动态调整与优化的能力,正是让企业能够在激烈的市场竞争中保持领先地位,实现"销"得更有价值的关键所在。

第一节　企业销售分析需求场景

某餐厅内两位老同学正在交谈。

路索飞：乔璐巴同学，怎么忽然想起请我吃饭了。

乔璐巴：路索飞，听说你正在研究财务大数据分析平台，对财务数据分析一定很有经验，快帮帮我吧！

路索飞：我最近正在和同事配合，上线我们公司的财务大数据分析平台，同时也学习和研究 Power BI 这个大数据分析工具呢，你遇到什么问题了？

乔璐巴：我们公司正在与投资人洽谈进一步融资事宜，老板让我把公司的销售收入做一份分析报告，然后拿给投资人看，这可难倒我了。

路索飞：那不但要做得准确，报表还要好看一些，我们先回顾一下销售收入分析都有哪些内容，然后看看用 Power BI 如何实现数据的分析呈现。我建议我们先从以下三点做一下分析：一是汇报 2019 年整体销售业绩情况，并针对最近两个季度作出环比分析；二是作出本企业销售业绩分析；三是根据销售分析出具业财税一体化建议。

乔璐巴：好的，全听你的。

企业销售分析需求场景模拟如图 6-1 所示。

图 6-1　销售分析需求场景模拟

第二节　销售分析及可视化

一、销售分析

（一）什么是销售分析

销售分析又称销售数据分析，主要用于衡量和评估经理人员所制订的销售计划与实际销售之间的关系，是指对规定的时间范围内是否成功地完成总体销售目标进行评估的方法。

销售分析是基于销售数据完成的，数据不会说谎，它可以回答大到公司整体战略，小到员工个人能力的所有问题。巧用销售分析，通过和数据的对话发现问题，寻找机会，预测未来，可以为企业的销售策略提供建议和参考，辅助管理层进行决策，纠正预算偏差。

(二) 如何进行销售分析

作为企业销售分析，最忌讳的是把财务指标进行罗列，而应该以实际经营业务为起点，按业务板块为基本颗粒度进行细分。诗有云："横看成岭侧成峰，远近高低各不同。"从不同角度对销售进行分析所获得的信息也大不相同。因此，可以按时间、产品、客户等不同的切入点来分析。

从时间维度上分析，可从年、季、月、日乃至时段等角度对商品的销售数量、销售额、毛利等进行同环比分析，以此看出企业在某一时间段内的销售情况，是增加还是减少，从而找到变动的原因并及时进行相应的调整。短时间内的数据或许没有太大的说服力，但是长时间的数据一定有规律可言，这也是为什么时间维度在数据分析上一直被企业看重的原因。

从产品维度上分析，不同品类之间对比，按照二八法则分析哪些品类、型号的商品更能够给企业带来价值，一般从金额、毛利、毛利率、单价、客户需求程度等进行同环比分析。透过全局总览，通过毛利率等分析判断商品核心竞争力的高低，方便为管理者进一步地作出针对性策略。

从客户维度上分析，哪些区域、哪些属性（级别）的客户，对企业来说更有价值以及哪些客户的黏性下降了，一般可从销售额、毛利、毛利率、单价等进行同环比分析，以及退货、应收账款占用等角度评估。

应用销售分析时，可按照如图 6 - 2 所示的流程进行。

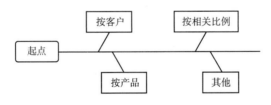

图 6 - 2　销售分析的流程

起点：销售最核心就是收入，而一切分析离不开对比，所以销售分析的起点便是对整体销售收入的对比分析。

按产品：仅对总体收入进行分析是不够的，一般企业会先从自身出发，对自身产品的销售情况进行分析。

按客户：按自身产品分析后，需要再按照外部客户进行分析，判断出重点客户的销售情况是否符合预期，是否有持续增长空间。

按相关比例：分析销售收入是销售分析的核心，但并不是全部。其他受销售影响的指标同样具有可分析性，可以为销售分析提供相关依据。

其他：每个公司所处生命周期不同，关注点和痛点也不尽相同，有些企业更重视研发，可能关注研发/产出比，有些企业应收账款较高，可能重点编制账龄分析，有些企业更关注客户，可能通过用户画像具体分析产品定位。

（三）销售分析帕累托图

帕累托法则又称二八法则，由 19 世纪末期与 20 世纪初期的意大利经济学家兼社会学家维弗雷多·帕累托提出的。它的大意是：在任何特定群体中，重要的因子通常只占少数，而不重要的因子则占多数，因此，只要能控制具有重要性的少数因子即能控制全局，即 80% 的问题是 20% 的原因所造成的。

二八法则认为：80% 的财富掌握在 20% 的人手里，在实际应用场景中帕累托法则的作用就是找到对象中的关键因素，经常会用在销售管理、个人规划等方面。

帕累托图则是"二八法则"的图形化体现。从概念上说，帕累托图与帕累托法则一脉相承，该法则认为，相对来说数量较少的原因往往造成绝大多数的问题或缺陷。帕累托图如 6－3 所示，用双直角坐标系表示，左边纵坐标表示频数，右边纵坐标表示频率。分析线表示累积频率，横坐标表示影响质量的各项因素。在帕累托图中，不同类别的数据根据其频率降序排列的，并在同一张图中画出累积百分比图。帕累托图可以体现帕累托法则：数据的绝大部分存在于很少类别中，极少剩下的数据分散在大部分类别中，这两组经常被称为"至关重要的极少数"和"微不足道的大多数"。

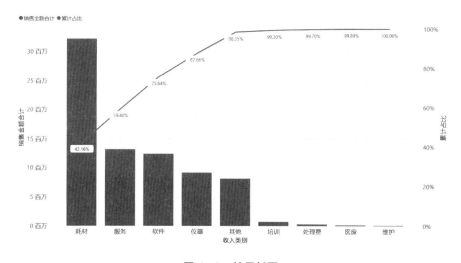

图 6－3　帕累托图

将帕累托图应用到销售分析中，常常体现出大部分的收入来源于少部分的产品；大部分的收入来源于少部分的类别；大部分的收入来源于少部分的地域；大部分的利润来源于少部分的产品。

二、销售分析可视化

▶▶ **情景案例**

MG 公司 CEO Jacky 受"友商"邀请参加某大型博览会，发现原来使用传统财务软件的友商已经建立了财务大数据平台，并依靠大数据平台作出了销售分析。回来后急忙询问 CFO Peter 上年销售情况，并督促其尽快针对公司销售情况作出分析建议。

▶▶ 具体要求

（1）汇报 2023 年整体销售业绩情况，并针对最近两个季度作出环比分析。

（2）制作出"本企业销售业绩分析"。

（3）根据"销售分析"出具业财税一体化建议。

▶▶ 企业信息

公司名称：北京 MG 有限公司。

成立时间：2007 年 1 月 5 日。

经营范围：技术开发、技术转让、技术咨询、技术服务，销售机械设备、仪器仪表、电子产品、通信设备、化工产品（不含危险化学品）、医疗器械（1、2 类）、计算机软硬件及辅助设备，货物进出口、技术进出口、代理进出口，计算机系统集成，计算机系统服务，基础软件服务，应用软件服务，软件开发，经济贸易咨询，企业管理咨询，企业策划，会议服务，自然科学研究与试验发展。（企业依法自主选择经营项目，开展经营活动；依法须经批准的项目，经相关部门批准后依批准的内容开展经营活动；不得从事本市产业政策禁止和限制类项目的经营活动）

▶▶ 任务描述

基于 Power BI 完成销售收入类别的数据可视化呈现。

▶▶ 任务要求

根据《任务资源——本企业销售业绩分析》完成收入类别的帕累托图可视化分析。

▶▶ 任务实现

第一步，用 Power BI 打开《任务资源——帕累托图模板》，并修改 sheet 页的名称，双击 sheet 页名称或右键单击均可实现重命名，如图 6 - 4 所示。

图 6 - 4　打开并命名 sheet 页

第二步，导入数据，并清洗整理数据。数据源为《业务资源——本企业销售业绩分析》，如图6-5所示。

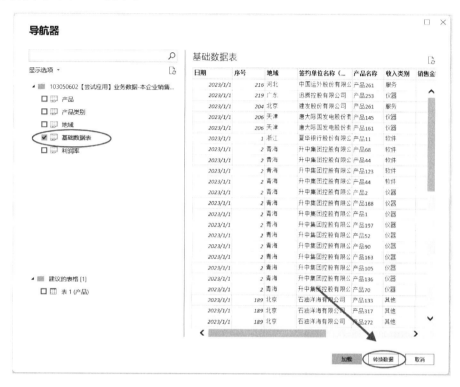

图6-5　获取Excel数据

第三步，建立度量值。在数据视图中，表工具选择新建度量值，应用求和函数和安全除法函数，计算"销售金额总和"以及各类别的"销售合计占比"，如图6-6、图6-7所示。

销售金额合计 = SUM(('基础数据表'[销售金额]))

销售合计占比 = DIVIDE([销售金额合计]，CALCULATE([销售金额合计]，ALL('基础数据表'[收入类别])))

图6-6　新建销售金额合计度量值

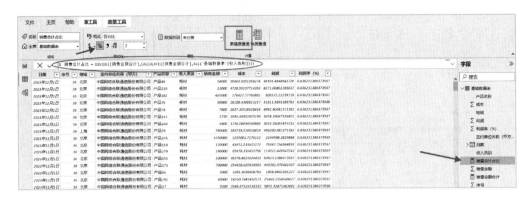

图 6-7　新建销售合计占比度量值

第四步，通过引入变量 var，实现"累计占比"的计算。

累计占比 =

var cur_rate = [销售合计占比]

return CALCULATE([销售合计占比], FILTER(ALL('基础数据表'[收入类别]), [销售合计占比] > = cur_rate))

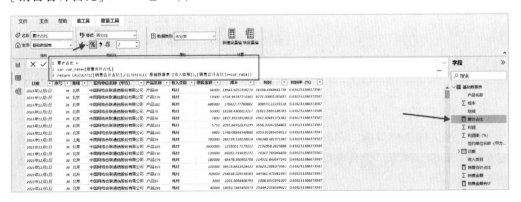

图 6-8　新建累计占比度量值

第五步，完成可视化呈现。在可视化组件中选择"折线和簇状柱形图"，X 轴选择"收入类别"，列 Y 轴选择"销售金额合计"，行 Y 轴选择"累计占比"。继续插入"卡片图"，字段选择"销售金额合计"，实现销售金额总和的数据呈现，如图 6-9 所示。

第六步，微调美化。辅助 Y 轴，勾选打开，选择对齐零，Y 轴的次坐标轴就会从"0"开始，打开数据标签。常规选项卡下，修改标题为"销售收入类别-帕累托图"，如图 6-10 所示。

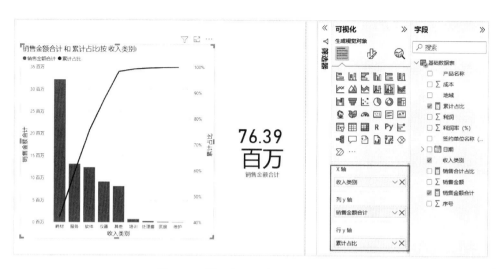

图 6 – 9　帕累托图和卡片图呈现设置

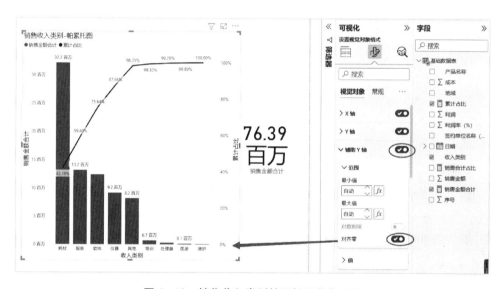

图 6 – 10　销售收入类别帕累托图美化设置

▶▶ 任务描述

完成 MG 公司 2019 年销售收入综合分析可视化看板。

▶▶ 任务要求

请根据《任务资源——本企业销售业绩分析》表，参考《任务资源——收入类别的帕累托图》，完成 MG 公司 2019 年销售收入综合分析图，包括如下内容：

- 产品收入的帕累托图
- 地域收入的帕累托图

- 利润率帕累托图
- 季度收入环比
- 2023 年销售业绩图

▶▶任务实现

1. 制作产品收入的帕累托图

第一步，用 Power BI 打开《任务资源——收入类别的帕累托图》，添加一个新的 sheet 页，并命名为"产品"，如图 6 - 11 所示。

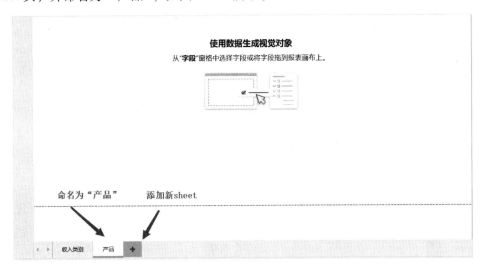

图 6 - 11　新建并命名"产品"页

第二步，通过"转换数据"进入 Power Query，复制一份基础数据表，（右键复制粘贴）并重命名为"产品收入"，如图 6 - 12 所示。通过选择列，只保留"产品名称"和"销售金额"两列。

图 6 - 12　复制产品收入表

第三步，通过"转换"—"分组依据"按产品名称进行分组；并按销售金额进行降序排序，关闭并应用"Power Query"，如图 6 - 13、图 6 - 14 所示。

图 6 – 13　设置分组依据

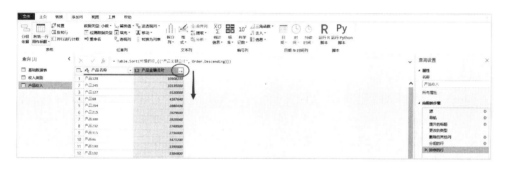

图 6 – 14　进行降序排序

第四步，建立度量值。用度量值 DAX 的求和函数和安全除法函数，计算"产品金额总和"以及各类别的"产品合计占比"，如图 6 – 15、图 6 – 16 所示。

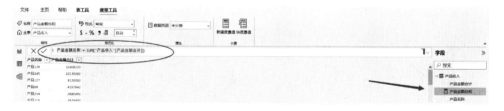

图 6 – 15　新建产品金额总和度量值

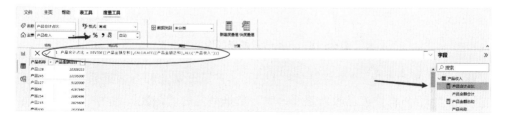

图 6 – 16　新建产品合计占比度量值

产品金额总和 = SUM('产品收入'[产品金额合计])

产品合计占比 = DIVIDE([产品金额总和],CALCULATE([产品金额总和],ALL('产品收入')))

第五步，通过引入变量 var，实现"产品收入累计占比"的计算，如图 6 – 17 所示。

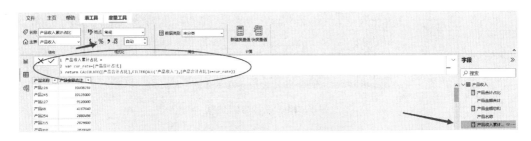

图 6 – 17　新建产品收入累计占比度量值

产品收入累计占比 =

var cur_rate = [产品合计占比]

return CALCULATE([产品合计占比],FILTER(ALL('产品收入'),[产品合计占比] > = cur_rate))

第六步，可视化呈现。将产品收入累计占比格式调整为"百分比"，选择"折线和簇状柱形图"，共享 X 轴"产品名称"，列 Y 轴"产品金额总和"，行 Y 轴"产品收入累计占比"，如图 6 – 18 所示。

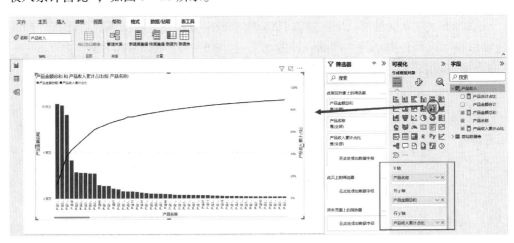

图 6 – 18　产品收入帕累托图呈现设置

第七步，微调美化。"数据标签"打开，"产品金额总和"数据系列调整"显示单位"为"无"，将"产品收入累计占比"数据系列的"位置"改为"下"，标题修改"标题文本"为"产品收入帕累托图"，如图 6 – 19 所示。

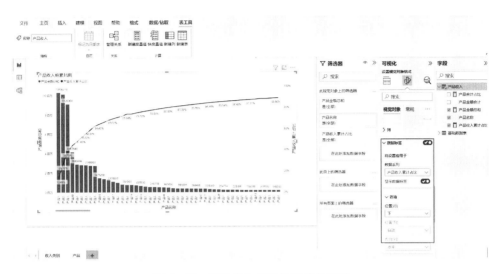

图 6 - 19   产品收入帕累托图美化设置

2. 制作地域收入的帕累托图

同样的步骤，完成地域的数据可视化，如图 6 - 20 所示。

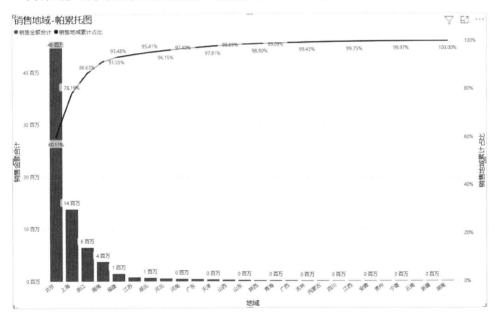

图 6 - 20   地域收入帕累托图

3. 制作利润率帕累托图

第一步，因原始 Excel 表中的"利润率%"是针对单条销售记录的利润率占比。现在要以"收入类别"为维度，重新计算利润率，所以先用度量值计算出"按类别计算利润率"。

按类别计算利润率 = DIVIDE(SUM('基础数据表'[利润]),SUM('基础数据表'[销售金额])),如图 6 – 21 所示。

图 6 – 21　创建按类别计算利润率度量值

第二步，可视化图形呈现，报表视图中，选择插入折线和簇状柱形图。共享 X 轴"收入类别"，列 Y 值"销售金额"，行 Y 值"按类别计算利润率"，按类别计算利润率进行降序排序，如图 6 – 22 所示。

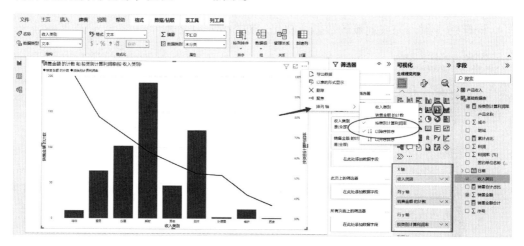

图 6 – 22　利润率帕累托图呈现设置

第三步，优化视觉呈现。辅助 Y 轴：最小值—0，数据标签：打开数据标签—自定义系列：打开，对标签的背景色和字体颜色进行调整，标题为利润率对比，如图 6 – 23 所示。

4. 制作 2023 年销售业绩图

第一步，因 Power BI 内置的时间层级只能显示英文，为了后面更好地呈现图形，最好用自建的日期表，重新新建一个日期表，参考《任务资源——日期表的建立公式》，如图 6 – 24 所示。

第二步，将新建立的"日期表"和"基础数据表"建立关联关系。选中日期表中的"Date"拖拽到基础数据表中的"日期"上，可实现建立关联关系，如图 6 – 25 所示。

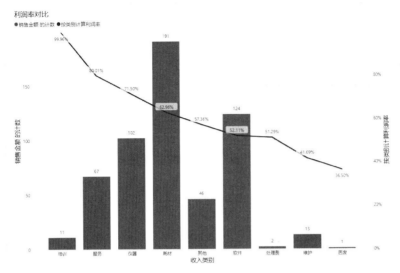

图6-23　利润率帕累托图优化设置

图6-24　新建日期表

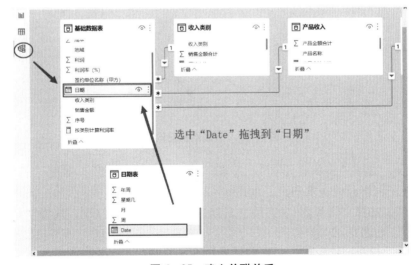

图6-25　建立关联关系

第三步，可视化图形呈现。报表视图中选择插入折线图，轴为"日期"，值为"销售金额"，选择"总和"，如图6-26所示。

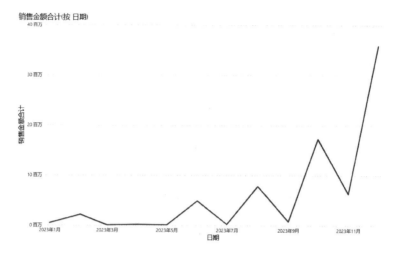

图6-26　折线图呈现

第四步，优化可视化图形。数据标签"打开"；标记"打开"；标记类型"圆点"，大小"8"；标记颜色"自选"；X轴、Y轴"自定义轴标题"；标题"修改标题"，如图6-27所示。

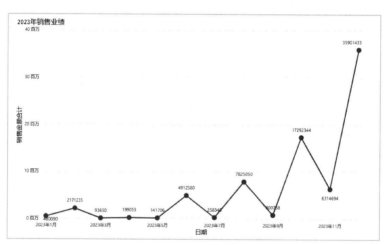

图6-27　折线图优化设置

第五步，选择"簇状柱形图"。X轴"日期表—年季度"，图例"日期表—年月"，Y轴"销售金额（求和）"，如图6-28所示。

第六步，选择"切片器"。字段"日期表—季度"，按住Ctrl，选择"第3季度、第4季度"，如图6-29所示。

第七步，优化可视化图形。标题"季度收入环比"，数据标签"打开"，显示单位"无"，如图6-30所示。

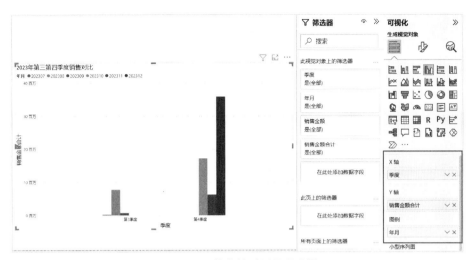

图 6 − 28　簇状柱形图呈现设置

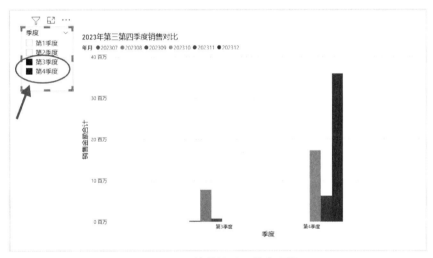

图 6 − 29　簇状柱形图筛选设置

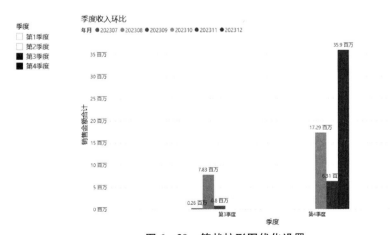

图 6 − 30　簇状柱形图优化设置

第八步，删掉首页的样例图形，复制各 sheet 的图形到首页。"季度选择"切片器只对"季度收入环比"起作用，选中"季度选择"切片器，点击"格式"选择"编辑交互"，关闭其他图形关联关系，如图 6-31 所示。

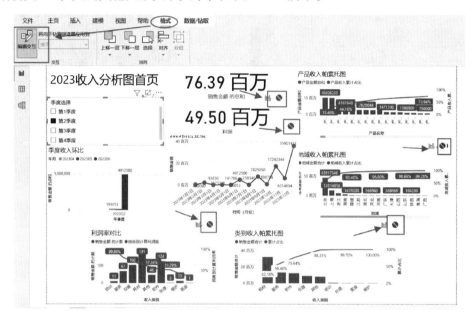

图 6-31 取消其他图形关联关系

第九步，选择将各图形链接到对应的 sheet 页，为每个 sheet 页建立"书签"。插入一个"形状"，关闭填充，选择需要跳转的对应 sheet 的"书签"，如图 6-32 所示。

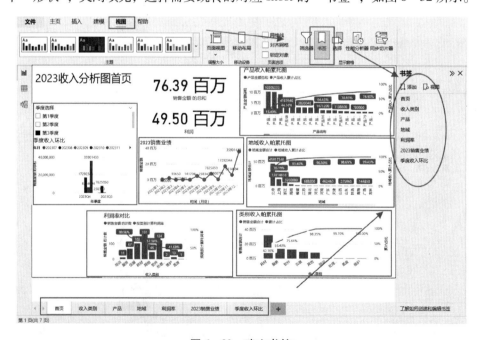

图 6-32 建立书签

第三节　销售业财税一体化分析及报告

结合上述销售分析可视化图表，对 MG 案例企业进行业财税一体化分析，并形成报告，包括公司整体情况、收入类别、产品、地域、利润率等多个层面。

一、整体销售业绩情况分析及汇报

情况描述：第一季度销售业绩为 2 744 975.00 元（占全年的 3.59%），第二季度销售业绩为 5 253 339.00 元（占全年的 6.88%），第三季度销售业绩为 8 884 148.00 元（占全年的 11.63%），第四季度销售业绩为 59 508 471.00 元（占全年的 77.90%），全年销售业绩为 76 390 933.00 元，呈现明显的上升趋势。MG 公司销售情况整体正处于快速上升区间，第四季度单季收入是第一季度的 22 倍，占据全年的 77.90%。

管理建议：虽然销售情况整体处于上升趋势，但是月度销售收入具有很强的波段性，建议深入查询其原因。若是销售指标制定问题，须立刻调整考核标准；若是预算偏差、预算松弛导致，建议针对销售预算指标进行调整。同时，建议根据销售业绩波段性的特点制订销售目标和销售预算，保证高销售增长的同时优化企业资源。

二、收入类别销售业绩情况分析及汇报

情况描述：2023 年 MG 公司收入类型销售业绩，总计涉及 9 个类别。其中，耗材（42.16%）、服务（17.24%）、软件（16.24%）、仪器（12.02%）类别的销售占总销售收入的 87.66%，是公司的重点收入类别，制定公司战略时需要充分考虑这部分因素的影响。

管理建议：公司耗材提供了 42.16% 的销售收入，建议继续充分发挥耗材的优势，积极扩展销售渠道。同时，服务、软件、仪器的销售业务也应该大力推广。

三、产品销售业绩情况分析及汇报

情况描述：2023 年 MG 公司全年每项产品销售业绩，总计 312 种产品。其中，前 20 项产品为企业提供总销售收入的 77.29%，是公司的重点产品，需重点关注；排名 1～3 号产品单独占比超过 10%（合计 38.7%），是公司的核心产品，需时刻保持关注。

管理建议：公司销售产品共 312 项，但实际提供收入仅依靠其中的 10% 左右。产品种类繁杂，牵扯过多人力、物力、精力，建议精简产品。

四、地域销售业绩情况汇报及分析

情况描述：2023 年 MG 公司地域销售业绩总计涉及 26 个地域。其中，前三项为北京、上海、浙江企业提供总销售收入的 86.63%，是公司的重点地域，需重点维护；北京市场（60.11%）占据第一，是企业主要收入的来源。

管理建议：公司所在地（北京）提供了 60.11% 的销售收入，建议在继续充分发挥地域优势的同时，扩展外部销售渠道，扩充销售空间。可以考虑依托北京辐射周边京津冀地区，也可以考虑加速发展同类一线、准一线城市业务。

五、利润率销售业绩分析及汇报

情况描述：2023 年 MG 公司全年每项产品销售利润总计 9 类产品，平均利润率为 64.59%。其中，前 3 项产品为培训、服务、仪器，利润率高于平均利润，是高利润率产品。

管理建议：利润率最高的 3 种收入为培训类（99.95%）、服务类（80.01%）、仪器类（71.50%）类，但销售收入排名却分别为第一、第二、第四，建议极力发展培训类业务，提高企业利润，并努力保持另两类产品的高速增长。

综合建议：后期建议针对核心产品（3 个）、重点区域（北京）、高利润项目（培训类）持续跟踪，利用大数据平台进行建模，在平台上保持数据迭代，每月进行月度经营分析，每周进行周度汇报，每日进行关键指标提醒。

巩固练习

（1）正确使用二八法则，列举生活中应用二八法则的实例。

（2）基于 Power BI 完成某上市公司销售数据分析呈现。

（3）从某连锁超市的营销负责人角度出发，以 Power BI 为工具，进行地域分析与品类分析，制作销售数据的可视化图表，并结合数字营销新趋势生成分析报告。

第七章　企业费用分析及可视化

【学习目标】

知识目标

◇掌握企业费用分析及可视化页面设计的方法

◇理解企业费用分析报告的内容构成

◇了解企业费用分析需求

能力目标

◇培养学生费用分析思维

◇培养学生应用 Power BI 完成期间费用可视化呈现的能力

素质目标

◇培养学生乐于接受新知识、迎接新挑战的创新意识

◇培养学生对数据可视化之美的探究能力

【课程导读】

精打细算，把钱花在"刀刃"上

在实际的企业运营管理中，经理人时常面临如何科学评估期间费用合理性的难题，往往依赖于主观臆断而非客观分析，这导致资金使用的有效性难以确保，浪费现象时有发生。为解决这一痛点，我们特此引入一系列实战导向、高效实用的分析方法，旨在为经理人提供一套系统化的评估框架。在探讨费用合理性的过程中，我们常引用"把钱花在刀刃上"的比喻，强调资金应聚焦于最能产生价值之处。对于企业经营而言，"刀刃"无疑指的是企业的核心战略方向、关键业务领域以及精心策划的经营计划。这些"刀刃"区域不仅是企业成长的动力源泉，也是衡量资金支出合理性的核心标尺。

第一节　企业费用分析需求场景

路索飞和乔璐巴两位同学又见面了。

乔璐巴：路索飞，你帮我做的销售收入分析非常棒！得到领导的表扬了，现在又

把费用分析的任务交给我了。

路索飞：是吗，太好了！我们还是老方法，先回顾一下费用分析的内容，一点一点用 Power BI 来实现。

乔璐巴：好，再跟你学一次，相信之后我自己就能搞定财务大数据的分析了，也会推荐我们老板上线和你们公司一样的分析平台。

路索飞：嗯嗯，我们吃完饭就开始干活吧。

企业费用分析需求场景模拟如图 7 - 1 所示。

图 7 - 1　费用分析需求场景模拟

第二节　期间费用分析方法

一、与公司战略匹配度

假如企业的差旅费去年为 100 万元，今年年底达到了 300 万元，同比增长率高达 200%，那么这样一项增速很高的费用支出，是否合理呢？假如今年的经营计划并没有更多的员工出差计划，企业异地市场的销售推广，也没有特别的安排，正常情况下，差旅费应该与去年基本保持一致。如果出现增速大幅提高，那可以判断今年的差旅费 300 万元是不正常的，是严重超支的，是与年初的经营计划相违背的。换一种情况，假如企业年初的经营计划中，要求今年大幅增加异地市场的开拓力度，大幅增加销售人员的出差频次，年初预算的销售部门的差旅费增长 200% 以上，那么今年 300 万元的差旅费就是合理的，是正常的，因为其符合企业的年度经营计划。假如企业的广告宣传费大幅增加，那就要看企业的战略方向中是否有增加债务融资的计划或预算；假如企业的人力费用大幅增加，就要看企业战略目标中是否有在近几年大幅提升销售额，扩大企业规模的内容等。

一言以蔽之，判断一项费用支出是否合理，其中一个重要的标准就是是否符合企业的战略方向和经营计划。通常情况下，经营计划都是在战略方向的基础上制订的，所以如果符合经营计划，那么也就符合战略方向。

二、与预算指标相符度

通过与预算指标进行对比，以此来判断费用发生额是否合理，这也是一个有效的方法。例如，今年的差旅费发生了 300 万元，而年初定下的预算标准是 200 万元，超支了 50%，超支额较大，那我们要考虑是不是出差人员的数量、期限增加了，是不是企业开拓外地市场的力度比年初预计得增大了，等等。如果企业出差的人次、期限并没有因经营策略变化而大增，那么我们就可以初步判断差旅费的增加可能有不合理的部分。当然，并非所有的超支都是不合理的，针对重要的费用且超支额较大的项目作出切合实际的分析，才能下结论。

三、占营业收入的百分比

期间费用占营业收入的百分比，这一指标是一个很重要的衡量期间费用是否合理的指标，这一指标比单纯的增长率、预算差异额更准确一些。例如，正常情况下，企业往年管理费用占营业收入的比重为 5% 左右，但是今年飙升至 15%，那这就是一个很异常的迹象，存在很大的不合理嫌疑。像费用项目的明细项，如差旅费、餐费、广告费、工资等，都可以与营业收入对比，通过最近 3 ~ 5 年的数据对比，我们往往能对今年发生的费用是否合理有一个很清晰的判断。

当然，期间费用占营业收入的百分比这一指标也不是万能的，有些费用类型可能就不适合用这个指标来判断，如房租、财务费用等。另外，对期间费用的判断也要坚持重要性原则，对于发生额很小的费用，不必在意其占比的变动。

第三节 销售费用分析及可视化

一、销售费用分析

销售费用是指企业销售商品和材料、提供劳务的过程中发生的各种费用。

对销售费用分析。第一，项目分析，按照构成项目分类，管理费用可分为人员开支、业务招待费、差旅费、办公费和招标服务费等，归类分析条理清晰。预算对比，将当期数据与预算指标进行对比，对差异较大的项目作出切合实际的原因分析；收入匹配，将费用与收入匹配，通过计算期间费用占营业收入的百分比，分析是否保持收支平衡。第二，不同期间对比分析，将不同期间数据对比分析，分析企业的发展情况。第三，同行业对比分析，比较管理费用率，为企业发展定位，规范公司流程制度。

▶▶ 情景案例

MG 公司 2023 年销售费用总额 439 万元是多还是少？怎么分析？

▶▶ 案例分析

1. 项目分析

销售费用项目分类如表 7−1 和图 7−2 所示。

表 7−1 　　　　　　　　　　　　销售费用项目分类　　　　　　　　　　单位：万元

项目分类	小计金额
人员开支	281.81
业务招待费	48.62
办公费类别	24.32
差旅费	46.13
房租物业	5.80
招标服务费	11.61
业务宣传费	2.31
其他	18.74
合计	439.34

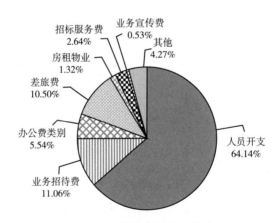

图 7−2　销售费用项目构成

【分析】MG 公司销售费用构成包括人员开支、业务招待费、办公费类别、差旅费、房租物业、招标服务费、业务宣传费、其他八大类别。其中，人员开支占比最大，占销售费用的 64%，除此之外，主要支出用于业务招待费和差旅费方面。

2. 预算对比

销售费用预算对比分析如表 7−2 所示。

表 7 - 2　　　　　　　　　　　　　　销售费用预算对比分析

项目分类	预算金额（元）	本期金额（元）	差异金额（元）	分析原因	管理建议
人员开支	2 812 771.80	2 818 110.80	-5 339.00	付张黎明、孟凡鑫竞业限制补偿金	提前考虑到离职人员补偿问题
业务招待费	480 000.00	486 217.16	-6 217.16	超过预算标准	严格控制公司业务招待费开支标准
办公费类别	100 000.00	243 169.50	-143 169.50	前一年度购置的固定资产折旧金额4万多元，邮寄、交通和办公用品过于浪费	严格制规范公司固定资产和办公费开支标准，严格审批制度，杜绝浪费
差旅费	350 000.00	461 298.52	-111 298.52	本年度业务量比较前一年度增加，客户遍布全国，出差率高	规范公司出差的补贴、餐饮、出行的标准
房租物业	58 029.09	58 029.09	—	房租半年支付一次，提前签订租赁合同，按照合同做预算并支付房租	—
招标服务费	116 069.32	116 069.32	—	公司招标一般会提前确定，但实操中也会有小幅波动	—
业务宣传费	24 000.00	23 138.77	861.23	基本平衡	—
其他	59 129.79	187 396.36	-128 266.57	车辆的相关费用严重超标，核查公司固定资产	限制不合理开支
合计	4 000 000.00	4 393 429.52	-393 429.52	—	—

3. 收入匹配

销售费用收支对比如表 7 - 3 所示。

表 7 - 3　　　　　　　　　　　　　　销售费用收支对比

收支对比	公式	第一季度	第二季度	第三季度	第四季度	全年合计
销售费用率（%）	A/B	57.80	19.29	7.68	1.87	5.75
销售费用（万元）	A	158.67	101.35	68.23	111.09	439.34
营业收入（万元）	B	274.50	525.33	888.41	5 950.85	7 639.09

【分析】销售费用总金额439万元，营业收入总金额7 639万元，全年销售费用率5.75%；第一季度和第二季度销售费用率较高，原因是公司上半年主要用于拓展新客户，投入较高；第三、第四季度销售费用下降，收入提高，说明前半年用于拓展新客户的投入发挥了效应。

4. 不同期间对比分析

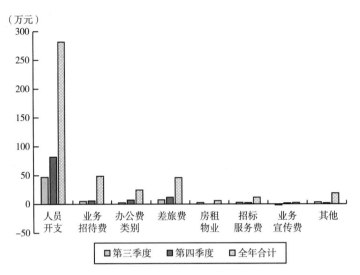

图 7 − 3　销售费用不同期间金额对比

　　MG 公司 2023 年销售费用总额 439 万元，第三季度 68.2 万元，第四季度 111 万元。怎么分析？假定全年销售费用为 100%，理论上每个季度平均比率应为 25%。在此基础上重点对第三和第四季度进行分析。销售费用不同期间对比如图 7 − 4 和表 7 − 4 所示。

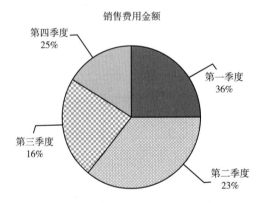

图 7 − 4　销售费用不同期间占比

表 7 − 4　　　　　　　　　　　销售费用不同期间金额及占比分析

项目	第三季度（万元）	第三季度占全年比重（%）	第四季度（万元）	第四季度占全年比重（%）	全年金额（万元）
销售收入合计	888.41	11.63	5 950.85	77.90	7 639.09
销售费用合计	68.23	15.53	111.09	25.29	439.34
人员开支	47.04	16.69	81.98	29.09	281.81
业务招待费	5.01	10.28	5.73	11.78	48.62
办公费类别	2.32	9.54	7.03	28.88	24.32

续表

项目	第三季度（万元）	第三季度占全年比重（%）	第四季度（万元）	第四季度占全年比重（%）	全年金额（万元）
差旅费	7.36	15.96	11.78	25.53	46.13
房租物业	2.52	43.34	—	0	5.8
招标服务费	2.67	22.96	2.27	19.53	11.61
业务宣传费	-1.92	-82.97	0.58	25.18	2.31
其他	3.25	17.32	1.74	9.28	18.74
销售费用合计占收入合计比	***	7.68	***	1.87	***

【分析】第三季度：销售费用金额和比率低，原因是前两个季度开拓新客户投入高，第三季度是 MG 公司销售的淡季，维持即可。销售费用虽然少，比率为 15.53%，但是带来的收入也少，占比为 11.63%。低投入产出少，需要控制销售费用支出。销售淡季人员减少，开支减少，办公费和差旅费也随之减少；房租和物业半年支付一次；业务招待费与第四季度相差无几；广宣费调整前期；招标服务费和其他比较均衡。

第四季度：MG 公司销售旺季，因而投入的销售费用较高，比率和金额占到全年的 25%，比较均衡。第四季度是 MG 公司销售旺季，销售费用占比 25.29%，收入占比高达 77.9%，因此，销售高带来的收益也高。销售人员增加，人员开支增加 21.94万元，同时补提 2023 年年终奖 13 万元；人员增加办公费以及差旅费增加也随之增加；业务宣传费投入超过 25%，也表明公司加大宣传力度。

全年销售费用占收入比 5.75%，第三季度销售费用占收入比 7.68%，因此，第三季度看似销售费用金额小，但是投入少产出更少。第三季度是公司销售淡季。第四季度是 MG 公司销售旺季，总体投入高，产出更高。

5. 同行业对比分析

销售费用率是指公司销售费用与营业收入的比率。它体现企业为取得单位收入所花费的单位销售费用，或者销售费用占据了营业收入的多大比例。销售费用同行业对比如表 7-5 所示。

表 7-5　　　　　　　　　　销售费用同行业对比

同行业比较	公式	MG 公司	三夫户外	ST 中商	永辉超市
销售费用率（%）	A/B	5.75	29.49	4.85	16.24
销售费用（万元）	A	439.34	11 863.23	39 312.10	1 378 207.32
营业收入（万元）	B	7 639.09	40 228.69	810 301.30	8 487 696.00

【分析】有效的投入能带来有效产出，相对于同行业，MG 公司销售费用投入相对较小，所以产出小。

二、销售费用可视化

在大数据时代背景下，企业的费用数据中所蕴含的信息是企业经营的数字密码，是降低成本、管控风险的关键。费用分析可视化是围绕企业费用管理的核心诉求展开指标体系的设计，对企业的巨量费用数据进行分析与可视化展示。[①]

（一）选择合适的可视化组件

展示宏观状态下的构成与分布时，使用饼图或者环形图。条形图垂直时又被称为"柱形图"组合变换可应对各类复杂场景，是万能选手 Power BI 中的可视化组件，如图 7 - 5 所示。

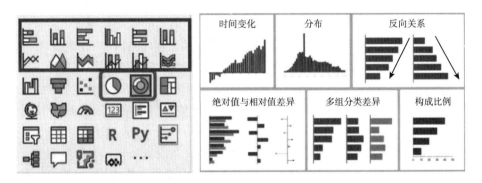

图 7 - 5　Power BI 中的可视化组件

（二）Power BI 分析可视化的步骤

第一步：数据加载与处理。第二步，根据要分析的项目选择合适的组件。第三步，将数据用可视化组件展示出来，调整格式。

▶▶ **任务描述**

使用 Power BI 制作销售费用——按照项目分类可视化看板。

▶▶ **任务要求**

基于《销售费用分类数据表》使用 Power BI 制作可视化看板，作为给老板汇报的可视化结果。

▶▶ **任务实现**

第一步，数据加载。通过获取数据功能导入表格，常用数据源选择"Excel 工作簿"，在导航器窗口中勾选《销售费用分类空表数据》，选择"转换数据"，如图 7 - 6 所示。

---

① 陈虎，朱子凝. 数据可视化的财务应用研究［J］. 财会月刊，2022（16）：120 - 125. DOI：10. 19641/ j. cnki. 42 - 1290/f. 2022. 16. 017.

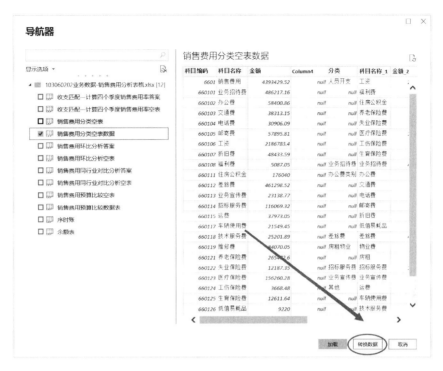

图 7 – 6 获取《销售费用分类空表数据》

第二步，数据处理，保留有效列。按 Ctrl 键，同时选中"分类_3""小计金额（元）""小计金额（万元）"共 3 列，在主页选项中，选择"删除列"—"删除其他列"，如图 7 – 7 所示。

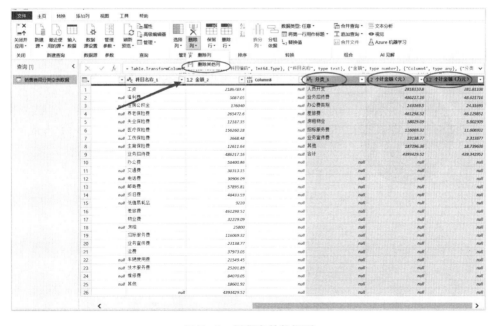

图 7 – 7 保留有效数据列

第三步，数据处理，删除空行。在主页选项中，选择"删除行"—"删除空行"，如图7-8所示。数据处理完成，点击"关闭并应用"。

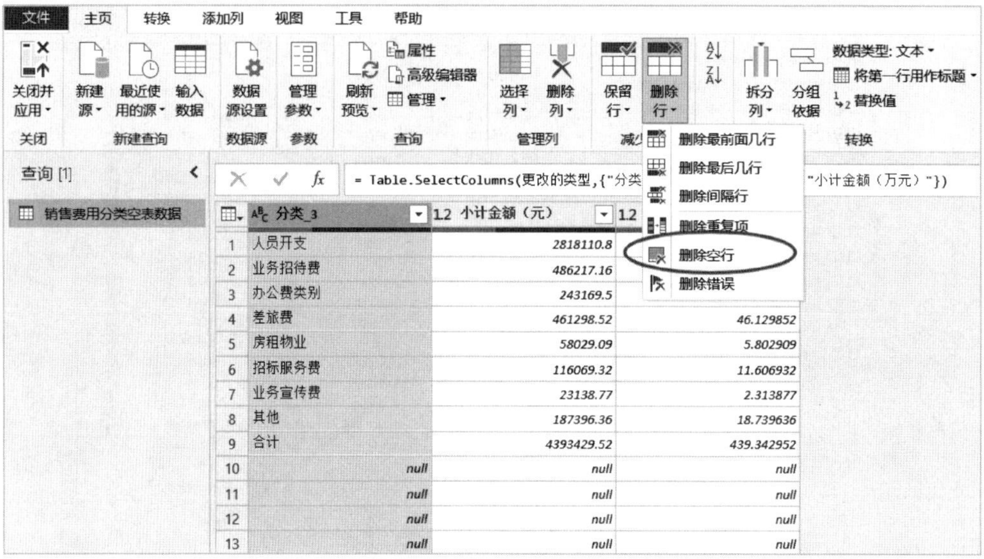

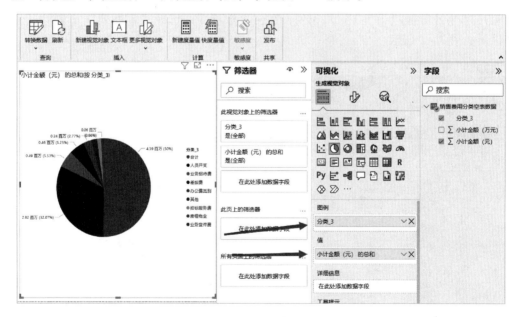

图7-8 保留有效数据行

第四步，选择可视化组件。在可视化视觉对象中选择插入"饼图"，图例选择字段"分类_3"，值选择"小计金额（元）"，如图7-9所示。

图7-9 可视化对象字段设置

第五步，可视化图形设置。在页面筛选器中选择"分类_3"，筛选类型为"基本筛选"，字段中选择"全选"，然后取消勾选"合计"，如图7-10所示。

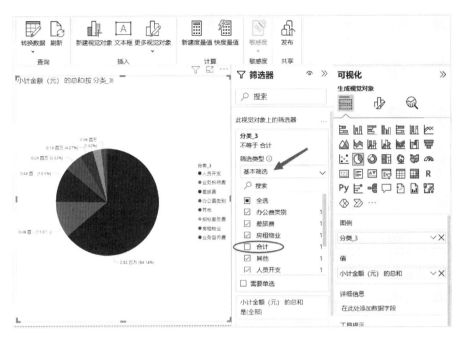

图 7 – 10 可视化图形呈现设置

第六步，微调美化。设置视觉对象格式，常规选项下，标题文本为"销售金额—项目分类"，对齐格式"居中"，如图 7 – 11 所示。

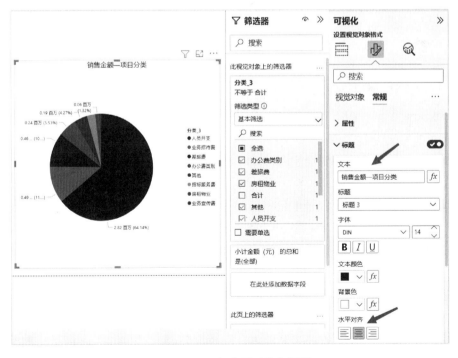

图 7 – 11 可视化图形美化设置

▶▶任务描述

使用 Power BI 制作销售费用—预算比较可视化看板。

▶▶任务要求

基于《销售费用预算比较数据表》使用 Power BI 制作可视化看板，作为给老板汇报的可视化结果。

▶▶任务实现

第一步，数据加载。通过获取数据功能导入表格，常用数据源选择"Excel 工作簿"，在导航器窗口中勾选《销售费用预算比较数据表》，选择"转换数据"，如图 7 – 12 所示。

图 7 – 12　获取《销售费用预算比较数据表》

第二步，数据处理，保留有效列。按 Ctrl 键，同时选中"分析原因""管理建议"列，在主页选项中，选择"删除列"—"删除列"，如图 7 – 13 所示。数据处理完成，点击"关闭并应用"。

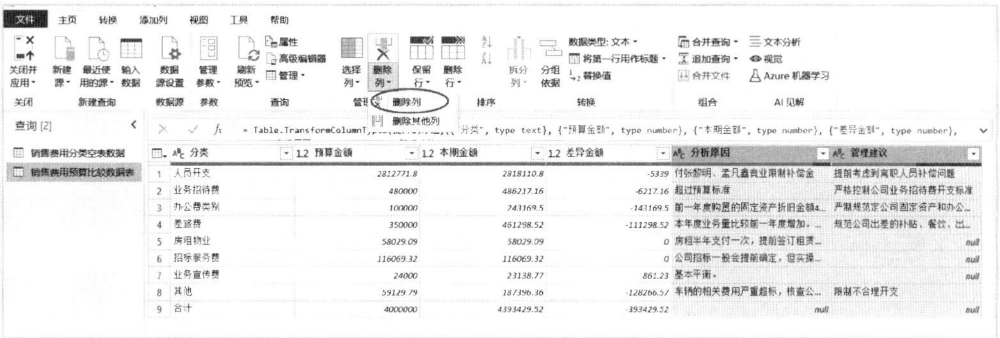

图 7 - 13　删除最后两列

第三步，选择可视化组件。在可视化视觉对象中选择插入"矩阵"，行字段"分类"，值选择"本期金额""预算金额""差异金额"，如图 7 - 14 所示。

图 7 - 14　矩阵呈现设置

第四步，微调美化。设置视觉对象格式，视觉对象选项下，样式预设选择"交替行"；列标题背景色修改为"绿色"，调整列宽大小；单元格元素，数据系列选择"差异金额"，数据条打开，修改数据条正负值颜色；行小计关掉。按照差异金额从小到大排序，如图 7 - 15 所示。

图 7-15 矩阵美化设置

▶▶任务描述

使用 Power BI 制作销售费用—收支匹配可视化看板。

▶▶任务要求

基于《收支匹配—计算四个季度销售费用率数据答案》使用 Power BI 制作可视化看板，作为给老板汇报的可视化结果。

▶▶任务实现

第一步，数据加载。通过获取数据功能导入表格，常用数据源选择"Excel 工作簿"，在导航器窗口中勾选《收支匹配—计算四个季度销售费用率数据答案》，选择"转换数据"，如图 7-16 所示。

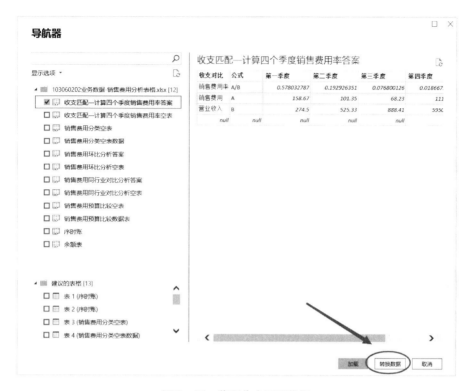

图 7 – 16　获取收支匹配数据

第二步，数据处理。在主页选项中，选择"删除行"—"删除最后几行"。行数中输入"1"。在主页中，将标题作为第一行；在转换中，选择"转置"；在主页中，将第一行用作标题，选择"删除行"—"删除最前面几行"，行数中输入"1"；修改数据类型为"小数"。数据处理完成，点击"关闭并应用"。具体如图 7 – 17 至图 7 – 20 所示。

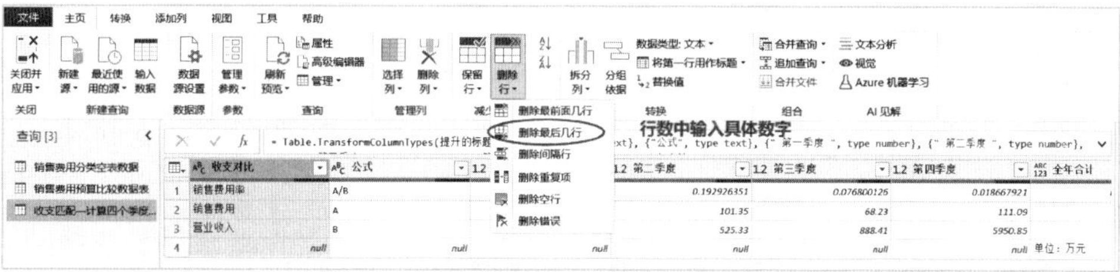

图 7 – 17　保留最后几行

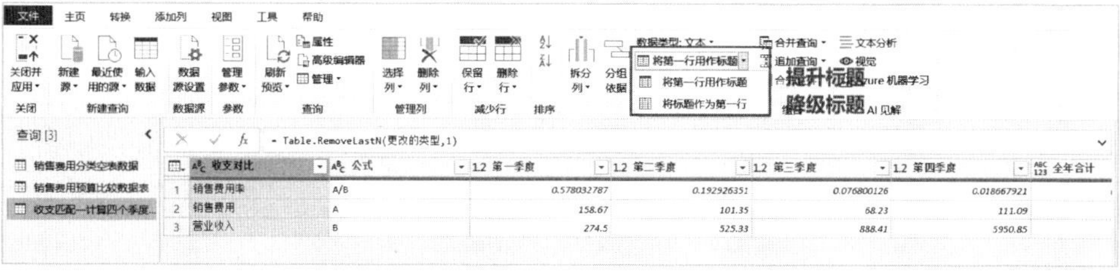

图 7 – 18　标题行与数据行的转换

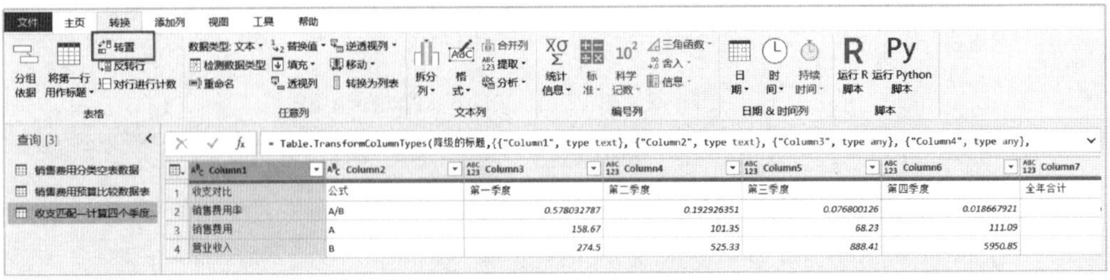

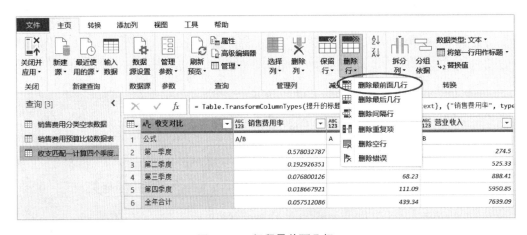

图 7 – 19　数据表转置

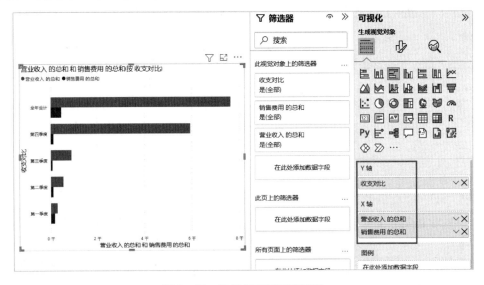

图 7 – 20　保留最前面几行

第三步，选择可视化组件。在可视化视觉对象中选择插入"簇状条形图"，Y 轴字段"收支对比"，Y 轴选择"营业收入""销售费用"，如图 7 – 21 所示。

图 7 – 21　簇状条形图呈现设置

第四步，微调美化。设置视觉对象格式，常规选项下，标题文本为"收入匹配"，对齐格式"居中"，如图 7 - 22 所示。

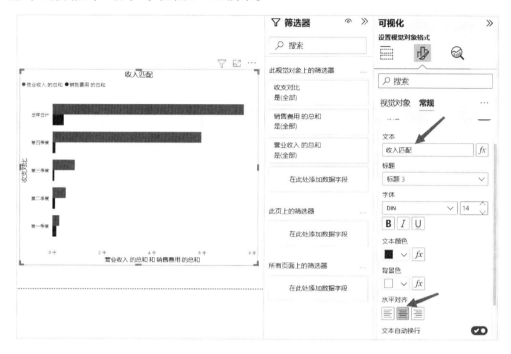

图 7 - 22 簇状条形图美化设置

▶▶ 任务描述

使用 Power BI 制作销售费用—不同期间对比分析可视化看板。

▶▶ 任务要求

基于《销售费用环比分析数据答案》使用 Power BI 制作可视化看板，作为给老板汇报的可视化结果。

▶▶ 任务实现

第一步，数据加载。通过获取数据功能导入表格，常用数据源选择"Excel 工作簿"，在导航器窗口中勾选《销售费用环比分析数据答案》，选择"转换数据"，如图 7 - 23 所示。

第二步，数据处理。在主页选项中，选择"删除行"—"删除最后几行"。行数中输入"1"。在转换中，选择"替换值"，将"＊＊＊"替换为"null"；修改数据类型为"小数"，如图 7 - 24 所示。数据处理完成，点击"关闭并应用"。

第三步，选择可视化组件，设置可视化图形。在可视化视觉对象中选择插入"折线和簇状柱形图"，X 轴字段"项目"，列 Y 轴选择"第三季度""第四季度"，行 Y 轴选择"第三季度占全年比重""第四季度占全年比重"。在页面筛选器中选择

"项目"，筛选类型为"基本筛选"，字段中选择"全选"，然后取消勾选"三个合计"，如图 7 – 25 所示。

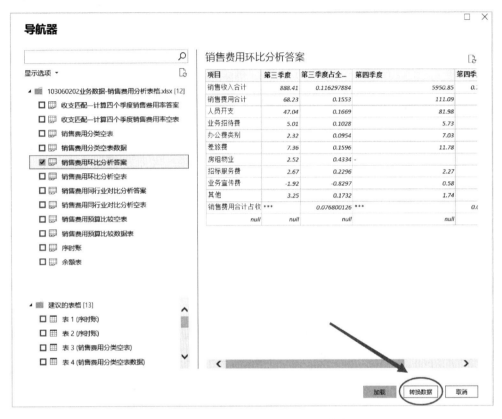

图 7 – 23　获取销售费用环比分析答案

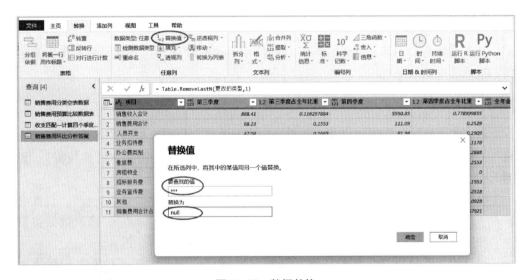

图 7 – 24　数据替换

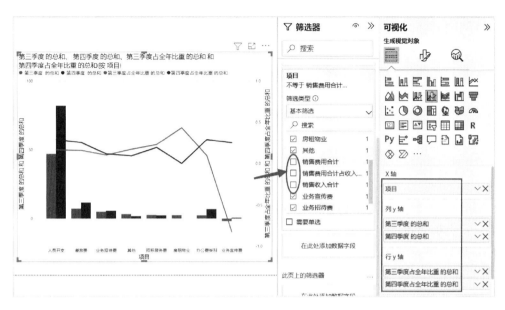

图 7 - 25　折线和簇状柱形图呈现设置

第四步，微调美化。设置视觉对象格式，在视觉对象选项下，关闭辅助 Y 轴标题；常规选项下，标题文本为"不同期间对比分析"，对齐格式"居中"，如图 7 - 26 所示。

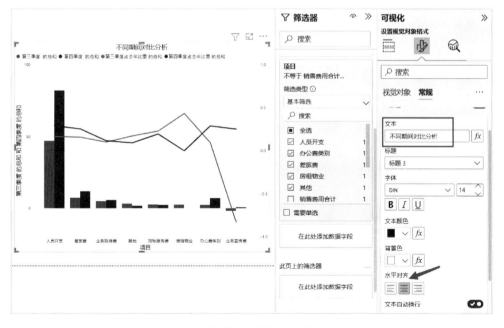

图 7 - 26　折线和簇状柱形图美化设置

▶▶任务描述

使用 Power BI 制作销售费用—同行业对比分析和汇总数据可视化看板。

▶▶任务要求

基于《销售费用同行业对比分析数据答案》使用 Power BI 制作可视化看板，作为给老板汇报的可视化结果。

▶▶任务实现

第一步，数据加载。通过获取数据功能导入表格，常用数据源选择"Excel 工作簿"，在导航器窗口中勾选《销售费用同行业对比分析数据答案》，选择"转换数据"，如图 7 – 27 所示。

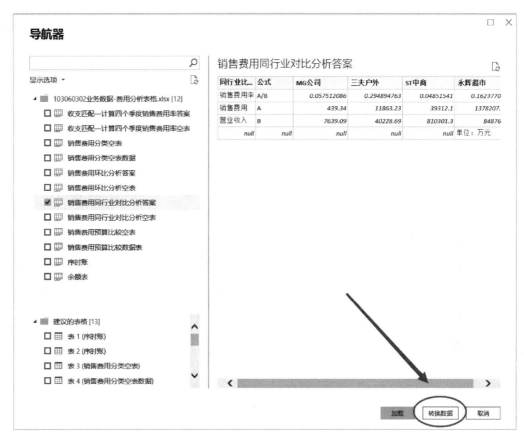

图 7 – 27　获取《销售费用同行业对比分析答案》

第二步，数据处理。在主页选项中，选择"删除行"—"删除最后几行"。行数中输入"1"。在主页中，将标题作为第一行；在转换中，选择"转置"；在主页中，将第一行用作标题，选择"删除行"—"删除最前面几行"，行数中输入"1"；修改数据类型为"小数"。数据处理完成，点击"关闭并应用"。具体如图 7 – 28 至图 7 – 32 所示。

图 7 – 28　最后一行

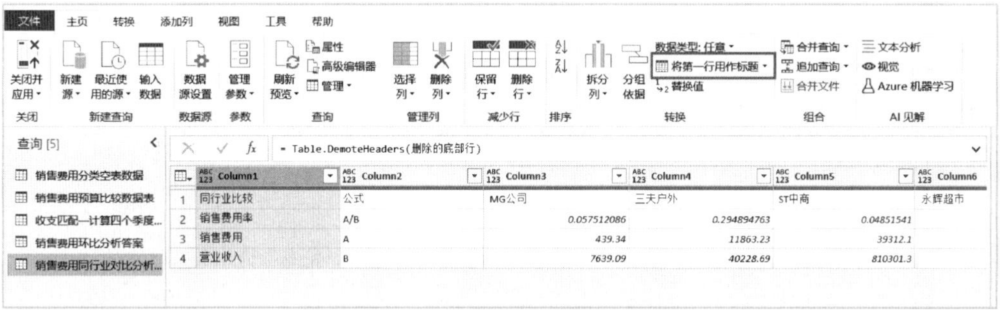

图 7 – 29　标题与第一行转换

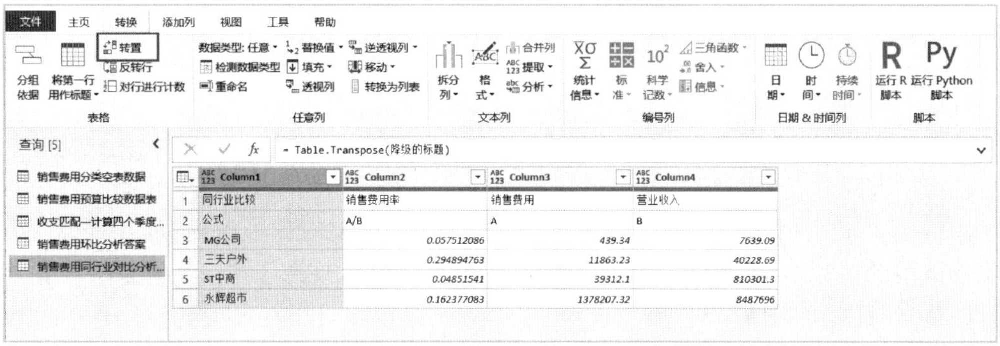

图 7 – 30　数据转置

图 7 - 31　删除最前面一行

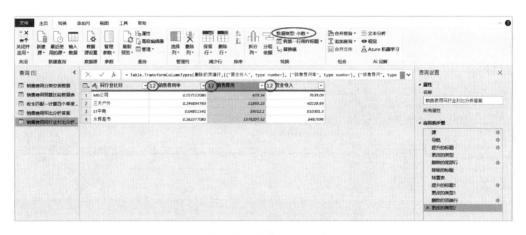

图 7 - 32　修改数据类型

第三步，选择可视化组件，设置可视化图形。在可视化视觉对象中选择插入"环形图"，图例字段"同行业比较"，值选择"销售费用率"，如图 7 - 33 所示。常规选项下，标题对齐格式"居中"。

第四步，汇总数据呈现。选择可视化组件，设置可视化图形。在可视化视觉对象中选择插入两个"卡片图"，从《收支匹配—计算四个季度销售费用率数据表》选择字段，字段分别选择"营业收入""销售费用"。将收支对比拖拽到页面筛选器中，筛选类型设置为"基本筛选"，选择"全年合计"。在常规选项卡下，效果中设置卡片图背景颜色，如图 7 - 34 所示。

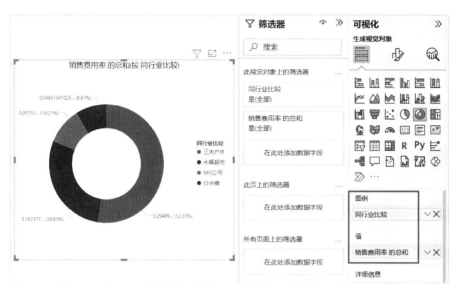

图 7 - 33　环形图呈现设置

图 7 - 34　卡片图呈现设置

第四节　管理费用分析及可视化

一、管理费用分析

管理费用是指企业行政管理部门为组织和管理生产经营活动而发生的各种费用。对管理费用进行分析。第一，项目分析，按照构成项目分类，管理费用可分为管理性费用、发展性费用、业务性费用和非生产性费用等，归类分析条理清晰；预算对比，将当期数据与预算指标进行对比，对差异较大的项目作出切合实际的原因分析；收入匹配，将费用与收入匹配，通过计算期间费用占营业收入的百分比，分析是否保持收支平衡。第二，不同期间对比分析，将不同期间数据对比分析，分析企业的发展情况。第三，同行业对比分析，比较管理费用率，为企业发展定位，规范公司流程制度。

▶▶ **案例情景**

MG 公司 2023 年管理费用总额 1 198 万元，多还是少？怎么分析？

▶▶ **案例分析**

1. 项目分析

管理费用项目分类如表 7 - 6 和图 7 - 35 所示。

表 7 - 6　　　　　　　　　　　　　　管理费用项目分类

项目分类	小计金额（万元）
管理性费用	571. 55
发展性费用	593. 68
业务性费用	18. 24
非生产性费用	14. 39
合计	1 197. 86

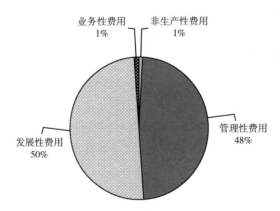

图 7 - 35　管理费用项目构成

【分析】管理费用构成包括管理性费用、发展性费用、业务性费用、非生产性费用四大类别，其中大部分费用支出属于管理性费用和发展性费用。

2. 预算对比

管理费用预算对比分析如表 7 - 7 所示。

表 7 - 7　　　　　　　　　　　管理费用预算对比分析

分类	预算金额（元）	本期金额（元）	差异金额（元）	分析原因	管理建议
管理性费用	5 200 000.00	5 715 539.91	-515 539.91	1. 2023 年 2 月分配 18 年绩效工资 103 769.85 元 2. 2023 年 4 月支付员工活动费的福利费 91 280.00 元 3. 2023 年 9 月 福利费付高管团建费 11 556.00 元 4. 2023 年 10 月付员工福利费 44 303.00 元 5. 1～6 月长期摊费用摊销办公室装修费 81 993.68 元 6. 其他支出	严格控制公司的福利、团建等支出等
非生产性费用	100 000.00	143 874.02	-43 874.02	公司前一年度购买的固定资产增加了折旧支出	严制规范定公司固定资产和办公费开支标准，严格审批制度，杜绝浪费
业务性费用	200 000.00	182 431.01	17 568.99	公司商品的销售大量依靠业务性费用的支出	严格控制公司业务招待费开支标准
发展性费用	5 800 000.00	5 936 751.65	-136 751.65	研发情况需要列支明细详细分析	研发和职工教育经费高，这类费用支出与企业发展相关，实际是对企业未来的投资。这类费用的支出应当规划合理、经济可行，不能盲目缩减。具体分析时，应当联系各项支出的效果进行评价
合计	11 300 000.00	11 978 596.59	-678 596.59		

3. 收入匹配

管理费用收支对比如表 7 - 8 所示。

表 7 - 8　　　　　　　　　　　管理费用收支对比

收支对比	公式	第一季度	第二季度	第三季度	第四季度	全年合计
管理费用率（%）	A/B	69.27	47.84	32.10	7.92	15.68
管理费用（万元）	A	190.14	251.34	285.18	471.20	1 197.86
营业收入（万元）	B	274.50	525.33	888.41	5 950.85	7 639.09

【分析】管理费用总金额 1 198 万元，营业收入总金额 7 639 万元；第一季度和第二季度管理费用率较高，考虑投入产出比是否为有效的投入。

4. 不同期间对比分析

管理费用不同期间金额对比如图 7 − 36 所示。

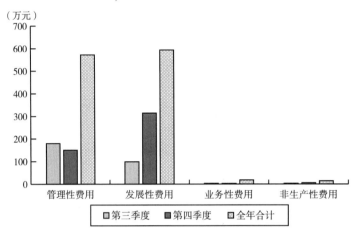

图 7 − 36　管理费用不同期间金额对比

MG 公司 2023 年管理费用总额 1 198 万元，第三季度 285 万元，第四季度 471 万元。怎么分析？假定全年销售费用为 100%，理论上每个季度平均比率应为 25%。在此基础上重点对第三和第四季度进行分析，如图 7 − 37 和表 7 − 9 所示。

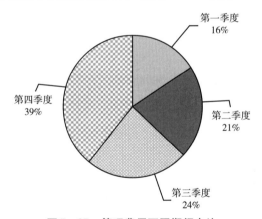

图 7 − 37　管理费用不同期间占比

表 7 − 9　　　　　　　　　　管理费用不同期间金额及占比分析

项目	第三季度（万元）	第三季度占全年比重（%）	第四季度（万元）	第四季度占全年比重（%）	全年金额（万元）
销售收入合计	888.41	11.63	5 950.85	77.90	7 639.09
管理费用合计	285.18	23.81	471.2	9.34	1 197.85
管理性费用	179.56	31.42	150.36	26.31	571.55

续表

项目	第三季度（万元）	第三季度占全年比重（%）	第四季度（万元）	第四季度占全年比重（%）	全年金额（万元）
发展性费用	98.98	16.67	314.24	52.93	593.67
业务性费用	3.36	18.42	0.59	3.23	18.24
非生产性费用	3.28	22.79	6.01	41.77	14.39
销售费用合计占收入合计比	***	32.10	***	7.92	***

【分析】第三季度：管理费用金额和比率低，原因是前两个季度开拓新客户投入高，第三季度是 MG 公司销售的淡季，维持即可。第三季度管理费用比率为 23.81%，但是带来的收入也少，占比为 11.63%。因此，我们可以初步判定本季度收入少，管理费用支出在 25% 之内，比较合理。全年管理费用占收入比为 15.68%，第三季度销售费用占收入比为 32.10%，第三季度支付了残保金、房租、审计费等半年或年付的固定期费用，导致看似管理费用金额小，但是全年占比较高。

第四季度：MG 公司销售旺季，因此，投入的销售费用较高，比率和金额占到全年的 25%，比较均衡。风险警惕：全年营收 7 639 万元，截至年底应收账款 3 225 万元，有可能年底销售冲业绩或者公司为上新三板虚增收入。第四季度总体管理费用高尤其是发展性费用投入高，产出更高。管理费用占比为 39.34%，收入占比高达 77.9%，因而销售高随之费用也高。

5. 同行业对比分析

管理费用率是指管理费用与主营业务收入的百分比。管理费用是影响企业盈利能力的重要因素，反映了企业经营管理水平。

MG 公司管理费用率高于同行业，说明公司的利润被组织、管理性的费用消耗得太多，必须加强管理费用控制才能提高盈利水平（见表 7 - 10）。

表 7 - 10　　　　　　　　　管理费用同行业对比

同行业比较	公式	MG 公司	三夫户外	ST 中商	永辉超市
管理费用率（%）	A/B	15.68	15.65	7.75	2.37
管理费用（万元）	A	1 197.86	6 296.32	62 829.39	201 333.29
营业收入（万元）	B	7 639.09	40 228.69	810 301.30	8 487 696.00

二、管理费用可视化

▶▶任务描述

使用 Power BI 制作管理费用—按照项目分类可视化看板。

▶▶任务要求

基于《管理费用分类数据答案》使用 Power BI 制作可视化看板，作为给老板汇报的可视化结果。

▶▶任务实现

第一步，数据加载。通过获取数据导入表格，在导航器窗口中勾选《管理费用分类数据答案》，选择"转换数据"，如图 7－38 所示。

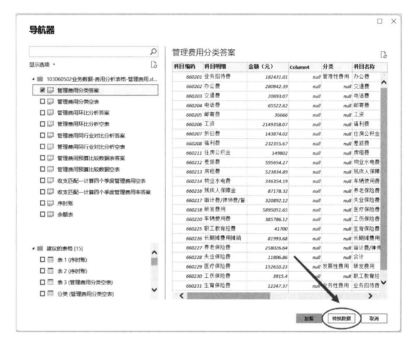

图 7－38　获取《管理费用分类答案》

第二步，数据处理，保留有效列。按 Ctrl 键，同时选中除了"分类_2""小计金额（元）""小计金额（万元）"以外的其他列，在主页选项中，选择"删除列"—"删除列"，如图 7－39 所示。

图 7－39　删除列

　　第三步，数据处理，删除空行。在主页选项中，选择"删除行"—"删除空行"，如图7-40所示。数据处理完成，点击"关闭并应用"。

图7-40　删除空行

　　第四步，选择可视化组件。在可视化视觉对象中选择插入"饼图"，图例选择字段"分类_2"，值选择"小计金额（元）"，如图7-41所示。

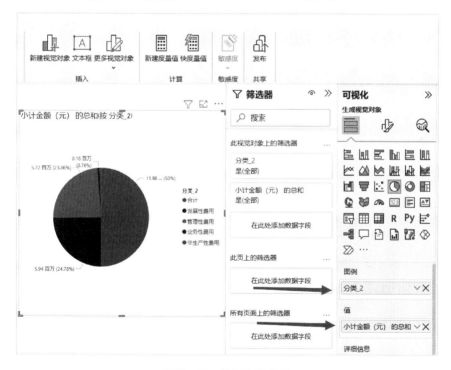

图7-41　饼图字段设置

　　第五步，可视化图形设置。在页面筛选器中选择"分类_2"，筛选类型为"基本筛选"，字段中选择"全选"，然后取消勾选"合计"，如图7-42所示。

　　第六步，微调美化。设置视觉对象格式，常规选项下，标题文本为"管理费用—项目分类"，对齐格式"居中"，如图7-43所示。

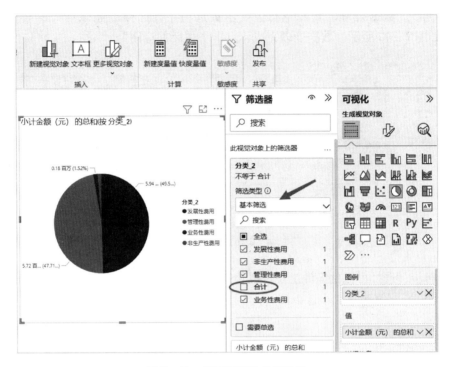

图 7-42　饼图可视化呈现设置

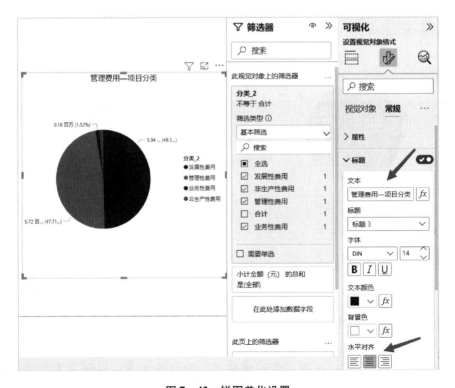

图 7-43　饼图美化设置

▶▶ 任务描述

使用 Power BI 制作管理费用—预算比较可视化看板。

▶▶ 任务要求

基于《管理费用预算比较数据表答案》使用 Power BI 制作可视化看板，作为给老板汇报的可视化结果。

▶▶ 任务实现

第一步，数据加载。通过获取数据中导入表格，在导航器窗口中勾选《管理费用预算比较数据表答案》，选择"转换数据"，如图 7 – 44 所示。

图 7 – 44　获取《管理费用预算比较数据表答案》

第二步，数据处理，保留有效列。按 Ctrl 键，同时选中"分析原因""管理建议"列，在主页选项中，选择"删除列"—"删除列"，如图 7 – 45 所示。数据处理完成，点击"关闭并应用"。

第三步，选择可视化组件。在可视化视觉对象中选择插入"矩阵"，行字段"分类"，值选择"本期金额""预算金额""差异金额"，如图 7 – 46 所示。

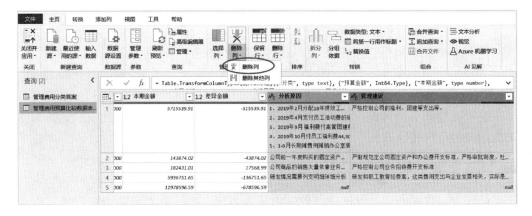

图 7-45　保留前四列

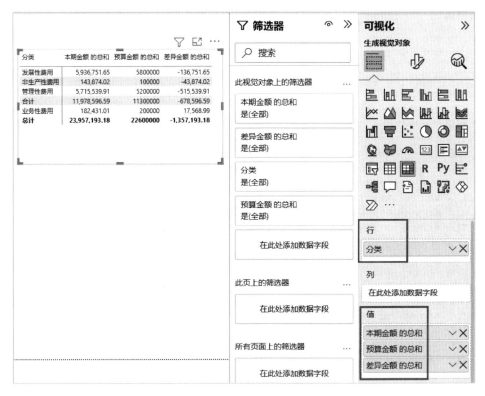

图 7-46　矩阵可视化字段设置

第四步，微调美化。如图 7-47 所示，设置视觉对象格式，视觉对象选项下，样式预设选择"交替行"；列标题背景色修改为"绿色"，调整列宽大小；单元格元素，数据系列选择"差异金额"，数据条打开，修改数据条正负值颜色；行小计关掉。按照差异金额从小到大排序。

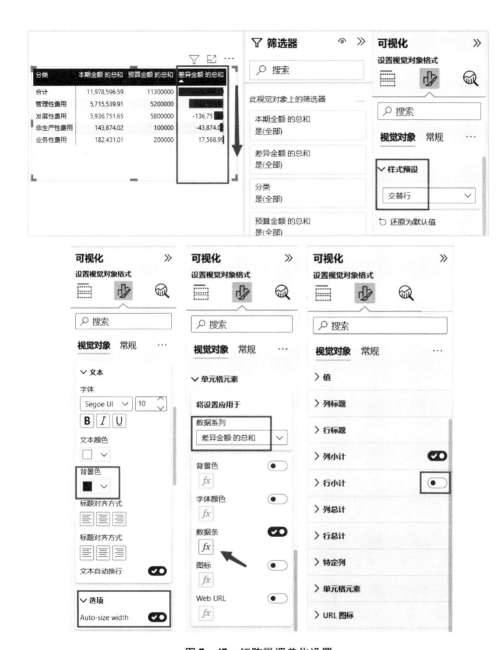

图 7 – 47 矩阵微调美化设置

▶▶任务描述

使用 Power BI 制作管理费用—收支匹配可视化看板。

▶▶任务要求

基于《收支匹配—计算四个季度管理费用率数据答案》使用 Power BI 制作可视化看板，作为给老板汇报的可视化结果。

▶▶任务实现

第一步，数据加载。通过获取数据中导入表格，在导航器窗口中勾选《收支匹配—计算四个季度管理费用率数据答案》，选择"转换数据"，如图7-48所示。

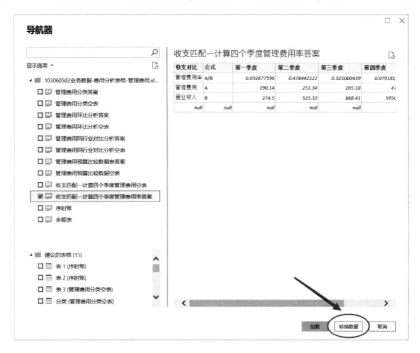

图7-48 获取收支匹配数据

第二步，数据处理。在主页选项中，选择"删除行"—"删除最后几行"。行数中输入"1"。在主页中，将标题作为第一行；在转换中，选择"转置"；在主页中，将第一行用作标题，选择"删除行"—"删除最前面几行"，行数中输入"1"；修改数据类型为"小数"。数据处理完成，点击"关闭并应用"。具体如图7-49至图7-53所示。

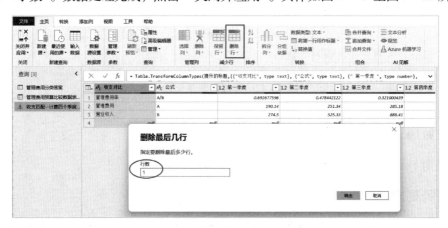

图7-49 删除非有效数据行

图 7-50　将标题作为第一行

图 7-51　转置数据表

图 7-52　将第一行用作标题

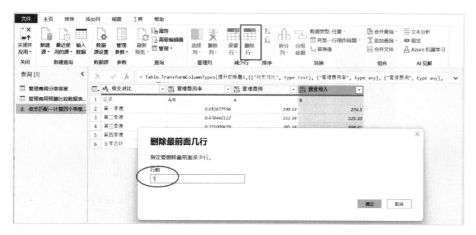

图 7-53　删除第一行

第三步，选择可视化组件。在可视化视觉对象中选择插入"折线和簇状柱形图"，X轴选择"收支对比"，列Y轴选择"管理费用率"，行Y轴选择"营业收入""管理费用"。在页面筛选器中选择"收支对比"，筛选类型为"基本筛选"，字段中选择"全选"，然后取消勾选"全年合计"，如图7-54所示。

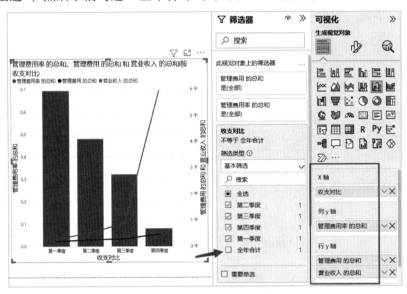

图7-54　折线和簇状柱形图字段设置

第四步，微调美化。设置视觉对象格式，常规选项下，标题文本为"收入匹配"，对齐格式"居中"，如图7-55所示。

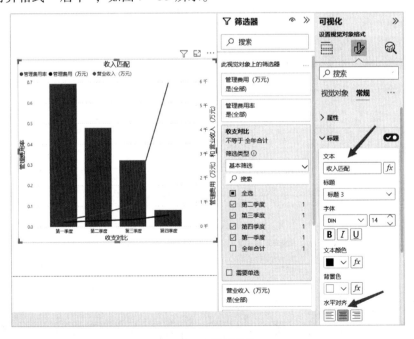

图7-55　微调美化

▶▶ 任务描述

使用 Power BI 制作管理费用—不同期间对比分析可视化看板。

▶▶ 任务要求

基于《管理费用环比分析数据答案》使用 Power BI 制作可视化看板，作为给老板汇报的可视化结果。

▶▶ 任务实现

第一步，数据加载。通过获取数据中导入表格，在导航器窗口中勾选《管理费用环比分析数据答案》，选择"转换数据"，如图 7 – 56 所示。

图 7 – 56　获取《管理费用环比分析答案》

第二步，数据处理。在主页选项中，选择"删除行"—"删除最后几行"。行数中输入"1"。如图 7 – 57 所示，在转换中，选择"替换值"，将"＊＊＊"替换为"null"；修改数据类型为"小数"。数据处理完成，点击"关闭并应用"。

第三步，选择可视化组件，设置可视化图形。在可视化视觉对象中选择插入

"折线和簇状柱形图"，X轴选择"项目"，行Y轴选择"第三季度""第四季度"，列Y轴选择"第三季度占全年比重""第四季度占全年比重"。在页面筛选器中选择"项目"，筛选类型为"基本筛选"，字段中选择"全选"，然后取消勾选"管理费用合计""销售费用合计占收入合计比""销售收入合计"，如图7-58所示。

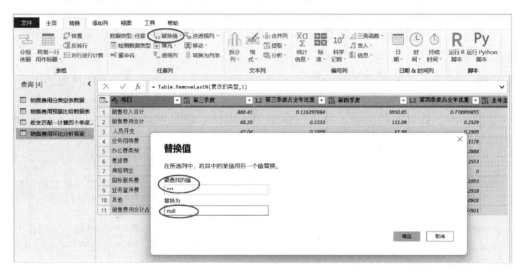

图7-57　替换值

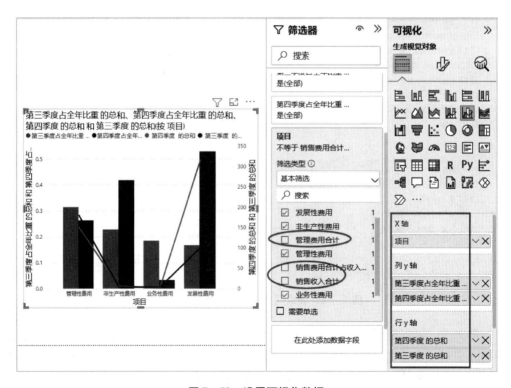

图7-58　设置可视化数据

第四步，微调美化。设置视觉对象格式，在视觉对象选项下，关闭辅助 Y 轴标题；常规选项下，标题文本为"不同期间对比分析"，对齐格式"居中"，如图 7 - 59 所示。

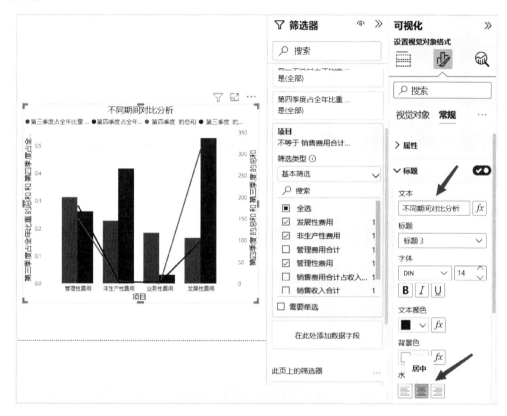

图 7 - 59　可视化图形微调美化

▶▶任务描述

使用 Power BI 制作管理费用—同行业对比分析和汇总数据可视化看板。

▶▶任务要求

基于《管理费用同行业对比分析数据表》使用 Power BI 制作可视化看板，作为给老板汇报的可视化结果。

▶▶任务实现

第一步，数据加载。通过获取数据中导入表格，在导航器窗口中勾选《管理费用同行业对比分析答案》，选择"转换数据"如图 7 - 60 所示。

第二步，数据处理。在主页选项中，选择"删除行"—"删除最后几行"。行数中输入"1"。在主页中，将标题作为第一行；在转换中，选择"转置"；在主页中，将第一行用作标题，选择"删除行"—"删除最前面几行"，行数中输入"1"；修改数据类型为"小数"。数据处理完成，点击"关闭并应用"。具体如图 7 – 61 至图 7 – 65 所示。

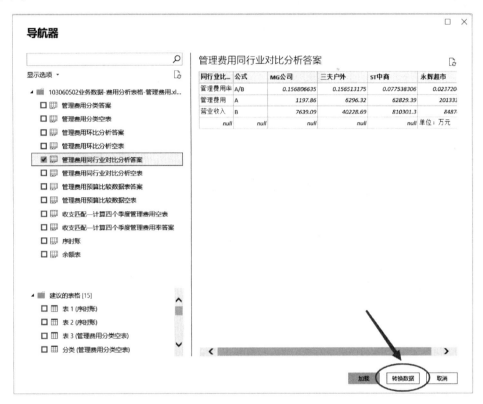

图 7 – 60 获取《管理费用同行业对比分析答案》

图 7 – 61 删除无用行

图 7 - 62 降级标题

图 7 - 63 转置数据

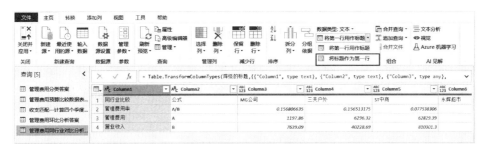

图 7 - 64 提升标题

图 7 - 65 删除第一行

第三步，选择可视化组件，设置可视化图形。在可视化视觉对象中选择插入"环形图"，图例字段"同行业比较"，值选择"管理费用率的总和"，如图7-66所示。常规选项下，标题对齐格式"居中"。

图7-66 环形图可视化设置

第四步，汇总数据呈现。选择可视化组件，设置可视化图形。在可视化视觉对象中选择插入两个"卡片图"，从《管理费用同行业对比分析数据表》选择字段，字段分别选择"营业收入""销售费用"。将收支对比拖拽到页面筛选器中，筛选类型设置为"基本筛选"，选择"MG公司"。在常规选项卡下，效果中设置卡片图背景颜色，如图7-67所示。

图7-67 卡片图可视化设置

第五节　财务费用分析及可视化

一、财务费用分析

财务费用是指企业为筹集生产经营所需资金等而发生的费用。

对财务费用进行分析。第一，结构分析，从财务费用结构方面，获悉财务费用的收支来源。财务费用通常包括手续费和利息。第二，行业分析，行业对比分析财务风险的高低。第三，其他方面，包括分析企业对于财务费用杠杆的运用等。

▶▶ 案例背景

MG 公司 2023 年财务费用总额 170.33 元，怎么分析？

▶▶ 案例分析

（1）结构分析。

MG 公司财务费用包括：手续费 8 295.79 元，利息收入 8 125.46 元，如图 7 - 68 所示。手续费大多为企业刷卡手续费，利息收入来源于公司购买的理财产品收益，从公司购买和赎回理财产品的频率和金额判断，公司现金流非常好，全年预计有 4 000 万元闲置资金，财务人员把控好闲置资金的投资，获得更高的投资回报率。

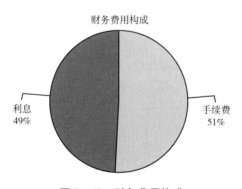

图 7 - 68　财务费用构成

（2）行业分析。

财务费用率是指财务费用与主营业务收入的百分比。

目前，我国企业财务费用负担往往较重，是企业的一个沉重包袱。企业应通过这个指标的计算，分析其财务负担，调整筹资渠道，改善资金结构，提高盈利水平。

MG 公司财务费用率低于同行业，企业现金流充沛，财务费用负担较轻（见表 7 - 11）。

表 7 – 11   财务费用同行业对比

同行业比较	公式	MG 公司	三夫户外	ST 中商	永辉超市
财务费用率（%）	A/B	0.00	1.58	4.72	0.41
财务费用（万元）	A	0.02	633.90	38 244.57	35 114.61
营业收入（万元）	B	7 639.09	40 228.69	810 301.30	8 487 696.00

（3）其他分析。

财务费用是企业为了筹集资金而发生的费用，包括利息费用、汇兑损失和相关手续费。我国企业利息费用和汇兑损益作为财务费用的冲减也归类为财务费用。财务费用是企业筹资活动和闲置资金利用效果的反映。财务费用的高低主要取决于企业筹资决策，即资金来源中负债比例、长短期债务安排的结果。

汇兑损失和汇兑收益是由外汇业务企业因汇率变化而产生的外汇项目的增值和减值。企业虽无法控制汇率的变化，但可以通过对汇率变化的预测，及时调整相关外汇资产，合理安排外汇负债期限，尽量减少汇兑损失，增加汇兑收益。可以说，汇兑损失和汇兑收益可以在一定程度上反映企业财务部门管理外汇资金的绩效。

利息费用分析主要用于判断企业财务风险的大小，可以通过计算利息保障倍数、企业财务杠杆系数等指标进行分析。

> **举例：**某外贸公司主营进口电子产品。2024 年 1 月，财务部根据美元指数变化情况，预测人民币可能会贬值。于是，财务建议公司在不影响预算进度的前提下，尽可能多地支付应付账款，这样，一方面可以拿到供货商给予的销售折扣，另一方面可避免汇兑损失。
>
> 截至 1 月 20 日，该公司共计支付了 500 万美元的货款，结算汇率约为 6.8664；至 2020 年 5 月 31 日，美元/人民币汇率为 7.1316。经过测算，财务部确认此举避免了汇兑损失 132 万元人民币 $[500 \times (7.1316 - 6.8664)]$。

二、财务费用可视化

▶▶ 任务描述

使用 Power BI 制作财务费用可视化看板。

▶▶ 任务要求

基于《财务费用同行业对比分析数据表》使用 Power BI 制作可视化看板，作为给老板汇报的可视化结果。

▶▶ 任务实现

第一步，数据加载。通过获取数据中导入表格，在导航器窗口中勾选《财务费用同行业对比分析数据表》，选择"转换数据"，如图 7-69 所示。

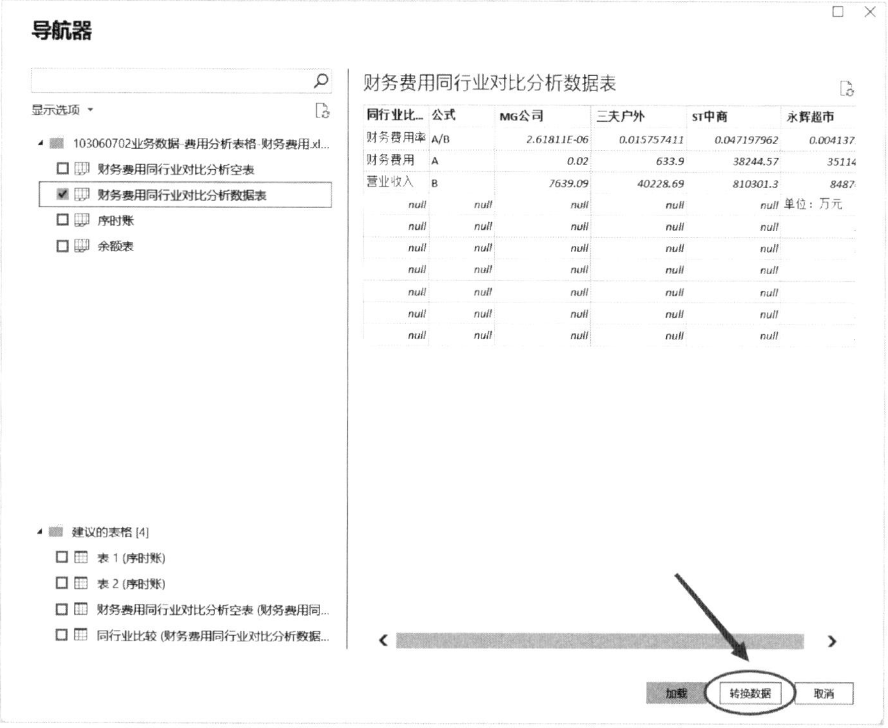

图 7-69 获取《财务费用同行业对比分析数据表》

第二步，数据处理。在主页选项中，选择"删除行"—"删除空行""删除最后几行"，行数中输入"1"。在主页中，将标题作为第一行；在转换中，选择"转置"；在主页中，将第一行用作标题，选择"删除行"—"删除最前面几行"，行数中输入"1"；修改数据类型为"小数"。数据处理完成，点击"关闭并应用"。具体如图 7-70 至图 7-74 所示。

图 7-70 整理数据行

图 7 - 71　标题降为第一

图 7 - 72　转置

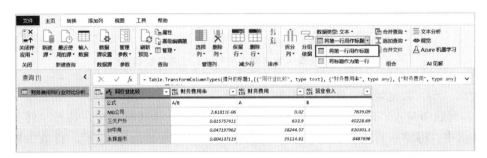

图 7 - 73　设置标题

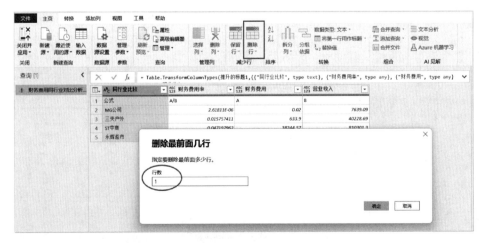

图 7 - 74　删除行

第三步，选择可视化组件，设置可视化图形。在可视化视觉对象中选择插入"环形图"，图例字段"同行业对比"，值选择"财务费用率的总和"，如图 7 - 75 所示。常规选项下，标题对齐格式"居中"。

图 7 - 75 环形图字段与格式设置

第四步，汇总数据呈现。选择可视化组件，设置可视化图形。在可视化视觉对象中选择插入两个"卡片图"从《财务费用同行业对比分析数据表》选择字段，字段分别选择"营业收入"，"财务费用"。将收支对比拖拽到页面筛选器中，筛选类型设置为"基本筛选"，选择"MG 公司"。在常规选项卡下，效果中设置卡片图背景颜色，如图 7 - 76 所示。

图 7 - 76 卡片图字段与格式设置

第六节　企业费用分析报告

结合上述可视化图表，对 MG 案例企业期间费用进行分析，形成如下分析报告。

一、销售费用分析报告

（1）销售费用合计第三季度和第三季度占全年比重分析。

第三季度金额和比率低，原因是前两个季度开拓新客户投入高，第三季度是 MG 公司销售的淡季，维持即可。

（2）销售费用合计第四季度和第四季度占全年比重分析。

第四季度是 MG 公司销售旺季，因而投入的销售费用较高，比率和金额占到全年的 25%，比较均衡。

（3）销售费用合计和销售收入合计第三季度和第三季度占全年比重分析。

第三季度销售费用虽然少，比率为 15.53%，但是带来的收入也少，销售收入合计第三季度占全年比重为 11.63%。低投入产出少，需要控制销售费用支出。

（4）销售费用合计和销售收入第四季度和第四季度占全年比重分析。

第四季度是 MG 公司销售旺季，销售费用合计第四季度占全年比重为 25.29%，销售收入合计第四季度占全年比重为 77.90%，因此，销售高带来的收益也高。

（5）第三季度销售费用单项占全年比重分析。

第一，销售淡季人员减少，开支减少，办公费和差旅费也随之减少；

第二，房租和物业半年支付一次；

第三，业务招待费与第四季度相差无几；

第四，广告业务宣传费调整前期；

第五，招标服务费和其他比较均衡。

（6）第四季度销售费用单项占全年比重分析。

第一，第四季度是 MG 公司销售旺季，销售人员增加，人员开支增加 21.94 万元，同时补提 2023 年年终奖 13 万元；

第二，人员增加办公费以及差旅费增加也随之增加；

第三，业务宣传费占比为 25.11%，超过 25%，也表明公司加大了宣传力度。

（7）第三季度、第四季度、全年销售费用合计占全年收入合计比分析。

全年销售费用占收入比为 5.75%，第三季度销售费用占收入比为 7.68%，因此，第三季度看似销售费用金额小，但是投入少产出更少。第三季度是公司销售淡季。第四季度是 MG 公司销售旺季，总体投入高，产出更高。

（8）同行业对比分析。

销售费用率是指公司销售费用与营业收入的比率。它体现为企业为取得单位收入所花费的单位销售费用，或者销售费用占据了营业收入的多大比例。

【分析】有效的投入能带来有效产出，相对于同行业，MG 公司销售费用投入相对较小，所以产出小。

二、管理费用分析报告

（1）管理费用合计第三季度和第三季度占全年比重分析。

第三季度金额和比率低，原因是前两个季度开拓新客户投入高，第三季度是 MG 公司销售的淡季，维持即可。

（2）管理费用合计第四季度和第四季度占全年比重分析。

第四季度是 MG 公司销售旺季，因而投入的销售费用较高，比率和金额占到全年的 25%，比较均衡。风险警惕：全年营收 7 639.09 万元，截至年底应收账款 3 225 万元，有可能年底销售冲业绩或者公司为上新三板虚增收入。

（3）管费用合计和销售收入合计第三季度和第三季度占全年比重分析。

第三季度管理费用比率为 23.81%，但是带来的收入也少，占比为 11.63%。因此，我们可以初步判定本季度收入少，管理费用支出在 25% 之内，比较合理。

（4）管理费用合计和销售收入第四季度和第四季度占全年比重分析。

第四季度是 MG 公司销售旺季，管理费用占比为 39.34%，收入占比高达 77.90%，因此，销售高随之费用也高。

（5）第三季度管理费用单项占全年比重分析。

第三季度销售淡季，管理性费用比例 31.42% 超过 25%。

（6）第四季度管理费用单项占全年比重分析。

第四季度是 MG 公司销售旺季，人员增加，导致办公费、交通、电话、邮寄、薪酬增加。加大研发投入的同时带来收入的增加，本季度收入占全年比重为 77.90%。为业务发展，公司采购电脑、仪器等固定资产近百万元，导致折旧高达 41.77%。

（7）第三季度、第四季度、全年管理费用合计占全年收入合计比分析。

全年管理费用占收入比，第三季度销售费用占收入比为 32.10%，第三季支付了残保金、房租、审计费等半年或年付的固定期费用，导致看似管理费用金额小，但是全年占比较高。第四季度是 MG 公司销售旺季，总体管理费用高尤其是发展性费用投入高，产出更高。

（8）同行业对比分析。

管理费用率是指管理费用与主营业务收入的百分比。管理费用是影响企业盈利能力的重要因素，反映了企业经营管理水平。MG 公司管理费用率为 15.68%。

【分析】MG 公司管理费用率高于同行业，说明公司的利润被组织、管理性的费用消耗得太多，必须加强管理费用控制才能提高盈利水平。

三、财务费用分析报告

（1）结构分析。

利息收入是企业的一项收入，它是企业将闲置资金存入银行所得到的利息。企业购买债券等积极投资行为所得到的利息属于投资收益，不是此处的利息。

通常情况下，银行存款利息率应远低于企业的投资收益率，因此，除保持流动性必要的现金外，将资金过多地存于银行说明企业资金运用效率低。如果企业利息收入金额突然大幅度增加，最常见的原因是企业新近筹集大笔资金用于固定资产投资。

【分析】MG 公司财务费用包括：手续费 8 295.79 元，利息收入 8 125.46 元。

手续费大多为企业刷卡手续费，利息收入来源于公司购买的理财产品收益，从公司购买和赎回理财产品的频率和金额判断，公司现金流非常好，全年预计有上千万元的闲置资金，财务人员把控好闲置资金的投资，可以获得更高的投资回报率。

（2）行业分析。

财务费用率是指财务费用与主营业务收入的百分比。目前我国企业财务费用负担往往较重，是企业的一个沉重包袱。企业应通过这个指标的计算，分析企业的财务负担，调整筹资渠道，改善资金结构，提高盈利水平。

【分析】MG 公司财务费用率低于同行业，企业现金流充沛，财务费用负担较轻。

（3）其他分析。

财务费用是企业为了筹集资金而发生的费用，包括利息费用、汇兑损失和相关手续费。我国企业利息费用和汇兑损益作为财务费用的冲减也归类为财务费用。财务费用是企业筹资活动和闲置资金利用效果的反映。财务费用的高低主要取决于企业筹资决策，即资金来源中负债比例、长短期债务安排的结果。

利息费用分析主要用于判断企业财务风险的大小，可以通过计算利息保障倍数、企业财务杠杆系数等指标进行分析。汇兑损失和汇兑收益是由外汇业务企业因汇率变化而产生的外汇项目的增值和减值。企业虽无法控制汇率的变化，但可以通过对汇率变化的预测，及时调整相关外汇资产，合理安排外汇负债期限，尽量减少汇兑损失，增加汇兑收益。可以说，汇兑损失和汇兑收益可以在一定程度上反映企业财务部门管理外汇资金的绩效。

巩固练习

（1）根据企业费用分析内容绘制思维导图进行总结概括。

（2）假设作为财务 BP，进行企业期间费用的管控。

第八章　企业成本分析及可视化

【学习目标】

知识目标

◇掌握企业成本分析及可视化页面设计的方法

◇理解企业成本分析的基本工具

◇了解企业成本的结构

能力目标

◇培养学生具有成本分析思维

◇培养学生应用 Power BI 完成成本分析可视化呈现的能力

素质目标

◇提升学生大数据思维和科学逻辑素养

◇培养学生不畏艰难、迎难而上的进取精神，勤加练习、刻苦钻研的学习态度

【课程导读】

成本的前世今生，共绘企业成长画卷

对于商业企业而言，其采购的商品往往直接跃上销售的舞台，但对于制造业而言，需要历经复杂生产才能实现商品的价值。这一过程中，成本不仅是资源的消耗，更是价值创造的关键。生产成本虽不直接体现在财务报表上，但它记录了产品从原材料到成品的每一个细节，是生产活动的直接反映。然而，真正的"成本"显现，需要等产品跨越销售的门槛，成为消费者手中的商品。此时，生产成本转化为营业成本，成为财务报表中不可或缺的一部分，直接关联着企业的盈利状况。尚未售出的商品，其成本则继续以库存商品的形式保留在企业的资产负债表中，静待市场的召唤与价值的实现。因此，生产成本作为"前世"，为产品的诞生与成长奠定了坚实的基础；而营业成本作为"今生"，则见证了产品在市场上的价值兑现与企业的智慧经营。在财务的舞台上，成本以其独特的前世今生，讲述着企业从生产到销售、从价值创造到价值实现的精彩故事。

第一节　企业成本分析需求场景

经过一段时间的努力工作，路索飞在财务部表现非常出色，得到了领导的认可。

财务经理决定把她调到成本会计岗位，成本会计在企业中是非常重要的岗位。但她对于成本会计的认知，还仅限于从书本上学到的知识，缺乏实践经验。现在需要先回顾一下成本分析都有哪些内容，要先知道成本的结构，然后了解如何做成本分析以及成本分析的基本工具有哪些，这样才能更顺利地开展接下来的工作。

企业成本分析需求场景模拟如图 8 - 1 所示。

图 8 - 1　成本分析需求场景模拟

第二节　企业成本分类

一、生产过程

提起生产过程，大家可能会认为是在说类似于制造业的这种传统产业，其实大部分行业都有生产过程。制造业是最显而易见的，无论是生产汽车、服装、书包还是家具等，都需要一个生产的过程。对于一些新兴行业，比如网络游戏行业，也存在制作游戏内容的过程，如制作文字、视频、音频等。再比如，百度制作一个搜索服务产品、腾讯制作微信这样的社交工具，同样伴随着制作的过程，甚至于服务行业，提供服务的整个过程也可以看作一个生产过程，只是不会生产出具体可见的物品而已。

综上所述，生产过程是指利用人工、机器设备或者办公设备，对原材料进行加工并制作出产品的过程，这个产品可以是有形的，也可以是无形的。

二、生产成本

生产过程需要耗费原材料和人工，还可能需要使用像厂房、设备这类大型的生产资料，同时还需要负担水电、动力、能源这类费用开支。以上这些部分共同构成了我们通常所说的生产成本。只不过这里并不是把厂房、设备一次性全部消耗掉，而是耗费了一部分。如果厂房、设备是租用的，那么计入成本的耗费部分就应该是在此期间支付的租金。如果厂房、设备是自有的，它们被耗费掉的那部分在会计上叫作厂房、设备的折旧。折旧其实是会计上对固定资产在一段时间之内被消耗掉的那部分的估计值。折旧加上生产过程中耗费的水电、能源、动力等，统称为制造费用。制造费用再加上生产过程中所耗费的原材料和人工，就共同组成了企业的生产成本，如图 8 - 2 所示。

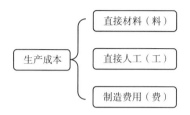

图 8 - 2　生产成本构成

生产成本由料、工、费三个部分组成，这三个部分在不同行业中是否会有很大的差异呢?

通常来说，以制造有形商品为主的行业，成本构成的主要部分是原材料。比如海尔披露的成本结构中，86% 都是原材料成本;美的披露的原材料成本占总成本的 85%。对于那些以提供服务为主的公司来说，它们的主要成本不是原材料，而是人工，比如软件、咨询这样的服务行业。还有一些行业具有一定的特殊性，比如重资产行业，它们的固定资产折旧水平特别高，那么在其成本结构中，折旧的占比就很大。比如赣粤高速是一家经营高速公路的公司，根据披露，它 65% 的成本都是折旧。可以看到，不同行业由于其性质不同，成本结构差异很大。

三、变动成本与固定成本

任何一个企业，都存在成本管理的理念。进行成本管理的第一步就是了解成本结构，这样才能知道成本管理的重点在哪里。比如以原材料为主的行业，它成本管理的重点就是想办法降低原材料的采购价格以及原材料的耗用量。以人工成本为主的行业，成本管理的核心问题是降低人工的成本。重资产行业，它的成本以折旧为主。那么，它应该如何降低成本呢? 要解释这个问题，我们需要引入两个新的概念:变动成本和固定成本。这是对成本进行分类的另一个视角，如图 8 - 3 所示。

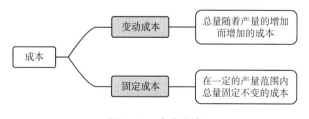

图 8 - 3　成本分类

区分变动成本与固定成本的关键就在于成本总量是否会随着产量的增加而增加。顾名思义，变动成本总量会随着产量的增加而增加，也就是说多生产一个产品，就必须要多耗费一份支出。同样的道理，固定成本总量不会随着产量的增加而增加，也就是说在一定范围内不管产量怎么变，固定成本的总量是不变的。

前面提到的料、工、费这三个项目中，原材料是一项变动成本，因为多生产一件产品，势必要多一份原材料耗费。而固定资产折旧这样的项目就是一个固定成本，因为在一条生产线的产能范围之内，不管是一件产品都不生产还是满负荷生产，固定成本的实际投入总量是一样的，所以它的折旧水平也是一样的。至于人工费用到底是变动成本还是固定成本，就要看这家企业对这部分人工是如何支付的。如果是计件工资，那么就是变动成本；而如果是固定工资，那么就是固定成本。现实中，很多企业对于一线工人的工资可能会采取底薪＋计件工资的方式，这就意味着人工成本中有一部分是固定成本，另外一部分是变动成本。

> **举例：** 生产一件产品需要花费 100 元成本，其中有 50 元变动成本、50 元固定成本，现在企业收到了一个产品报价 80 元的订单，要不要接呢？
>
> 如果从总成本的角度考虑，一件产品成本 100 元，接的订单 80 元，肯定是赔本买卖，所以不应该接这个订单。可如果从变动成本和固定成本这个角度来考虑，我们可能会得出不同的答案，因为固定成本是事前确定的，生产与否都要耗费，即便不接这个订单，也要支出每个产品平均 50 元的固定成本。也就是说，不接订单，每件产品会亏 50 元；接了订单，售价 80 元，成本 100 元，每件产品会亏 20 元。亏 50 元与亏 20 元相比，接订单亏得少了，实际上是更合算的，接订单虽然不能让我们赚钱，却可以让我们少赔钱。

四、生产成本与营业成本的关系

如果你细心留意，会发现财务报表上并没有生产成本，而只有营业成本这个项目。那么，生产成本去哪儿了呢，它与营业成本有什么关系呢？

生产成本包括在生产过程中所耗费的原材料、人工费用和制造费用，其中制造费用包括折旧、水电、动力、能源等支出。在耗费了这些生产成本后我们得到了产品，这个产品有两种状态：一种叫产成品，即截至 12 月 31 日，这个产品已经完工了；还有一种在 12 月 31 日还没有生产完成，我们称为在产品。无论是在产品还是产成品都是企业的产品，是存货的一种，所以"生产成本"这四个字并不直接出现在财务报表中，而是以存货的形式出现。

这一点与我们以前的感性认识不太一样，我们通常认为生产成本属于成本，是公司获得利润过程中的一个耗费型项目，应该属于与利润相关的项目。也就是说，它应该与利润表相关，而事实上生产成本并不在利润表中，而是体现在存货这个资产项目中。

存货是用来销售的，可是在 12 月 31 日这一天，企业不可能把所有的存货正好全部卖完，会有一部分已经卖掉的，另一部分没有卖掉的。对于没有卖掉的这部分产品，仍然会以存货的形式存在于企业中；而卖掉的那部分产品，带来了收入，同时也不再属于这家企业了。企业所失去的这些产品的价值，就是它获得收入所付出的代价，我们称为营业成本。在会计上，企业把存货卖掉的同时，就需要把这部分存货的价值转入营业成本中，这个过程就是营业成本发生的过程。生产成本与营业成本的关系如图 8 - 4 所示。

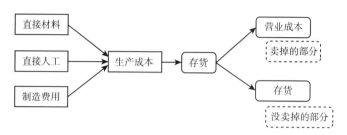

图 8 - 4　生产成本与营业成本的关系

在此过程中，有三件事值得注意：第一，生产成本虽然包含"成本"二字，但并不会出现在财务报表中，而是记录在存货里。第二，营业成本是那些被卖掉的产品所对应的生产成本。第三，营业成本所记录的是企业在生产过程中所耗费的支出，属于生产过程，这与销售费用和管理费用有所不同。

第三节　企业成本结构分析

一、根据不同标准进行分析

企业成本种类如图 8 - 5 所示。

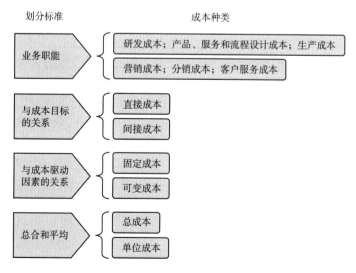

图 8 - 5　企业成本种类

- 许多公司面临的最大问题之一，就是采用何种方法将其一般管理费用分摊到产品和服务中去；
  - 核心的问题是选取多少种成本驱动因素及何种成本驱动因素；
  - 理想状态下，在成本和其驱动因素之间应该有逻辑联系；
  - 方法的准确性和实施成本之间有矛盾；
  - 公司一般采用两种成本体系：传统成本法和作业成本法。

二、作业成本法

作业成本法是将间接成本和辅助费用更准确地分配到产品和服务的一种成本计算方法。依据作业成本法的观念，企业的全部经营活动是由一系列相互关联的作业组成的，企业每进行一项作业都要耗用一定的资源；与此同时，产品（包括提供的服务）被一系列的作业生产出来。产品成本是全部作业所消耗资源的总和，产品是消耗全部作业的成果：在计算产品成本时，先要按经营活动中发生的各项作业来归集成本，计算出作业成本；然后再按各项作业成本与成本对象（产品、服务或顾客）之间的因果关系，将作业成本分配到成本对象，最终完成成本计算过程。作业成本法原则与步骤如图8-6所示。

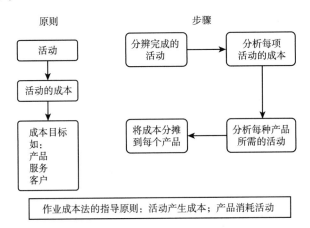

图8-6　作业成本法原则与步骤

在作业成本法下，直接成本可以直接计入有关产品，与传统的成本计算方法并无差异，只是直接成本的范围比传统成本计算得要大，凡是易于追溯到产品的材料、人工和其他成本都可以直接归属于特定产品，尽量减少不准确的分配。不能追溯到产品的成本，则先追溯有关作业或分配到有关作业，计算作业成本，然后再将作业成本分配到有关产品。作业成本法与传统成本法的区别如图8-7所示。

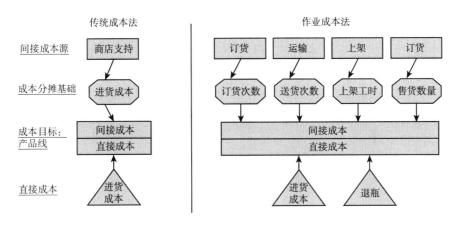

图 8 - 7　作业成本法与传统成本法的区别

三、作业成本法的主要特点

(一) 成本计算分为两个阶段

作业成本法的基本指导思想是，"作业消耗资源、产品（服务或顾客）消耗作业"。根据这一指导思想，作业成本法把成本计算过程划分为以下两个阶段。第一阶段，将作业执行中耗费的资源分配（包括追溯和间接分配）到作业，计算作业的成本。第二阶段，根据第一阶段计算的作业成本分配（包括追溯和动因分配）到各有关成本对象（产品或服务）。成本计算的过程如图 8 - 8 所示。

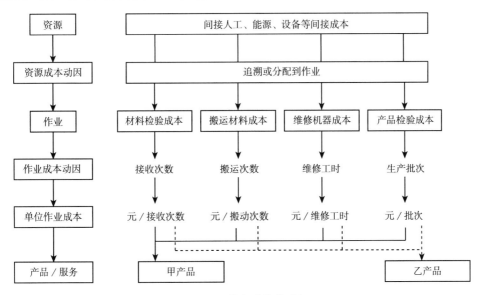

图 8 - 8　成本计算的过程

传统的成本计算方法也是分两步进行，但是中间的成本中心是按部门建立的。第一步除了把直接成本追溯到产品之外，还要把不同性质的各种间接费用按部门归集在一起。第二步是以产量为基础，将间接费用分配到各种产品。传统成本计算方法下，间接成本的分配路径是"资源→部门→产品"。作业成本法下成本计算的第一阶段，除了把直接成本追溯到产品以外，还要将各项间接费用分配到各有关作业，并把作业看成是按产品生产需求重新组合的"资源"。在第二阶段，按照作业消耗与产品之间不同的因果关系，将作业成本分配到产品。因此，作业成本法下间接成本的分配路径是"资源→作业→产品"。

（二）成本分配强调因果关系

虽然作业成本法和传统成本法都分为两步分配程序，但是对于如何进行成本分配，两者有很大区别。作业成本法认为，将成本分配到成本对象有 3 种不同的形式：追溯、动因分配和分摊。

第一，成本追溯是指把成本直接分配给相关的成本对象。一项成本能否追溯到产品，可以通过实地观察来判断。使用追溯方式得到的产品成本是最准确的。作业成本法强调尽可能扩大追溯到个别产品的成本比例，以减少成本分配引起的信息失真。传统成本计算的直接成本，通常仅限于直接人工和直接材料，其他成本都归集于制造费用进行统一分配。作业成本法认为，有些"制造费用"的项目可以直接归属于成本对象，如特定产品的专用设备折旧费等。凡是能够追溯到个别产品、个别批次、个别品种的成本，就应追溯，而不要间接分配。

第二，动因分配是指根据成本动因将成本分配到各成本对象的过程。生产活动中耗费的各项资源，其成本不是都能追溯到成本对象的。对不能追溯的成本，作业成本法则强调使用动因（包括资源动因或作业动因）分配方式，将成本分配到有关成本对象（作业或产品）。传统成本计算，以产品数量作为间接费用唯一的成本动因，是不符合实际情况的。采用动因分配，必须先找到引起成本变动的真正原因，即成本与成本动因之间的因果关系。动因分配虽然不像追溯那样准确，但只要因果关系建立恰当，成本分配的结果同样可以达到较高的准确程度。

第三，成本分配使用众多不同层面的成本动因在传统的成本计算方法下，产量被认为是能够解释产品成本变动的唯一动因，并以此作为分配基础进行间接费用的分配。而制造费用是一个由多种不同性质的间接费用组成的集合，这些性质不同的费用有些是随产量变动的，而多数则并不随产量变动，因此，用单一的产量作为分配制造费用的基础显然是不合适的。

作业成本法的独到之处，在于它把资源的消耗先追溯或分配到作业，然后使用不同层面和数量众多的作业动因将作业成本分配到产品。采用不同层面的、众多的成本动因进行成本分配，要比采用单一分配基础更加合理，更能保证产品成本计算的准确性。

现举例说明作业成本的计算方法。

作业成本分配的第一步是计算作业成本动因的单位成本，作为作业成本的分配率。作业成本的分配率计算表与夹克和西服的汇总成本计算表分别如表 8－1 和表 8－2 所示。

表 8 -1　　　　　　　　　　　　作业成本的分配率计算表

作业	成本（元）	批次（批数）	直接人工（元）	分配率
批次级作业成本	84 000	30		2 800（元/批）
夹克产品线成本	54 000	24		2 250（元/批）
西服产品线成本	66 000	6		11 000（元/批）
生产维持级成本	10 800		107 400	10.06%

表 8 -2　　　　　　　　　　　　夹克和西服的汇总成本计算表

型号	夹克1	夹克2	夹克3	西服1	西服2	合计
本月批次	8	10	6	4	2	
直接人工（元）	26 400	34 000	21 000	17 600	8 400	107 400
直接材料（元）	49 600	63 000	38 400	28 000	16 000	195 000
制造费用：						
分配率（元/批）	28 000	28 000	28 000	28 000	28 000	
批次相关总成本（元）	22 400	28 000	168 000	11 200	5 600	84 000
产品相关成本：						
分配率（元/批）	2 250	2 250	2 250	11 000	11 000	
产品相关总成本（元）	18 000	22 500	13 500	44 000	22 000	120 000
生产维持成本						
分配率（元/每元直接人工成本）	10.06%	10.06%	10.06%	10.06%	10.06%	
生产维持成本（元）	2 655	3 419	2 112	1 770	845	10 800
间接费用合训	43 055	53 919	32 412	56 970	28 445	214 800
总成本（元）	119 055	150 919	9 812	102 570	52 845	517 200
每批成本（元）	14 882	15 902	15 302	25 642	26 422	
单件成本（作业成本法）（元）	14 882	15 902	15 302	25 642	26 422	
单件成本（完全成本法）（元）	161	165	169	202	206	
差异（作业成本—完全成本）（元）	-12.18	-14.08	-15.98	54.42	58.22	
差异率（差异/完全成本）	-7.57%	-8.53%	-9.46%	26.94%	28.26%	

　　作业成本分配的第二步是根据单位作业成本的作业量，将作业成本分配到产品，如表 8 -1 和表 8 -2 所示为夹克和西服的汇总成本计算单。通过比较完全成本法和作业成本法的计算结果，可以得出以下结论。

　　第一，完全成本法扭曲了产品成本。例如，在完全成本法下，夹克 1 负担间接制造费用 52 800 元，而作业成本法负担间接费用 43 055 元。引起差别的原因是由完全成本法按直接人工的 200% 分配全部制造费用，而不管这些费用的驱动因素是什么。作业成本法下，制造费用归集于三类（共 4 个）成本库，分别按不同成本动因分配，提高了合理性。

第二，作业成本法和完全成本法都是对全部生产成本进行分配，不区分固定成本和变动成本，这与变动成本法不同。从长远来看，所有成本都是变动成本，都应当分配给产品。

第三，作业成本法下，所有夹克产品的单位成本都比完全成本法低，而西服产品的单位成本比完全成本法高。其原因是完全成本法以直接人工作为间接费用的唯一分配率，夸大了高产量产品的单位成本。例如，夹克的人工成本合计 81 400 元，占总人工成本 107 400 元的 75.79%，并因此负担产品线总成本 120 000 元（54 000 + 66 000）的 75.79% 即 90 949 元。实际上，夹克的产品线成本只有 54 000 元。西服的产品复杂程度高，产品线成本较高，但因为产量小，只负担了 29 051 元（120 000 × 24.21%），低于实际的西服的产品线成本（66 000 元）。

四、作业成本法的优点和局限性

作业成本法的优点和局限性如表 8 - 3 所示。

表 8 - 3 作业成本法的优点和局限性

作业成本法的优点	作业成本法的局限性
①可以获得更准确的产品和产品线成本。作业成本法的主要优点是减少了传统成本信息对于决策的误导。准确的成本信息，可以提高经营决策的质量。②有助于改进成本控制。从成本动因上改进成本控制，包括改进产品设计和生产流程等，可以消除非增值作业、提高增值作业的效率，有助于持续降低成本和不断消除浪费。③为战略管理提供信息支持。价值链分析是指企业用于评估客户价值感知重要性的一个战略分析工具。它包括确定当前成本和绩效标准，并评估整个供应链中哪些环节可以增加客户价值、减少成本费用的一整套工具和程序。作业成本法与价值链分析概念一致，可以为其提供信息支持	①开发和维护费用较高。作业成本法的成本动因多于完全成本法，成本动因的数量越大，开发费用和维护费用越高。②作业成本法不符合对外财务报告的需要。采用作业成本法的企业，不仅工作量大，而且技术难度大，有可能出现混乱。③确定成本动因比较困难。并不是所有的间接成本都和特定的成本动因相关联，有时找不到与成本相关的驱动因素或者几个假设的驱动因素与成本的相关程度都很低，或者取得驱动因素的数据成本很高。④不利于管理控制。作业成本系统的成本库与企业的组织结构不一致，不利于提供管理控制的信息

采用作业成本法的公司一般应具备以下条件。

第一，从成本结构看，这些公司的制造费用在产品成本中占有较大比重。他们若使用单一的分配率，成本信息的扭曲会比较严重。

第二，从产品品种看，这些公司的产品多样性程度高，包括产品产量的多样性，规模的多样性，原材料的多样性和产品组装的多样性。

第三，作业成本法和完全成本法都是对全部生产成本进行分配，不区分固定成本和变动成本，这与变动成本法不同。从长远来看，所有成本都是变动成本，都应当分配给产品。

第四节　成本分析的基本工具

一、盈亏平衡点分析

盈亏平衡分析是指通过盈亏平衡点（BEP）分析项目成本与收益平衡关系的一种方法，在盈亏平衡点上，企业的销售收入总额与产品销售总成本（含销售税金）相等，企业处于不盈不亏状态。

盈亏平衡点通常根据正常生产年份产品的产量或销售量、固定成本、变动成本、产品价格、销售税金及附加等数据计算，用产量、销售收入、生产能力利用率及销售单价来表示。盈亏平衡分析的目的就是找出这种临界值，即盈亏平衡点（BEP），判断投资方案对不确定因素变化的承受能力，为决策提供依据。

盈亏平衡分析又称保本点分析或本量利分析法，是根据产品的业务量（产量或销量）、成本、利润之间的相互制约关系的综合分析，用来预测利润、控制成本，判断经营状况的一种数学分析方法。如图 8 - 9 所示，一般来说，企业收入 = 成本 + 利润，如果利润为零，则有收入 = 成本 = 固定成本 + 变动成本，而收入 = 销售量 × 价格，变动成本 = 单位变动成本 × 销售量，这样由销售量 × 价格 = 固定成本 + 单位变动成本 × 销售量，可以推导出盈亏平衡点的计算公式为：

$$盈亏平衡点(销售量) = 固定成本 / 每计量单位的贡献差数$$

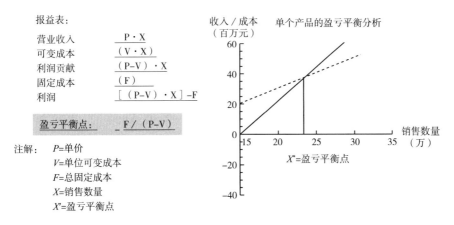

图 8 - 9　盈亏平衡分析

二、营运杠杆分析

营运杠杆，又称营业杠杆或经营杠杆，反映销售和息税前盈利的杠杆关系，指在企业生产经营中由于存在固定成本而使利润变动率大于产销量变动率的规律。营运杠杆是指根据成本性态，在一定产销量范围内，产销量的增加一般不会影响固定成本总额，但会使单位产品固定成本降低，从而提高单位产品利润，并使利润增长率大于产销量增长率；反之，产销量减少，会使单位产品固定成本升高，从而降低单位产品利润，并使利润下降率大于产销量的下降率。

营运杠杆指的是利用固定资产将与销售增长相对应的利润增长进行放大，营运杠杆对于固定资产比重较高的行业（如民航业）来说是一项重要的成本分析指标。

举例：

表8-4　　　　　　　　　　　　A公司和B公司营运杠杆

公司	销售额（元）	利润贡献（元）	利润（元）	营运杠杆（%）
A	50 000	40 000	10 000	400
B	50 000	20 000	10 000	200

A公司销售额增长20%，利润增长80%

B公司销售额增长20%，利润增长40%

营运杠杆系数＝利润贡献/营业利润

举例：XYZ公司在营业总额为2 400万～3 000万元，固定成本总额为800万元，变动成本率为60%。公司2021～2023年的营业总额分别为2 400万元、2 600万元和3 000万元。现以表8-5测算其营运杠杆利益。

表8-5　　　　　　　　　　XYZ公司营运杠杆利益测算表

年份	营业额（万元）	营业额增长率（%）	变动成本（万元）	固定成本（万元）	营业利润（万元）	利润增长率（%）
2021	2 400		1 440	800	160	
2022	2 600	8	1 560	800	240	50
2023	3 000	15	1 800	800	400	67

XYZ公司在营业总额为2 400万～3 000万元，固定成本总额每年都是800万元，即保持不变，随着营业总额的增长，息税前利润以更快的速度增长。2022年与2021年相比，XYZ公司营业总额的增长率为8%，同期息税前利润的增长率为50%；2023年与2022年相比，营业总额的增长率为15%，同期息税前利润的增长率为67%。由此可知，由于XYZ公司有效地利用了营运杠杆，获得了较高的营运杠杆利益，即息税前利润的增长幅度高于营业总额的增长幅度。

营业风险（business risk）也称经营风险，是指与企业经营相关的风险，尤其是指利用营运杠杆而导致息税前利润变动的风险。

影响营业风险的因素主要有产品需求的变动、产品售价的变动、单位产品变动成本的变动、营运杠杆变动等。营运杠杆对营业风险的影响最为综合，企业要想取得营运杠杆利益，就需承担由此引起的营业风险，需要在营运杠杆利益与风险之间作出权衡。

第五节　盈亏平衡点分析可视化

盈亏平衡分析是研究固定成本、变动成本、销售数量、销售价格与利润之间数量关系的一种方法，也被称为量本利分析，是企业进行价格制订、销售计划、盈利预测等经营活动的重要工具。如何用 Power BI 来实现盈亏平衡分析呢？现在我们就来学习一下盈亏平衡分析模型。

▶▶ 任务要求

假设某个产品预测计划中，有单位变动成本、前期固定投入和销售毛利率三个变量，在不考虑其他税费的情况下，达到什么销量才能实现盈利呢？

▶▶ 任务实现

（1）生成变量参数。

第一步，利用 Power BI 中的参数，生成单位变动成本、固定成本金额以及毛利率三个变量，并自动在页面上增加三个切片器。在建模中，选择新建参数，在弹出的模拟参数中设置参数名称，数据类型、值和增量等。其中最大值、最小值和增量参数的结合具体情况进行设置。具体如图 8 - 10 至图 8 - 13 所示。

图 8 - 10　创建变量参数

图 8 - 11　创建固定成本金额参数

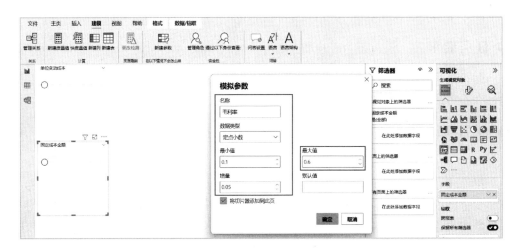

图 8 - 12　创建毛利率参数

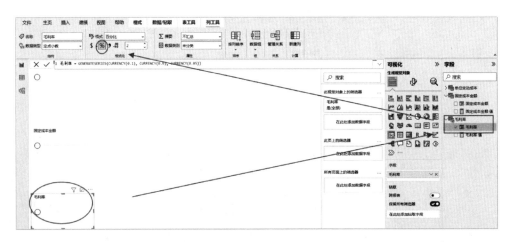

图 8 - 13　设置毛利率参数格式

第二步，销售量同样可以利用参数来生成一个列表，并利用这个表作为坐标轴，但并不需要销量的切片器，生成以后删掉即可。或直接取消勾选将切片器添加至此页，如图8-14所示。

图8-14 创建销量参数

（2）建立度量值。

盈亏平衡分析，主要是呈现收入、成本、利润随着销量的变动趋势，所涉及的主要度量值如下。

因为生成参数的时候，已经自动生成了几个基础度量值"单位变动成本""固定成本""毛利率"和"销量"，其他度量值可以直接套用。

①变动成本 = 单位变动成本 × 销量

②总成本 = 固定成本 + 变动成本

③收入 = DIVIDE(变动成本,1 - 毛利率)

④利润 = 收入 - 总成本

关键是盈亏平衡点的确定，直观的逻辑是收入曲线和成本曲线的交叉点，也就是利润为0对应的点，但在实际情况中，可能并不存在利润正好等于0的点，所以这里将盈亏平衡点的逻辑定义为利润非负的最小值所对应的点。

在 Power BI 输入如下公式：

```
1 盈亏平衡点 =
2 VAR bep =
3 MINX(
4 ALL('销量'),
5 IF(利润 > =0,利润))
6 RETURN IF(利润 = bep,收入)//返回盈亏平衡点对应的收入
```

找出盈亏平衡点以后，计算该点对应的销量和收入：

盈亏平衡销售量 = IF(收入 = 盈亏平衡点,销量)

盈亏平衡收入 = SUMX(ALL('销量'),盈亏平衡点)

至此，主要的度量值建立完毕。

（3）制作可视化。

有了上面的度量值，找到合适的图表展现出来就可以了，本来盈亏分析模型用简单的折线图就可以实现，但为了显示出一条垂直线来直观看出盈亏平衡点对应的销量，而折线图无法加这条线，所以这里用了折线和簇状柱形图来解决。将"盈亏平衡销售量"放入该图的"列值"中，其他度量值放入"行值"中，即可生成一个简单的盈亏平衡分析，如图8-15所示。

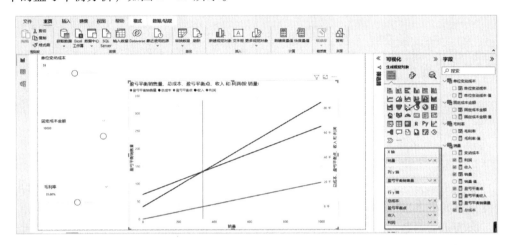

图8-15　折线和簇状柱形图可视化设置

巩固练习

请尝试使用簇状条形图，完成一家快递企业的动态盈亏图。

第九章 企业资金需求预测

【学习目标】

知识目标

◇掌握企业资金需求预测方法、能够利用相关方法进行资金需求预测

◇理解企业资金需求预测的内容

◇了解企业进行资金预测的需求

能力目标

◇培养学生具有资金需求预测思维

◇培养学生应用 Power BI 实现资金需求预测的能力

素质目标

◇树立学生正确的职业观和择业观，塑造正确的职业道德意识和健康的心理品质

◇培养学生的团队协作意识和领导组织能力

【课程导读】

预则立，不预则废

在《礼记·中唐》的智慧启迪下，"凡事预则立，不预则废"这一古训，在现代企业经营管理中焕发出了新的生命力。面对当今瞬息万变的市场环境，尤其是大数据、云计算、人工智能等信息技术日新月异的背景下，企业间的竞争已不仅是产品与服务的较量，更是对未来趋势预测与精准资源调配能力的比拼。企业若想稳健前行，就必须深刻认识到预测与预算的核心价值。正如血液之于生命体，资金是企业运营的基石与命脉，若缺乏科学合理的资金预测与有效管理，企业将在激烈的市场竞争中难以为继。因此，企业应将资金预测与预算管理置于战略高度，构建一套前瞻性强、灵活性好的资金管理体系。利用大数据分析工具洞察行业趋势，精准预测未来资金需求，还要根据企业实际情况，灵活调整预算方案，为企业的长远发展提供源源不断的动力。

第一节 企业资金需求预测场景

企业资金需求预测的场景模拟如图 9 - 1 所示。

图 9 - 1 资金需求预测场景模拟

在公司财务部两位职员对话如下。

财务经理：路索飞，你之前工作做得很好，这次找你来，主要是最近全球范围的"黑天鹅"事件，可能会严重影响我们的政策经营，为了防范万一，现在需要你对我们企业的资金做一次预测规划，形成一个简报给我。

路索飞：好的老板，我也看到了相关新闻，我会先基于上线的财务大数据分析平台给出的结论，再和我手动计算的结果检验无误后，形成一个报告给您。

第二节 企业资金需求预测的内容与方法

一、资金需求预测的含义

资金需要量预测是指企业根据生产经营的需求，对未来所需资金的估计和推测。企业筹集资金，要先对资金需要量进行预测，即对企业未来组织生产经营活动的资金需要量进行估计、分析和判断，它是企业制订融资计划的基础。同时，资金预测不仅是数据计算，更是战略工具。应利用预测数据对资金金额、来源渠道、运用方向及效果等过程进行把控。准确的资金需求预测有助于企业合理规划资金的使用，提升资金管理能力；科学的资金调配策略则能够优化资源配置，降低资金成本和风险。[①]

二、资金需求预测的内容

资金预测主要是对未来一定时期内进行生产经营活动所需资金，以及扩展业务追加资金的投入进行预计和推测。因此，资金预测主要包含以下两个方面的内容。

---

① 滕蕙. 企业短期资金需求预测与调配策略探讨 [J]. 行政事业资产与财务，2024 (18)：43 - 45.

第一，对扩展业务追加资金的预测，即投资额的预测。

第二，日常生产经营对资金需求量的预测，具体包括流动资金需要量和固定资产项目投资需要量、资金追加需要量等内容。

三、资金需要量预测的方法

（一）资金需求预测的方法——定性

特尔斐法也称专家调查法，1946 年由美国兰德公司创始实行，其本质上是一种反馈匿名函询法，其大致流程是在对所要预测的问题征得专家的意见之后，进行整理、归纳、统计，匿名反馈给各专家，再次征求意见，再集中，再反馈，直至得到一致的意见。

市场调查法是一种企业组织有关人员进行市场调查分析确定促销效果的方法。这种方法比较适合于评估促销活动的长期效果，它包括确定调查项目和调查法的实施方式两个方面内容。

相互影响预测分析法就是从分析各个事件之间由于相互影响而引起的变化，以及变化发生的概率，来研究各个事件在未来发生的可能性的一种预测方法。

（二）资金需求预测的方法——定量

趋势分析法是通过对有关指标的各期对基期的变化趋势进行分析，从中发现问题，为追索和检查账目提供线索的一种分析方法。例如，通过对应收账款的趋势分析，就可对坏账的可能与应催收的货款作出一般评价。

相关分析法就是对总体中确实具有联系的标志进行分析，其主体是对总体中具有因果关系标志的分析。它是描述客观事物相互间关系的密切程度并用适当的统计指标表示出来的过程。多用于研究两种或两种以上数据之间有什么关系。

线性回归法是利用数理统计中的回归分析，来确定两种或两种以上变量间相互依赖的定量关系的统计分析方法之一。线性回归也是回归分析中第一种经过严格研究并在实际应用中广泛使用的类型。公式：$y = A + Bx$，回归分析是对客观事物数量依存关系的分析，是数理统计中的一个常用的方法，是处理多个变量之间相互关系的一种数学方法。

其中，最简单和最常用的是线性回归预测法。所谓线性回归模型就是指因变量（y）和自变量（x）之间的关系是直线型的。

公式中，a、b 代表一元线性回归方程的参数，x 为自变量，y 为因变量。

（三）高低点法——扩展

公式：$y = A + Bx$。高低点法可以单独用来进行销售预测或成本预测。

用一定历史资料中的最高业务量与最低业务量的总成本（或总费用）之差 Δy，与两者业务量之差 Δx 进行对比，求出 b，然后再求出 a 的方法。

线性回归法和高低点法对比如表 9-1 所示。

表 9-1 线性回归法和高低点法对比

方法	优点	缺点
线性回归法	计算更为准确	手工计算较为困难，需要依靠软件或系统进行辅助。但仍需注意，"异常值"的存在会影响最终计算结果的准确性，必要时可主动忽略"异常值"
高低点法	简便易行，便于理解	选择的数据只有两组使得建立起来的成本性态模型不太具有代表性，误差较大。这种方法只适用于成本变化趋势比较稳定的企业使用

第三节　应收账款的预测

一、什么是散点图

在直角坐标系中，用两组数据构成多个坐标点，这些点的分布图就是散点图，根据点的分布及大致趋势，判断两个变量之间是否存在某种关系。

二、在 Power BI 中制作散点图

制作散点图时，至少需要两组数据，分别放在 X 轴和 Y 轴上，如 X 轴展示销售收入，Y 轴展示应收账款。散点图的分布中存在一定的趋势，可以显示趋势线。

在工具中添加趋势线。

三、应收账款需求预测——线性回归

1. 线性回归的种类

线性回归是利用称为线性回归方程的最小二乘函数对一个或多个自变量 X 和因变量 Y 之间关系进行建模的一种回归分析。线性回归包括一元线性回归、多元回归和多项式回归。

简单线性回归（一元线性回归）：当只有一个自变量时，称为简单线性回归，又称一元线性回归。应收账款 = A × 销售收入 + B，其中，A 表示斜率，B 表示截距。简单线性回归模型的思路：寻找一条直线（斜率、截距），让所有样本点离这个直线的距离和最小。求解方法：最小二乘法，模型：人工智能的机器学习。多元回归：自变量有多个时，称为多元线性回归函数，例如，房价预测 Y 会受到如地

域 X1、年代 X2、户型 X3、楼层 X4、装修类型 X5 等多个因素影响。多项式回归：当回归曲线是一条直线时，称为线性回归；但现实中自变量和因变量的关系是通过多项式实现的。

2. 线性回归模型训练所需的数据

线性回归模型训练需要三大数据集合。一是训练集，用于训练的样本集合，主要用于训练机器学习中的参数（斜率、截距）。二是验证集，验证模型性能的样本集合。三是测试集，对于训练完成的模型，测试集用于客观地评价神经网络的性能。

可按照 6∶2∶2 的比例划分三种数据集合，例如，数据有 1 万条，则 6 000 条用作训练集，2 000 条用作验证集，剩下的 2 000 条用作测试集。简单的模型可以只用训练集和验证集即可，两者可按照 7∶3 或者 8∶2 的比例分配。

3. 线性回归模型的训练过程

（1）随机生成一条直线：Y = 5X + 3。

（2）基于测试集中的每一条数据，输入测试集中的 X，通过（1）中公式得出 Y_pred。

（3）通过最小二乘法的出一个距离和，如果距离和大于一个给定值，则调整斜率和截距的值，继续步骤（1）和（2），直到训练出一个拟合趋势的直线。

（4）步骤（3）训练出来的直线是否是最符合数据趋势的直线呢？我们可以通过验证集来验证偏差率。

4. 线性回归模型的调用

在可视化组件中选择 Py，如图 9 - 2 所示，Python 中机器学习工具库 Scikit - Learn，内置了经典的机器学习模型：回归、朴素贝叶斯、支持向量机、决策树、k 均值聚类等。选择对应的参数设置为值，在 Python 脚本编辑器输入脚本代码，如图 9 - 3 所示。

图 9 - 2　Py 可视化组件选择

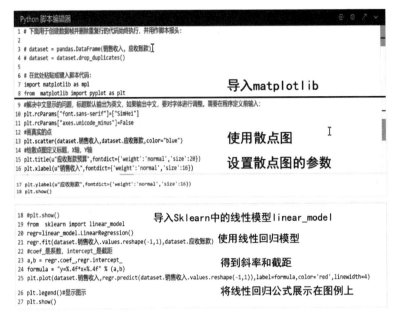

图9-3 输入Python脚本代码

> 在一元线性回归中，一个维度是响应变量（自变量，dataset. 销售收入），另一个维度是解释变量（因变量，dataset. 应收账款），总共两维。因此，其超平面只有一维，就是一条线：y = ax + b。
>
> 上述代码中 sklearn. linear_model. LinearRegression 类是一个估计器（estimator）。估计器依据观测值来预测结果，在 scikit - learn 里面，所有的估计器都带有：
> - fit( )：用来分析模型参数，即 a（斜率）和 b（截距）的值。
> - predict( )：是通过 fit( ) 算出的模型参数构成的模型，对解释变量进行预测获得的值。

应收账款预测散点图如图9-4所示。

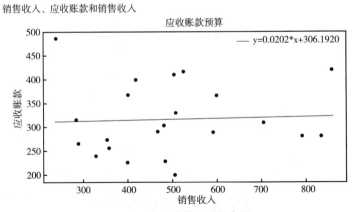

图9-4 应收账款预测散点图

第四节 存货和应付账款的预测

▶▶任务描述

某企业 A 公司生产一种产品，历史情况如表 9－2 所示，使用线性回归法进行成本形态分析，假定 2023 年 12 月该企业预计"销售收入"为 500 万元，则预计当月"存货及应付账款"分别为多少？

表 9－2 A 公司部分财务数据 单位：万元

日期	销售收入	存货	应付账款
2022 年 1 月	240	130.5	191
2022 年 2 月	240	156.5	163
2022 年 3 月	355.34	154.75	267.8
2022 年 4 月	360	162.95	254.8
2022 年 5 月	330	202.95	206
2022 年 6 月	398.23	229.93	234.34
2022 年 7 月	589.68	234.22	278.94
2022 年 8 月	703.45	138.26	367.24
2022 年 9 月	481.24	134.6	336.7
2022 年 10 月	290	132.87	290.1
2022 年 11 月	788.54	167.49	335.21
2022 年 12 月	832.68	173.45	305.7
2023 年 1 月	505.32	411.49	486.44
2023 年 2 月	482.43	246.01	316.08
2023 年 3 月	508.32	250.57	388.96
2023 年 4 月	598.34	378.6	453.55
2023 年 5 月	285.42	309.32	366.09
2023 年 6 月	467.89	345.1	363.96
2023 年 7 月	856.72	320.59	456.67
2023 年 8 月	504	348.78	454.81
2023 年 9 月	417.91	380.98	453.96
2023 年 10 月	525.44	360.27	452.33
2023 年 11 月	400.52	385.57	447.67

▶▶任务要求

使用 Power BI 实现预测 2023 年 12 月的存货与应付账款分别为多少。基于 Power BI 中的散点图实现存货与销售收入的可视化展示。

▶▶任务实现

第一步，加载数据。将数据表格导入 Power BI 中，选择加载数据。

第二步，加载散点图，设置属性。在可视化组件中选择散点图，X 轴选择销售收入，Y 轴选择存货。同理，Y 轴选择应付账款可生产预测应付账款的散点图，如图 9 – 5 所示。

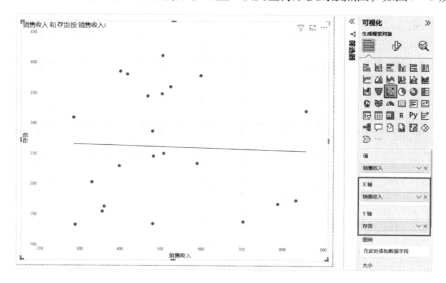

图 9 – 5　存货预测散点图

第三步，添加趋势线。向视觉对象添加进一步分析，趋势线按钮打开，根据散点分布趋势自动生成一条趋势线，可修改趋势线颜色及线条样式。

此外，可以使用 Power BI 中 Py 模块完成存货需求预测。在可视化组件中选择 Python 视觉对象，在编辑器输入代码，如图 9 – 6 所示。

```
Python 脚本编辑器
1  # 下面用于创建数据帧并删除重复行的代码始终执行，并用作脚本报头：
2
3  # dataset = pandas.DataFrame(销售收入, 存货)
4  # dataset = dataset.drop_duplicates()
5
6  # 在此处粘贴或键入脚本代码：

7  from  matplotlib import pyplot as plt
8  #解决中文显示的问题，标题默认输出为英文，如果输出中文，要对字体进行调整。需要在程序定义前输入：
9  plt.rcParams["font.sans-serif"]=["SimHei"]
10 plt.rcParams["axes.unicode_minus"]=False
11 x,y=dataset.销售收入,dataset.存货
12
13 #画真实的点
14 plt.scatter(x,y,color="blue")
15 #给散点图定义标题，X轴，Y轴
16 plt.title(u"存货预算",fontdict={'weight':'normal','size':20})
17 plt.xlabel(u"销售收入",fontdict={'weight':'normal','size':16})
18 plt.ylabel(u"存货",fontdict={'weight':'normal','size':16})
19 #plt.show()
20 from  sklearn import linear_model

21 # 把输入变为二维数组，一行一样本，一列一特征
22 x = x.values.reshape(-1,1)
23 regr=linear_model.LinearRegression()
24 regr.fit(x,y)
25 #coef 是系数，intercept 是截距
26 a,b = regr.coef_,regr.intercept_
27 formula = "y=%.4f*x+%.4f" % (a,b)
28 plt.plot(dataset.销售收入,regr.predict(x),label=formula,color='red',linewidth=4)
29 plt.legend()#显示图例
30 plt.show()
31
```

图 9 – 6　存货代码

存货预测图如 9 – 7 所示。

销售收入、存货和年月

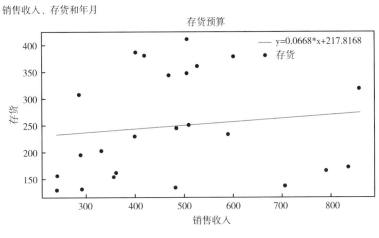

图 9 – 7　存货预测

输入：import sklearn. metrics as sm

　　　pred_y = regr. predict(X)

　　　Print('残差平方和：', sm. mean_squared_error(y, pred_y))

　　　Print('存货预测值：', regr. predict([[500. 00]]))

可显示：残差平方和：9 097. 107674397164

　　　　存货预测值：[251. 23370741]

将"存货"替换"应付账款"即可完成对应付账款的预测。

在财务大数据分析系统模型分析模块中，使用资金需求预测功能，可按月、季度、年度进行资金预测，输入预计下期销售收入后，点击开始计算，系统根据线性关系可自动计算出预测期各项目资金需求量，如图 9 – 8 所示。

财务大数据分析系统中的预测值

图 9 – 8　财务大数据分析系统预测

第五节　固定资产的预测

▶▶ 任务描述

某企业 A 公司，生产一种产品，历史情况如表 9 – 3 所示，使用线性回归法进行成本形态分析，假定 2023 年 12 月该企业预计"销售收入"为 500 万元，则预计当月"固定资产"资金为多少？

表 9-3	A 公司销售收入与固定资产	单位：万元
日期	销售收入	固定资产
2022 年 1 月	240	73.6
2022 年 2 月	240	112.9
2022 年 3 月	355.34	111.4
2022 年 4 月	360	109.9
2022 年 5 月	330	108.4
2022 年 6 月	398.23	106.9
2022 年 7 月	589.68	105.4
2022 年 8 月	703.45	183.9
2022 年 9 月	481.24	181.1
2022 年 10 月	290	178.3
2022 年 11 月	788.54	175.5
2022 年 12 月	832.68	172.7
2023 年 1 月	505.32	169.9
2023 年 2 月	482.43	167.1
2023 年 3 月	508.32	165.6
2023 年 4 月	598.34	162.8
2023 年 5 月	285.42	160
2023 年 6 月	467.89	157.2
2023 年 7 月	856.72	154.4
2023 年 8 月	504	151.6
2023 年 9 月	417.91	148.8
2023 年 10 月	525.44	153.33
2023 年 11 月	400.52	150.33

▶▶**任务要求**

使用 Power BI 实现预测 2023 年 12 月的固定资产费用为多少。分别使用《线性回归》和《多项式回归》预测当 2023 年 12 月销售收入为 500 万元时，需要的固定资产费用为多少？

▶▶**任务实现**

使用《线性回归》完成固定资产预测。在可视化组件中点击 Py 图标，输入代码完成预测，如图 9 - 9、图 9 - 10 所示。

```
Python 脚本编辑器
1  # 下面用于创建数据帧并删除重复行的代码始终执行，并用作脚本报头：
2
3  # dataset = pandas.DataFrame(销售收入, 固定资产, 年月)
4  # dataset = dataset.drop_duplicates()
5
6  # 在此处粘贴或键入脚本代码：
7  from  matplotlib import pyplot as plt
8  #解决中文显示的问题，标题默认为英文，如果输出中文，要对字体进行调整，需要在程序定义前输入：
9  plt.rcParams["font.sans-serif"]=["SimHei"]
10 plt.rcParams["axes.unicode_minus"]=False
11 x,y=dataset.销售收入,dataset.固定资产
12
13 #画真实的点
14 plt.scatter(x,y,color="blue")
15 #给散点图定义标题，X轴，Y轴
16 plt.title(u"固定资产预算",fontdict={'weight':'normal','size':20})
17 plt.xlabel(u"销售收入",fontdict={'weight':'normal','size':16})
18 plt.ylabel(u"固定资产",fontdict={'weight':'normal','size':16})
19 #plt.show()
20 from  sklearn import linear_model
21 # 把输入变为二维数组，一行一样本，一列一特征
22 x = x.values.reshape(-1,1)
23 regr=linear_model.LinearRegression()
24 regr.fit(x,y)
25 #coef_是系数，intercept_是截距
26 a,b = regr.coef_,regr.intercept_
27 formula = "y=%.4f*x+%.4f" % (a,b)
28 plt.plot(dataset.销售收入,regr.predict(x),label=formula,color='red',linewidth=4)
29 plt.legend()#显示图标
30 plt.show()
```

图 9 - 9　固定资产线性回归代码

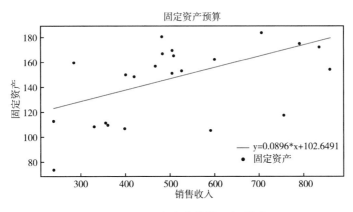

图 9 - 10　固定资产线性回归预测

使用《多项式回归》完成固定资产预测。在可视化组件中点击 Py 图标，输入代码完成预测，如图 9 - 11、图 9 - 12 所示。

```
Python 脚本编辑器

1  # 下面用于创建数据帧并删除重复行的代码始终执行，并用作脚本报头：
2
3  # dataset = pandas.DataFrame(销售收入, 固定资产, 年月)
4  # dataset = dataset.drop_duplicates()
5
6  # 在此处粘贴或键入脚本代码：
7  import pandas
8  import sklearn.pipeline as pl
9  import sklearn.linear_model as lm
10 import sklearn.preprocessing as sp
11 import matplotlib.pyplot as mp
12 import numpy as np
13 import sklearn.metrics as sm
14 x,y=dataset.销售收入,dataset.固定资产
15 # 把输入变为二维数组，一行一样本，一列一特征
16 x = x.values.reshape(-1,1)

17
18 # 创建模型
19 model = pl.make_pipeline(
20     sp.PolynomialFeatures(10),  # 多项式特征拓展器
21     lm.LinearRegression()  # 线性回归器
22 )
23 # 训练模型
24 model.fit(x, y)
25 # 求预测值y
26 pred_y = model.predict(x)
27
28 # 模型评估
29 print('残差平方和: ', sm.mean_squared_error(y, pred_y))
30 print('固定资产的预测值为: ',model.predict([[500.00]]))
31
32 # 绘制多项式回归线

33 px = np.linspace(x.min(), x.max(), 1000)
34 px = px.reshape(-1, 1)
35 pred_py = model.predict(px)
36
37 # 绘制图像
38 mp.figure("Poly Regression", facecolor='lightgray')
39 mp.title('Poly Regression', fontsize=16)
40 mp.tick_params(labelsize=10)
41 mp.grid(linestyle=':')
42 mp.xlabel('x')
43 mp.ylabel('y')
44
45 mp.scatter(x, y, s=60, marker='o', c='dodgerblue', label='Points')
46 mp.plot(px, pred_py, c='orangered', label='PolyFit Line')
47 mp.tight_layout()
48 mp.legend()
49 mp.show()
```

图 9 – 11　固定资产多项式回归代码

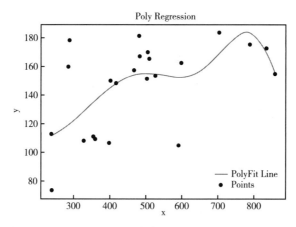

图 9 – 12　固定资产多项式回归预测

巩固练习

对所在地区展开调查与数据统计，使用 Power BI 对未来房价进行合理预测。

第十章 企业综合经营分析

【学习目标】

知识目标

◇掌握综合分析、杜邦分析、本量利分析、税负波动分析方法

◇理解各种分析方法的内涵及应用规则

◇了解各种分析方法应用的场景

能力目标

◇培养学生具有企业综合经营分析思维

◇培养学生能够将分析应用到具体企业经营决策当中

素质目标

◇培养学生的全局观念和责任担当意识

◇培养学生学会思考、不畏艰难、做好规划、勇于实践的精神

【课程导读】

不谋全局者，不足谋一域

"不谋全局者，不足以谋一域"，这一源自清代陈澹然《寤言·迁都建藩议》中的深刻见解，不仅是对国家治理智慧的提炼，更是对个人行为及现代企业战略管理的深刻启示。在当今快速变化的商业环境中，这一观点尤为重要，它强调了在复杂多变的市场中，企业必须具备全局视角和长远眼光。在商业竞争中，企业若仅聚焦于短期利益，而忽视了长远战略和整体布局，就如同盲人摸象，难以窥见全局，更无法把握市场脉搏。因此，企业需要跳出局部限制，从全局出发，进行综合性的经营分析。这种分析不仅仅局限于财务数据的简单汇总，而是要通过数据挖掘和智能分析，洞察市场趋势、客户需求、竞争态势等多维度信息，从而为企业决策提供坚实的数据支撑。

第一节　综合分析在企业经营决策分析中的应用

一、综合分析——营业收入与增长率

收入【分析】营业收入是企业成长的"引擎器"

营业收入的大小也是企业规模大小的一个衡量标准，营业收入是企业的主要经营成果，也是企业取得利润的重要保障。

营业收入是企业的"引擎器"，其增速反映了企业发展"引擎器"动力的强弱。营业收入的增长速度对企业非常重要，企业的成长从小到大、从弱到强，离不开营业收入的不断增加。营业收入的增加也证明企业的产品或服务受到市场的欢迎，也是企业充满活力的象征。相反，营业收入的增长停滞甚至下滑，很可能是企业的发展遇到了瓶颈，市场的开拓遇到了困难，也可能是企业的产品或服务受到了客户的冷落。

营业收入包括主营业务收入和其他业务收入。我们在分析营业收入时，重点分析的是主营业务收入。如果在实际工作中发现其他业务收入的金额较大、占比较高，也要对其他业务收入作出详细分析。分析营业收入的影响因素时，既要考虑商品价格和销量，也要考虑商品的竞争力。商品价格受企业的竞争策略影响较大，有的企业选择薄利多销的策略，有的企业选择高端高价的策略。企业选择哪种定价策略，受自身产品的技术水平、市场竞争环境、客户需求等诸多方面的影响。例如，国内小米手机采取的是高性价比的策略，借助互联网营销手段，在短短 4 年多的时间里占据了国内手机销量榜的重要位置；而苹果手机定位高端，凭借精良的工业设计、强大的操作系统、良好的用户体验在世界手机市场拥有庞大的客户群，当然，苹果手机定价在手机界也是很高的。

营业收入增长只是一种手段，最终实现利润增长才是根本目的。因此，营业收入增长要与利润增长的分析作对比，如果没有利润的同步增长，那么营业收入增长的质量就会大打折扣，该企业的发展前景也是令人担忧的。

【激活旧知】

营业收入增长率知识点回顾。

1. 营业收入

营业收入（operating revenue）指在一定时期内，企业销售商品或提供劳务所获得的货币收入，分为主营业务收入和其他业务收入。

如商业企业的商品销售收入、生产加工企业的产品销售收入、饮食业的饮食品销售收入、服务业的服务收入、仓储企业的仓储收入、运输企业的运费收入、代办运输收入等。

2. 计算公式

$$营业收入 = 主营业务收入 + 其他业务收入$$

3. 营业收入增长率

营业收入增长率是企业营业收入增长额与上年营业收入总额的比率，反映企业营业收入的增减变动情况。

4. 计算公式

$$营业收入增长率 = (本期营业收入 - 上期营业收入)/上期营业收入 \times 100\%$$

【论证新知】

营业收入增长率新知识。

1. 营业收入增长率指标分析

营业收入增长率是衡量企业经营情况和市场份额占有能力的重要指标，有助于预测企业经营业务拓展的趋势，为企业扩张增量资本和存量资本奠定了基础。营业收入增长率越高，说明企业的增长速度越快，市场前景越好，发展能力越强。

2. 营业收入增长率指标分析要点

一是利用营业收入增长率法可以判断出产品处于生命周期的哪个阶段，即以产品销售量的年增长率来划分产品的生命周期的各阶段。一般而言，企业在初创期和成长期的营业收入增长率较高，在成熟期和衰退期的营业收入增长率较低，甚至有可能出现负增长。

二是营业收入增长率的提高并不一定意味着企业在经营业绩上具有良好的发展潜力，所以在分析企业营业收入增长率的同时，还应该将其与企业的总资产增长率作比较。

首先，如果企业的营业收入增长率低于总资产增长率则说明企业销售能力的提高主要是由于资产投入的增加，而不是经营效率的提高，这种增长方式是不具有可持续发展能力的；

其次，如果企业的营业收入增长率高于总资产增长率，则说明企业在销售收入方面的管理能力较强，发展潜力较大。

3. 营业收入增长率指标运用存在的缺陷

营业收入增长率一般仅对两年之内的销售额进行分析计算，可能会受到某些非正常因素的影响，所以要全面地判断一个企业的销售发展潜力，应该对企业多个时期的营业收入增长率进行分析，同时结合市场占有情况、行业未来发展以及其他影响企业发展的因素进行多角度的全方位分析。

4. 营业收入增长率案例分析

案例：甲公司2020年的营业收入为5 720万元，2021年以来，公司为了提高产品销售量，扩大市场份额，进行了一系列的营销策略，使营业收入得到了较大提升：2021年的营业收入为7 742万元，2022年的营业收入为10 839万元，2023年的营业收入为15 516万元。

计算：

甲公司2021年的营业收入增长率：（7 742 - 5 720）/5 720 = 35.35%

甲公司2022年的营业收入增长率：（10 839 - 7 742）/7 742 = 40.00%

甲公司 2023 年的营业收入增长率：(15 516 − 10 839)/10 839 = 43.15%

【分析】如表 10 − 1 所示，甲公司的营业收入在 2021~2023 年持续保持增长趋势，且增长速度越来越快，说明甲公司在 2021~2023 年的营销策略取得了较大的成效，营业收入出现了大幅度上升，产品竞争力较强，市场前景较好。

表 10 − 1　　　　　　　　　　甲公司 2023~2020 年度营业收入

项目	2020 年	2021 年	2022 年	2023 年
营业收入（万元）	5 720	7 742	10 839	15 516
营业收入增长率（%）		35.35	40.00	43.15

5. 营业收入增长率分析价值

一是衡量企业的产品生命周期营业收入增长率。营业收入增长率与企业产品生命周期的关系如表 10 − 2 所示。

表 10 − 2　　　　　　营业收入增长率与企业产品生命周期的关系

营业收入增长率	企业情况	所处阶段
营业收入增长率 > 10%	说明公司产品处于成长期，将继续保持较好的增长势头，尚未面临产品更新的风险	成长型公司
5% < 营业收入增长率 < 10%	说明公司产品已进入稳定期，不久将进入衰退期，需要着手开发新产品	成熟型公司
营业收入增长率 < 5%	说明公司产品已进入衰退期，保持市场份额已经很困难，业务利润开始滑坡，如果没有已开发好的新产品，将步入衰落	衰退型公司

二是判断企业业务的发展状况。营业收入增长率与应收账款增长率的比较分析，可以表示公司销售额的增长幅度，可以借此判断企业业务的发展状况。营业收入增长率与企业发展状况的关系如表 10 − 3 所示。

表 10 − 3　　　　　　营业收入增长率与企业发展状况的关系

营业收入增长率	企业情况
营业收入增长率 < 30% 时	说明公司业务大幅滑坡，预警信号产生
营业收入增长率 < 应收账款增长，甚至营业收入增长率 < 0 时	公司极可能存在操纵利润行为，需严加防范。在判断时还需根据应收账款占营业收入的比重进行综合分析

6. 营业收入增长率分析意义

营业收入增长率是衡量企业经营状况和市场占有能力、预测企业经营业务拓展趋势的重要标志。不断增加的营业收入，是企业生存的基础和发展的条件。营业收入增长率与企业市场占有能力的关系如表 10 − 4 所示。

表 10 - 4　　　　　　　营业收入增长率与企业市场占有能力的关系

营业收入增长率	企业情况
营业收入增长率 >0 时	表示企业的营业收入有所增长，指标值越高，表明增长速度越快，企业市场前景越好
营业收入增长率 <0 时	说明存在产品或服务不适销对路、质次价高等方面问题，市场份额萎缩

营业收入增长率在实际操作时：

首先，应结合企业历年的营业收入水平、企业产品或服务市场占有情况、行业未来发展及其他影响企业发展的潜在因素进行前瞻性预测；

其次，结合企业前三年的营业收入增长率作出趋势性分析判断。

> **补充：**
>
> 市场占有率，即企业的产品销售量与市场上同类产品销售量的比率。市场占有率 = 本企业产品销售量/市场上同类产品销售量 ×100%。
>
> 市场覆盖率，指本企业产品投放地区数与整个市场包含的地区总数的比率，其中的地区可以以省、市、县等为单位。

市场覆盖率 = 本企业产品投放地区数/全市场应销售地区数 ×100%

指标越大，说明公司产品市场占有份额越大，产品竞争力越强。

案例：

案例公司 2022～2023 年营业收入与增长率如表 10 - 5 所示。

表 10 - 5　　　　　　　案例公司 2022～2023 年营业收入与增长率

项目	所处阶段
2022 年营业收入总额：57 691 556.27 元	
2023 年营业收入总额：55 523 230.84 元	
营业收入增长率：（1）55 523 230.84 - 57 691 556.27 = - 2 168 325.43（元） （2）- 2 168 325.43/57 691 556.27 = - 3.76%	属于衰退型公司

【分析】

第一，说明存在产品或服务不适销对路、质次价高等方面的问题，市场份额萎缩。

第二，公司极可能存在操纵利润行为，需严加防范。在判断时还需根据应收账款占营业收入的比重进行综合分析。

第三，说明公司产品已进入衰退期，保持市场份额已经很困难，业务利润开始滑坡，如果没有已开发好的新产品，将步入衰落。

【尝试应用】

案例：

公司名称：BD 文体用品永发有限责任公司（简称 BD 公司）。

所属行业：批发和零售业－批发业－文化、体育用品及器材批发纳税性质：一般纳税人。

账簿启用：2022 年 2 月　会计制度：企业会计准则。

要求：分析企业第一季度和第二季度的营业收入与增长率情况。

BD 公司第一季度营业收入与增长率如图 10－1 所示。

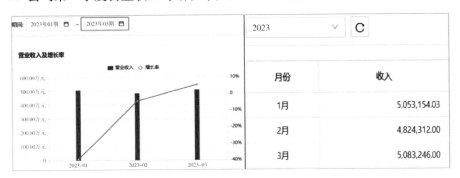

图 10－1　BD 公司第一季度营业收入与增长率

【分析】从第一季度营业收入及增长率的可视化及报表不难看出，第一季度 2 月份营业收入增长率 －38.75％ ＜0，说明存在产品或服务不适销对路、质次价高等方面的问题。3 月营业收入增长率达到 45.22％，市场份额占有率不稳定，说明该产品的市场份额在萎缩或者说明公司产品处于成长期，如能继续保持将不会面临产品新的风险。

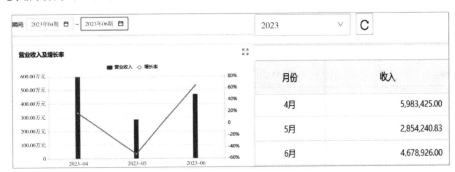

图 10－2　BD 公司第二季度营业收入与增长率

【分析】从第二季度营业收入及增长率的可视化及报表不难看出，第二季度 4～6 月营业收入在 300 万~500 万元平稳上升；增长率也从 4 月 ＜0 到 6 月 47.95％ 平稳增长。市场份额占有率相对稳定，说明公司产品处于成长期，如能继续保持将不会面临产品新的风险。

【融会贯通】

要求：分析 BD 公司第三季度和第四季度的营业收入与增长率情况。

【分析】从营业收入及增长率的可视化及报表观察，第三、第四季度整体营业收入均有所增长，增长率也在稳步增长，7 月和 12 月收入较平稳，收入增长率均 ＜0，10 月收入又回到第一季度 2 月的情况，说明公司可能存在季节性产品或服务不适销对路、质次价高等方面问题。由于公司产品处于成长期，收入基本还是呈增长趋势。但还需要找出收入忽高忽低的原因。

二、综合分析——净利润与增长率

利润【分析】　利润是企业做大做强的基础

利润是企业生存和发展的基础，营业收入增长只是一种手段，最终实现利润增长才是根本目的。只有利润不断增长，企业持续发展积累的资金才会更多，企业才有能力去做技术研发、人才培养、市场开拓等。企业做大做强不仅需要营业收入规模的扩大，更需要利润额的不断增加。

净利润反映的是企业税后利润的总额。利润增长的分析要与营业收入增长做对比，如果没有利润的同步增长，那么营业收入增长的质量就会大打折扣，该企业的发展前景也是令人担忧的。

如果企业利润不是来自主营业务，而是来自投资收益或其他非经常性损益的企业，我们有理由表示质疑。这是因为投资是存在很大风险的，而且投资很难持续获得利润。

收入增长和利润增长对企业发展都很重要。没有收入的持续增长，利润增长的动力就会逐渐衰竭，当然，没有利润的增长，企业也难以做大做强。收入增长能使企业做大，而利润增长能使企业做强。因此，从生存发展的角度看，利润的增长要比收入的增长更重要一些。但是在企业的发展初级阶段，企业为了尽快抢占市场、提高市场占有率，实行短期牺牲利润的战略也不能说是错误的。

【激活旧知】

净利润知识点回顾。

1. 净利润

净利润（Net Profit）是指企业当期利润总额减去所得税后的金额，即企业的税后利润。净利润是一个企业经营的最终成果：

其一，净利润多，企业的经营效益就好；

其二，净利润少，企业的经营效益就差，它是衡量一个企业经营效益的主要指标。

2. 计算公式

$$净利润 = 利润总额 - 所得税费用$$

3. 净利润的重要性

净利润是一项非常重要的经济指标：

其一，对于企业的投资者来说，净利润是获得投资回报大小的基本因素；

其二，对于企业管理者而言，净利润是进行经营管理决策的基础。

同时，净利润也是评价企业盈利能力、管理绩效以至偿债能力的一个基本工具，是一个反映和分析企业多方面情况的综合指标。

【论证新知】

净利润增长率知识点回顾。

1. 净利润增长率

净利润增长率指企业当期净利润比上期净利润的增长幅度，指标值越大代表企业盈利能力越强。

净利润增长率反映企业实现价值最大化的扩张速度，综合衡量企业资产营运与管理业绩，以及成长状况和发展能力。

2. 计算公式

$$净利润增长率 = (当期净利润 - 上期净利润)/上期净利润 \times 100\%$$

3. 净利润增长率的意义

其一，该指标越大，说明企业收益增长得越多，表明企业经营业绩突出市场竞争能力越强；

其二，该指标越小，说明企业收益增长得越少，表明企业经营业绩不佳，市场竞争能力越弱。

4. 净利润增长率的分析价值

分析企业净利润的增长率，还需结合企业的销售增长率一起来分析。

其一，如果企业的净利润增长率高于销售增长率，表明企业产品获利能力在不断提高，企业正处于高速成长阶段，具有良好的增长能力；

其二，如果企业的净利润增长率低于销售增长率特别是营业利润增长率，反映企业的成本费用的上升超过了销售的增长，反映出企业的增长能力并不好。

5. 如何分析净利润增长率

全面分析企业的净利润增长率，仅计算和分析企业某一年度的净利润增长率是不够的，无法反映出企业净利润增长的真实趋势。

正确分析企业净利润增长趋势的方法是将企业连续多年的净利润增长率指标进行对比分析。

其一，如果企业的净利润增长率连续 3 年增长，说明企业的净利润增长能力比较稳定，具有良好的增长趋势；

其二，如果企业的净利润增长率连续 3 年大幅度下降，或者 2 年无增长，则说明企业的盈利能力不稳定，不具备良好的增长势头。

【尝试应用】

案例1：计算 2022 年净利润增长率和 2023 年净利润增长率。如表 10 - 6 所示。

表 10 - 6　　　　　　　　案例公司 2022 ~ 2023 年净利润与增长率

年份	净利润（元）	净利润增长率
2021	865 197. 25	
2022	985 016. 17	(1) 985 016. 17 - 865 197. 25 = 119 818. 92（元） (2) 119 818. 92/865 197. 25 = 13. 85（%）
2023	723 019. 82	(1) 723 019. 82 - 985 016. 17 = - 261 996. 35（元） (2) - 261 996. 35/985 016. 17 = - 26. 60（%）

【分析】

第一，2022 年净利润增长率 13.85%，说明企业收益增长得较多，表明企业在 2022 年经营业绩突出，市场竞争能力较强；

第二，2023 年净利润增长率 -26.60%，说明企业收益增长得很少，表明企业在 2022 年经营业绩不佳，市场竞争能力很弱，需要从销售和市场调研找出原因。

案例 2：分析公司 2023 年第一季度和第二季度净利润和增长率。如表 10 - 7、图 10 - 3 所示。

表 10 - 7　　　　　　　案例公司 2023 年 1 ~ 12 月净利润与增长率

月份	净利润（元）	增长率（%）
1 月	215 700.00	0
2 月	272 590.00	26.37
3 月	-353 216.82	-229.58
4 月	97 684.00	-127.66
5 月	52 768.00	-45.98
6 月	514 476.78	874.98
7 月	99 600.00	-80.64
8 月	1 226 869.80	1 131.80
9 月	544 578.54	-55.61
10 月	-46 186.00	-108.48
11 月	684 606.24	-1 582.28
12 月	204 503.44	-70.13

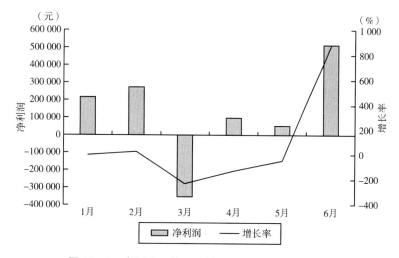

图 10 - 3　案例公司第一、第二季度净利润与增长率

【分析】从第一季度净利润及增长率的可视化及报表不难看出，第一季度 3 月净利润 -35.32 万元，增长率 -229.58% <0，说明企业收益增长得越少，表明企业经

营业绩不佳，市场竞争能力越弱。从企业的整体净利润增长率来看，低于销售增长率。营业利润增长率，反映企业的成本费用的上升超过了销售的增长，反映出企业的增长能力并不好。

从第二季度净利润及增长率的可视化及报表不难看出，第一季度4月、5月净利润虽然有所增长，但是增长率依然<0，说明企业收益增长得越少，表明企业经营业绩不佳，市场竞争能力还是较弱。6月份净利润达到近51.45万元，较5月增长近10倍，主要是由于6月收入540万元，收入增长率47.95%。从企业的整体净利润增长率来看，企业成本费用的上升超过了销售的增长，反映出企业的增长能力并不乐观。

【融会贯通】

案例：分析公司2023年第三季度和第四季度净利润和增长率。如图10-4所示。

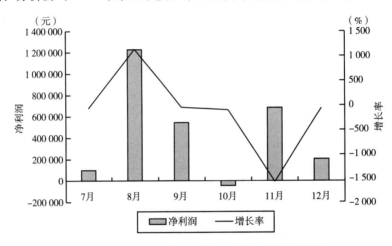

图10-4　案例公司第三、第四季度净利润与增长率

【分析】从第三季度净利润与增长率的可视化及报表不难看出，第三季度8月净利润122.69万元，增长率1 131.8% >0，说明企业收益增长得越多，表明企业经营业绩突出市场竞争能力越强。这期间企业的净利润增长率高于销售增长率，表明企业产品获利能力在不断提高，但离良好的增长能力还有段距离。

从第四季度净利润与增长率的可视化及报表不难看出，第四季度10月净利润为-4.6万元，收入从9月的555万元降至10月的285万元；连续的11月、12月两个月净利润及增长率也并不乐观。处于成长期的企业还需进一步分析单产品相关销售情况。

三、综合分析——采购商品接受劳务支付的现金占比

（一）购买商品、接受劳务支付的现金

购买商品、接受劳务支付的现金指企业购买商品、接受劳务实际支付的现金，包括本期购入商品、接受劳务支付的现金（包括增值税进项税款项和本期预付款项），

本期发生的购货退回收的现金应从本项目内扣除，是付给供应商的款项，应结合营业成本进行分析。

【注意】这里的现金是指企业库存现金，可以随时用于支付的存款以及现金等价物。

（二）购买商品、接受劳务支付的现金分析

一般情况下，当企业净利润大于零，并且经营活动产生现金净流入时，不仅表明该企业具有获利能力，能保证正常运转所需要的资金，而且表明该企业能将多余的现金直接用于投资或偿还债务。反之，则说明企业的利润"含金量"低，若要维持正常经营，要么减少投资，要么向外融资。

对于经营活动现金流量的分析，要点如下：

第一，如果经营活动产生的现金净流量小于零，一般意味着经营过程的现金流收支存在问题，经营中已经发生"入不敷出"的情况。

第二，如果经营活动产生的现金净流量等于零，则意味着经营过程中的现金"收支平衡"，从短期看可以维持经营，但从长期看可能不可以维持经营。

第三，如果经营活动产生的现金净流量大于零，但不足以补偿当期的非付现成本（如各种摊销、折旧等），那么这种情形表明经营现金净流量尽管为正值，但是并不能够弥补以前购买固定资产以及长期待摊费用所花的钱。

为什么这么说呢？因为折旧、摊销的意义在于，钱是在以前支出的，但是当期仍然属于受益期，所以现金流量要能够弥补折旧、摊销等非付现成本才合适。

第四，如果经营活动产生的现金净流量大于零并且能补偿当期的非付现成本，则说明企业能在现金流转上维持"简单再生产"。

第五，如果经营活动产生的现金净流量大于零，并且在补偿当期的非付现成本后还有剩余，这意味着经营活动产生的现金净流量将会对企业投资发展作出贡献。

【论证新知】

新知识点讲解。

计算现金流占比：

现金流占比 = 购买商品接受劳务支付的现金/商品劳务采购额
　　　　　 = 购买商品接受劳务支付的现金/（购买商品接受劳务支付的现金
　　　　　　 + 赊款采购商品接受劳务采购额）

【尝试应用】

案例：中原科技公司购买商品和接受劳务支付的现金占比分析。

公司 2023 年第一季度现金流表显示，购买商品接受劳务支付的现金是 5 402 万元；而 2024 年第一季度则是 9 729 万元。同比增长 80% 多，第一季度财报上解释为购买原材料所致。那么公司买了那么多的原材料，是因为烟厂下的计划订单增加了很多，还是原材料价格降低很多呢？

【分析】中原科技公司购买商品和接受劳务支付的现金占比增加主要原因是该公

司原材料采购增加所致，还包括部分应付账款减少，还与原材料采购量与预期订单量相关。

案例：分析公司2023年第一季度和第二季度购买商品接受劳务支付的现金，如表10-8所示。

表10-8　　　　　　案例公司2023年采购商品接受劳务支付的现金及占比

月份	采购商品接受劳务支付的现金（元）	商品劳务采购额（元）	现金流占比（%）
1月	1 705 000.00	3 790 000.00	44.99
2月	2 516 000.00	1 477 000.00	170.35
3月	1 652 000.00	2 610 000.00	63.30
4月	3 155 100.00	2 492 550.00	126.58
5月	3 399 200.00	2 679 600.00	126.85
6月	2 895 000.00	3 697 500.00	78.30
7月	4 876 000.00	2 958 000.00	164.84
8月	3 877 200.00	4 489 600.00	86.36
9月	4 180 518.00	3 745 959.00	111.60
10月	2 622 100.00	2 101 050.00	124.80
11月	6 105 796.00	6 338 298.00	96.33
12月	6 919 000.00	5 959 500.00	116.10

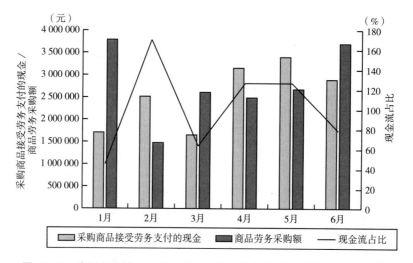

图10-5　案例公司第一、第二季度采购商品接受劳务支付的现金及占比

【分析】从第一季度现金支付及占比的可视化及报表不难看出，第一季度现金支付占比相对第二季度少一些，第二季度较第一季度收入增长244万元之多，说明企业在此期间可能发生采购时直接现付、支付前期赊购款项、支付预付账款、销货退回等

业务较多。这也是企业处于成长期阶段的现金流问题，还需进一步关注相关产品销售
情况。

【融会贯通】

案例：分析公司 2023 年第三季度和第四季度购买商品接受劳务支付的现金。如
图 10 - 6 所示。

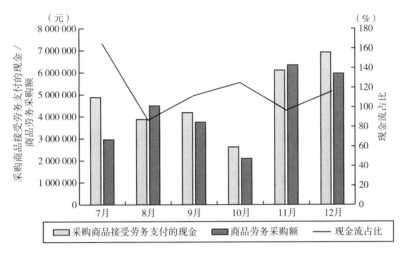

图 10 - 6　案例公司第三、第四季度采购商品接受劳务支付的现金及占比

【分析】 从第三、第四两个季度现金支付及占比的可视化及报表不难看出，7 月、
9 月、10 月、12 月现金支付占比高于当期商品采购额，说明在这几个月可能发生采
购时直接现付、支付前期赊购款项、支付预付账款、销货退回等业务较多。导致现金
支付占比上升。

四、综合分析——销售商品、提供劳务收到的现金占比

知识点回顾。

（1）销售商品、提供劳务收到的现金。

销售商品、提供劳务收到的现金应该是企业经营活动最主要的资金来源，它与经
营活动产生的现金流入的比值，不仅说明了企业的主要经营业务对企业发展的贡献，
还说明了企业催收账款和销售管理的能力。

【论证新知】

（2）销售商品、提供劳务收到的现金占比。

计算公式：

$$\text{销售商品、提供劳务收到的现金占比} = \frac{\text{销售商品、提供劳务收到的现金}}{\text{经营活动现金流入小计}}$$

（3）"销售商品、提供劳务收到的现金"分析。

①销售商品、提供劳务收到的现金要结合营业收入分析。对比营业收入总额与"销售商品、提供劳务收到的现金"金额大小。

A. 假如营业收入总额与"销售商品、提供劳务收到的现金"金额相差不大，那么表明企业营业收入中的回款情况正常。

B. 假如营业收入总额比"销售商品、提供劳务收到的现金"金额大很多，那么表明企业营业收入中大部分货款未及时收回，销售收入的"水分"就比较多。

当然，由于"销售商品、提供劳务收到的现金"项目里包含以前年度应收账款的回款，所以采用这个分析方法不能仅考察一年的数据，务必结合企业多年的数据进行总量对比。当然也可以把3~5年的营业收入合计数与同期的"销售商品、提供劳务收到的现金"的合计数进行对比，根据差额大小判断是否正常，这样会更为准确一些。

②对比营业收入增长率与"销售商品、提供劳务收到的现金"增长率。通常情况下，如果营业收入增长很快，而"销售商品、提供劳务收到的现金"的增长很慢甚至下滑，那么表明企业的销售回款情况较差，营业收入的"水分"多。

A. 假如企业的营业收入增长率上升，并且"销售商品、提供劳务收到的现金"增长率能够保持大致同步上升，那么表明企业的营业收入增长的质量好。

B. 如果企业的营业收入增长较快，而同期"销售商品、提供劳务收到的现金"增长缓慢或者下滑，那么表明企业的营业收入增长质量差，营业收入的"水分"多。同样地，这一分析方法也要结合多年的指标，而不是仅凭一纸数据进行判断。

总之，运用上述两种分析方法，我们可以通过"销售商品、提供劳务收到的现金"这个项目的数据，来检验营业收入质量的高低。

③其他情况。

A. 如果企业长期存在营业收入却没有带来销售回款的增加，那么表明企业的营业收入里面存在"水分"，甚至不排除收入有造假的可能。

B. 当然分析和验证销售回款的情况也可以结合应收账款增长率、应收账款周转率等指标来综合分析。如果销售收入回款状况不好，那么应收账款也会持续增长，应收账款周转率也会持续走低。

C. 如果企业的"销售商品、提供劳务收到的现金"大幅下滑，那么原因有可能是企业当期的销售收入大幅下滑，或者是当期销售收入没有明显下滑，但当期销售回款减少，也有可能是以前年度的应收账款回款大幅减少。应收账款大幅减少有可能是以前的回款基本都已经收回，或者是以前的应收账款基本形成了坏账无法收回。

总之，企业的"销售商品、提供劳务收到的现金"一旦出现停滞或下滑，就表明企业经营现金流遇到了比较大的问题。

【尝试应用】

案例：分析公司2023年第一季度和第二季度销售商品/提供劳务收到的现金占比。如表10-9、图10-7所示。

表 10 – 9　　　　　　案例公司 2023 年销售商品/提供劳务收到的现金及占比

月份	销售商品提供劳务收到的现金（元）	商品劳务销售额（元）	现金流占比（%）
1 月	1 860 000.00	4 520 000.00	41.15
2 月	3 290 000.00	2 768 500.00	118.84
3 月	3 150 000.00	4 020 462.06	78.35
4 月	4 350 000.00	3 842 000.00	113.22
5 月	4 000 000.00	4 124 500.00	96.98
6 月	5 214 000.00	6 114 000.00	85.28
7 月	6 220 000.00	4 520 000.00	137.61
8 月	7 950 000.00	7 948 985.00	100.01
9 月	6 346 000.00	6 289 500.00	100.90
10 月	3 730 000.00	3 220 500.00	115.82
11 月	9 000 000.00	9 605 000.00	93.70
12 月	10 460 000.00	9 040 000.00	115.71

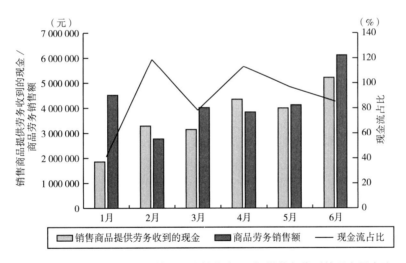

图 10 – 7　案例公司第一、第二季度销售商品/提供劳务收到的现金及占比

【分析】从第一、第二季度收到现金及占比的可视化及报表不难看出，2 月和 4 月销售收到的现金比当期商品销售收到的现金多，说明这两个月不只收到当期销售款，还收到前期赊销款项。其他各月销售收到的现金比当期商品销售收到的现金少，说明公司为增加销售额，采取了宽余的信用政策，这是成长期企业的典型特征。

【融会贯通】

案例：分析公司 2023 年第三季度和第四季度销售商品提供劳务收到的现金占比。如图 10 – 8 所示。

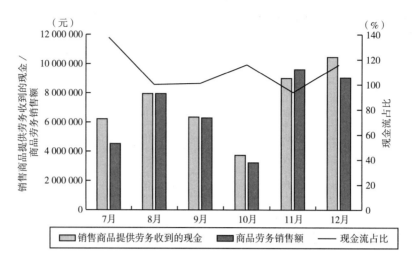

图 10 - 8　案例公司第三、第四季度销售商品/提供劳务收到的现金及占比

【分析】从第三、第四季度收到现金及占比的可视化及报表不难看出，11 月销售收到的现金比当期商品销售收到的现金少，说明 11 月只收到当期销售款。其他几个月销售收到的现金比当期商品销售收到的现金多，说明这几个月不但收到当期销售款，还收到前期应收未收款项，应收账款周转率较好。

五、综合分析——购置长期资产支付的现金占比

1. 购置长期资产支付的现金。

购置长期资产支付的现金反映企业本期购买、建造固定资产，取得无形资产和其他长期资产所实际支付的现金，不包括为购建固定资产而发生的借款利息资本化的部分，以及融资租入固定资产支付的租赁费。购买长期资产属于内部投资。

【论证新知】

2. 购置长期资产支付的现金占比

计算公式：

$$\frac{购置长期资产}{支付的现金占比} = \frac{购置长期资产}{支付的现金} \bigg/ \frac{投资活动现金}{流出小计} \times 100\%$$

3. 购置长期资产支付的现金占比分析

投资活动产生的现金流分析，要点如下：

（1）当企业扩大规模或开发新的利润增长点时，需要大量的现金投入，投资活动产生的现金流入量补偿不了流出量，投资活动现金净流量为负数。但如果企业投资有效，将会在未来产生现金净流入用于偿还债务、创造收益，企业不会有偿债困难。

因此，分析投资活动现金流量，应结合企业目前的投资项目进行，不能简单地以是现金净流入还是净流出来论优劣。

投资活动现金净流量减少也有可能是企业正处于成长期，要建造营业用房或需要

添置设备所致。此时,如果经营活动现金净流量为正数,则可以弥补因投资需要的现金,反之则向外融资。

(2)如果投资活动产生的现金净流量小于零,则意味着投资活动本身的现金流转"入不敷出",这通常是正常现象,但需要关注投资支出的合理性和投资收益的实现状况,同时也要注意是否影响正常的生产经营活动。

(3)如果投资活动产生的现金净流量大于或等于零,这通常是非正常现象,但需要关注长期资产处置/变现、投资收益实现及投资支出过少等可能。

【尝试应用】

案例:分析公司 2023 年第一季度和第二季度购置长期资产支付的现金占比。如表 10 – 10、图 10 – 9 所示。

表 10 – 10 案例公司 2023 年购置长期资产支付的现金

购置长期资产支付的现金			
月份	支付现金(元)	长期资产(元)	现金流占比(%)
1 月	0	0	0
2 月	350 000	350 000	100
3 月	0	0	0
4 月	0	0	0
5 月	0	0	0
6 月	0	0	0
7 月	0	0	0
8 月	800 000	800 000	100
9 月	0	0	0
10 月	0	0	0
11 月	0	0	0
12 月	0	0	0

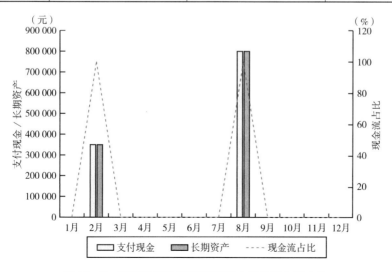

图 10 – 9 案例公司购置长期资产支付的现金及占比

【分析】从 2 月和 8 月购置长期资产支付的现金占比的可视化及报表不难看出，这两个月都有固定资产购入的资金投入，全部用现金支付，共 1 150 000 元。其他个月没有固定资产购入的资金投入。

第二节　杜邦分析在企业经营决策中的应用

【聚焦问题】

起源：1909 年，美国一个叫布朗小伙子，学的工程学。毕业却进入杜邦做了销售员。他一直努力花时间思考如何量化公司的运营效率。经过冥思苦想，写出一份关于净资产收益率（ROE）报告上交领导。随后，杜邦公司的此方法被流传到世界各地，此为杜邦分析法的由来。

布朗因为这份报告被调到公司从事金融业务的部门，很快就加薪升职。之后，他平步青云，当上了财务主管，最终做到了 CEO 的位子，迎娶了公司老总的侄女，成为杜邦家族的女婿，从此走上了人生巅峰。

场景一：老板计划公司扩展新项目

北京易上果岭高尔夫有限公司是一家销售高尔夫用品的销售公司，主营球包、球具、服饰、球鞋、手套等。

总经理谭总：以前一直都是线下销售业务为主。现在线上平台业务越来越火爆，计划增加线上平台项目，这样既可以销售高尔夫用品，还可以利用积累的资源与人脉签约高尔夫教练与预订球场服务。

总经理谭总：一些银行会给自己的白金卡用户高尔夫打球次数服务。我们上线平台可以投标相关项目，和银行签约收入高、资金稳定。这是我的想法，具体的市场部负责做一个详细的调研报告。财务根据调研报告等资料做一个可行性分析报告给我。

市场部总监赵总：好的谭总，我们尽快完成。

财务总监钱总：市场部给我们相关数据，我们立马做可行性分析。

一个月后，财务总监钱总将财务分析报告上交给总经理谭总。

场景二：立项会

总经理谭总：根据财务钱总做的可行性分析报告，我们确定做线上平台。那么我们讨论一下，采用自主研发的方式，还是外购成熟平台方式。

人事总监张总：自主研发更加贴合企业需要，但是研发时间较长。

还需要重新组建一支研发队伍，这段时间我也根据公司未来需要了解一下市场，研发人员工资较高。

市场总监赵总：我们做市场调研的时候，发现云帐房在平台研发方面比较成熟，技术过硬。

副总经理刘总：研发可以加计扣除，国家力度还挺大，但是据我了解研发平台从无到有的过程大概需要半年以上的时间，还不稳定。有个银行关于高尔夫项目招标，为争取该项目，时间比较紧张。

财务总监钱总：财务根据市场调研结果出具可行性报告时发现，外购平台预计支出是 1 000 万元，如果自主研发需要 1 100 万元，而且耗时较长，提议外购平台。

总经理谭总：那咱们就决定采用外购云帐房研发的线上平台。

【激活旧知】

概念：杜邦分析法是利用各主要财务指标间的内在联系，对企业财务状况及经济效益进行综合系统分析评价的方法。

指标：杜邦分析法的核心指标为净资产收益率（即投资回报率）。

公式：净资产收益率＝销售净利率×资产周转率×权益乘数＝资产净利率×权益乘数

销售净利率衡量了公司的盈利能力，资产周转率衡量了公司的运营能力，而权益乘数衡量了公司的杠杆率，即所面临的财务风险程度。因此，杜邦分析法通过分析隐藏于净资产收益率背后的三个主导因素，更清楚地揭示出股东回报的来源以及改进的着力点。杜邦分析指标分解如图 10－10 所示。杜邦分析法结合大数据分析，使得财务指标分析更加清晰化、条理化，是一种非常有借鉴意义的管理会计工具。[①]

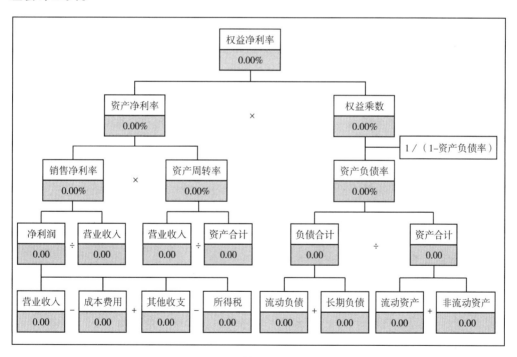

图 10－10 杜邦分析指标分解

---

① 温素彬，赵心舒，李慧. 杜邦分析法：解读与应用案例——杜邦分析法在金融业的应用 [J]. 会计之友，2023（12）：150－155.

案例：案例公司2023年部分财务数据如表10-11所示。

表 10-11　　　　　　　　　　案例公司 2023 年部分财务数据　　　　　　　　　单位：元

期间	净利润	营业收入	资产总额	负债总额
2023 年	78 000	1 040 000	890 000	250 000

计算：净资产收益率为多少？

（1）销售净利率＝净利润/营业收入＝78 000/1 040 000＝7.5%

（2）资产周转率＝营业收入/资产合计＝1 040 000/890 000＝116.85%

（3）资产负债率＝负债总额/资产总额＝25 000/890 000＝28.09%

（4）权益乘数＝1/（1－资产负债率）＝1/（1－28.09%）＝139.06%

（5）净资产收益率＝销售净利率×资产周转率×权益乘数＝7.5%×116.85%×139.06%＝12.19%

任务：案例公司2023年部分财务数据如表10-12所示。

表 10-12　　　　　　　　　　　案例公司 2023 年部分财务数据

期间	净利润（元）	营业收入（元）	资产总额（元）	权益乘数
2023 年	350 000	4 500 000	100 000	145%

计算：净资产收益率为多少？没给负债总额怎么办？

（1）销售净利率＝净利润/营业收入＝350 000/4 500 000＝7.78%

（2）资产周转率＝营业收入/资产合计＝4 500 000/100 000＝4500%

（3）净资产收益率＝销售净利率×资产周转率×权益乘数＝7.78%×4 500%×145%＝507.65%

杜邦分析第二种计算方式：

$$资产净利率＝销售净利率×资产周转率＝净利润/资产合计$$
$$净资产收益率＝资产净利率×权益乘数$$

【论证新知】

场景三：财务预测资金。

融资总监：急需确定融资金额。

市场总监：相关资料已经给财务了，里面有具体需要支出金额。

财务总监：已经结合已有的数据，再用财务方法综合预测需要融资金额。

融资总监：资金预测完成尽快告诉我，我好尽快洽谈投资方。

1. 预测需要资金

财务依据调研结果，以及财务方法进行资金预测，预计需求资金合计 1 000 万元。公司资金需求预测表如表 10-13 所示。

表 10 – 13　　　　　　　　　　　　　公司资金需求预测

项目	内容	金额（万元）
营业成本	购买上线平台	800
营业成本	签约教练与预定球场支出，上线平台年服务费	160
税金及附加	城建税、教育费附加，地方教育附加	1
期间费用	销售费用、管理费用、财务费用	39
需要筹资金额	合计	1 000

融资方式：股权融资 vs. 债权融资？

公司尚未融资前杜邦分析模型。指标数据如表 10 – 14 至表 10 – 18 所示。

表 10 – 14　　　　　　**公司尚未融资前杜邦分析指标数据**　　　　　　单位：元

权益净利率 = 净利润/权益							
25%							
资产净利率（= 净利润/资产）				权益乘数 = 资产/权益 = 1/（1 - 资产负债率）			
11%				229%			
销售净利率	资产周转率			资产负债率			
2%	632%			56%			
净利润	营业收入	营业收入	资产合计	负债合计		资产合计	
98 5016.17	5 7691 556.27	57 691 556.27	9 135 028.04	5 150 011.87		9 135 028.04	
营业收入	成本费用	其他收支	所得税	流动负债	长期负债	流动资产	非流动资产
57 691 556.27	56 412 961.92	0	293 578.18	5 150 011.87	0	7 685 028.04	1 450 000

（1）债权融资——银行授信方式。

表 10 – 15　　　　　　**公司债权融资方式下杜邦分析指标数据**　　　　　　单位：元

权益净利率 = 净利润/权益							
25%							
资产净利率（= 净利润/资产）				权益乘数 = 资产/权益 = 1/（1 - 资产负债率）			
5%				480%			
销售净利率	资产周转率			资产负债率			
2%	301%			79%			
净利润	营业收入	营业收入	资产合计	负债合计		资产合计	
985 016.17	57 691 556.27	57 691 556.27	19 135 028.04	15 150 011.87		19 135 028.04	
营业收入	成本费用	其他收支	所得税	流动负债	长期负债	流动资产	非流动资产
57 691 556.27	56 412 961.92	0	293 578.18	515 001 187	10 000 000	9 685 028.04	9 450 000

表 10 – 16   公司债权融资方式下部分财务数据   单位：元

流动负债	长期负债	流动资产	非流动资产
5 150 011.87	10 000 000	9 685 028.04	9 450 000
应付票据及应付账款	长期借款	货币资金	长期应收款
3 336 977	10 000 000	488 8279.06	
预收账款	应付债券	应收票据及应收账款	长期股权投资
810 000		3 322 205.28	
应付职工薪酬	长期应付款	预付款项	固定资产
620 000		0	1 334 000
应交税费	递延收益	其他应收款	无形资产
383 034.87		0	8 116 000
其他应付款	预计负债	存货	长期待摊费用
		1 474 543.7	
其他流动负债	其他非流动负债	其他流动资产	其他非流动资产

（2）股权融资——新股东增资。

表 10 – 17   公司股权融资方式下杜邦分解指标数据   单位：元

权益净利率 = 净利润/权益							
7%							
资产净利率（=净利润/资产）				权益乘数 = 资产/权益 = 1/（1 – 资产负债率）			
5%				137%			
销售净利率		资产周转率		资产负债率			
2%		301%		27%			
净利润	营业收入	营业收入	资产合计	负债合计		资产合计	
985 016.17	57 691 556.27	57 691 556.27	19 135 028.04	5 150 011.87		19 135 028.04	
营业收入	成本费用	其他收支	所得税	流动负债	长期负债	流动资产	非流动资产
57 691 556.27	56 412 961.92	0	293 578.18	5 150 011.87	0	9 685 028.04	9 450 000

表 10 – 18   公司股权融资方式下部分财务数据   单位：元

流动负债	长期负债	流动资产	非流动资产
5 150 011.87	0	9 685 028.04	9 450 000
应付票据及应付账款	长期借款	货币资金	长期应收款
3 336 977		4 888 279.06	
预收账款	应付债券	应收票据及应收账款	长期股权投资
810 000		3 322 205.28	
应付职工薪酬	长期应付款	预付款项	固定资产
620 000		0	1 334 000

续表

应交税费	递延收益	其他应收款	无形资产
383 034.87		0	8 116 000
其他应付款	预计负债	存货	长期待摊费用
		1 474 543.7	
其他流动负债	其他非流动负债	其他流动资产	其他非流动资产

融资方式确定。

第一，未融资前，公司的资产负债率56%。

第二，如果采用债权融资银行借款后公司的资产负债率高达79%，负债过高，这种情况银行授信很难。

第三，如果采用股权融资投资人投入后资产负债率为27%，较为合理。

第四，综合决定企业此次采用股权融资。

【尝试应用】

场景四：企业融资洽谈。

融资总监：关于融资1 000万元情况也和您详细介绍了。您看有哪些疑问？

投资人贾总：投资几年能回本？

融资总监：我们经过严格的财务分析，融资报告中有详细的财务分析盈利情况预测三至五年，您看一下。

投资人贾总：嗯，挺好的，这个投资金额也可以，说说占股情况。

融资总监：贾总，1 000万元中100万元占股，900万元为溢价。

投资人贾总：这个占股太少了，怎么也得提高。

融资经理：……（全面介绍，据理力争）

投资人贾总：经过我慎重考虑，同意投资。

未融资前数据导入。

Step 1：

A. 登录基于财务大数据的企业经营决策分析平台。

B. 进入"实训中心——实操课程"。

Step 2：

A. 点击"基础设置"——"数据导入"。

B. 调整导入科目的匹配科目。

Step 3：

A. 选择"导入期初与凭证"。

B. 分别上传并导入"期初文件"。

和"凭证文件"。

Step 4：

A. 导入成功后点击杜邦分析。

B. 查看杜邦分析数据指标。

第三节 本量利分析在企业经营决策中的应用

【起源】

本量利分析出现于 20 世纪 20 年代，到 20 世纪 50 年代已经非常完善，是发达西方国家的企业为加强内部管理和控制，提高自身市场竞争能力和抵御风险能力，以实现企业经营战略目标而建立起来的一种管理系统。其最初在美国的通用电气（GE）、杜邦（DuPont）、通用汽车（GM）公司被应用，很快就成了大型制造企业的标准作业程序。

它是在成本性态分析和变动成本法的基础上发展而来，所提供的原理、方法在管理会计中有着广泛的用途。同时，它又是企业进行决策、计划和控制的重要工具。简单来说，本量利分析着重研究销售数量、价格、成本和利润之间的关系，它是管理会计的一项基础内容。本质上是数学公式。

小故事：20 世纪 20 年代发生了什么？为什么许多先进的财务理念都来源于这个时期？

从 1918 年开始，哈里森（G. C. Harrison）一直致力于标准成本的研究，先后发表了《有助于生产的成本会计》《新工业时代的成本会计》《成本会计的科学基础》等著作。

1920 年美国芝加哥大学首先开设了"管理会计"讲座，主持人麦金西（J. O. Mckinsey）被誉为美国管理会计的创始人。

1919 年，"美国全国成本会计师协会"创立，（1951 年更名为"全国会计人员协会"），有力地推动了标准成本计算的开展。到 20 世纪 20 年代，标准成本已经十分普及并有了很大发展。前者于 1972 年创立了管理会计协会（IMA）这一下属机构，而后者具体负责全国性的注册管理会计师（CMA）的统一考试和颁发执照工作。

【激活旧知】

（1）本量利分析——前提。

在现实经济生活中，销售数量、成本、价格和利润之间的关系非常复杂。例如，成本与业务量之间可能呈线性关系也可能呈非线性关系；销售收入与销售量之间也不一定是线性关系，因为售价可能发生变动。为了建立本量利分析理论，必须对上述复杂的关系作出"三个基本假设"，由此来严格限定本量利分析的范围。

第一，相关范围和线性关系假设。

由于本量利分析是在成本性态分析基础上发展起来的，所以成本性态分析的基本假设也就成为本量利分析的基本假设，也就是在相关范围内，固定成本总额保持不变，变动成本总额随业务量变化成正比例变化，即 $y = a + bx$。

第二，品种结构稳定假设。

该假设是指在一个生产和销售多种产品的企业里，每种产品的销售收入占总销售收入的比重不会发生变化。但在现实经济生活中，企业很难始终按照一个固定的品种结构来销售产品，如果销售产品的品种结构发生较大变动，必然导致利润与原来品种结构不变假设下预计的利润有很大差别。有了这种假定，就可以使企业管理人员关注价格、成本和业务量对营业利润的影响。

第三，产销平衡假设。

所谓产销平衡就是企业生产出来的产品总是可以销售出去，能够实现生产量等于销售量。在这一假设下，本量利分析中的量就是指销售量而不是生产量，进一步讲，在销售价格不变时，这个量就是销售收入。但在实际经济生活中，生产量可能会不等于销售量，这时产量因素就会对本期利润产生影响。

正因为本量利分析建立在上述假设基础上，所以一般只适用于短期分析。在实际工作中应用本量利分析原理时，必须从动态的角度去分析企业生产经营条件、销售价格、品种结构和产销平衡等因素的实际变动情况，调整分析结论。积极应用动态分析和敏感性分析等技术来克服本量利分析的局限性。

（2）本量利分析——概念及公式

本量利分析法（Cost-Volume-Profit Analysis）简称为 CVP 分析法，是对成本、产量和利润之间的依存关系进行分析的简称。本量利分析是为企业管理者以及企业的利害关系人进行未来预测、投资决策和经营规划等提供必要的财务信息的一种定量分析方法。[①]

基本公式：税前利润 = 销售收入 - 总成本

　　　　　　　= 销售价格 × 销售量 -（变动成本 + 固定成本）

　　　　　　　=（销售单价 - 单位变动成本）× 销售量 - 固定成本

即：$P = (p - b)x - a$

其中：P 表示税前利润，p 表示销售单价，b 表示单位变动成本，a 表示固定成本，x 表示销售量。

边际贡献是指产品的销售收入扣除变动成本之后的金额，即"$px - bx = P + a$"，表明该产品为企业作出的贡献，也称边际贡献、贡献利润，是用来衡量产品盈利能力的一项重要指标。单位边际贡献则是产品的销售单价减去单位变动成本之后的金额，即 $p - b$。

案例一

某公司明星产品"医用含聚乙烯醇凝胶微球的透明质酸钠 - 羟丙基甲基纤维素凝胶"业务情况如表 10 - 19 所示。

表 10 - 19　　　　　　　　　　公司明星产品相关业务数据

销售单价（元）	单位变动成本（元）	数量
2 500	33	27 000

---

① 唐晶晶. 本量利分析在企业管理中的应用［J］. 中国价格监管与反垄断，2025（1）：131 - 133.

任务一

试计算其 2023 年的销售收入、单位边际贡献和边际贡献分别是多少？

销售收入 = 2 500 × 27 000 = 67 500 000（元）

单位边际贡献 = 2 500 − 33 = 2 467（元）

边际贡献 = 2 467 × 27 000 = 66 609 000（元）

【论证新知】

（3）本量利分析——盈亏平衡点。

盈亏平衡点又称为保本点、盈亏临界点等，就是指利润等于 0 时的销售量（额）。即"当 P = 0 时，企业处于不盈不亏的状态，此时 x 等于多少？"

确定盈亏平衡点，是进行本量利分析的关键。

①盈亏平衡点可以采用下列两种方法进行计算。

A. 按实物单位计算。

$$盈亏平衡点的销售量 = 固定成本/单位边际贡献$$

其中，单位边际贡献 = 单位销售收入 − 单位变动成本

B. 按金额综合计算。

$$盈亏平衡点的销售量 = 固定成本/边际贡献率$$
$$边际贡献率 = （销售收入 − 变动成本）/销售收入$$

②在进行本量利分析时，应认识到以下基本关系。

第一，在销售总成本确定的情况下，盈亏平衡点的高低取决于单位售价的高低。单位售价越高，盈亏平衡点越低；单位售价越低，盈亏平衡点越高。

第二，在销售收入确定的情况下，盈亏平衡点的高低取决于固定成本和单位变动成本的高低。固定成本或单位变动成本越高，则盈亏平衡点越高；反之，盈亏平衡点越低。

第三，在盈亏平衡点确定的情况下，销售量越大，企业实现的利润越多（或亏损越少）；销售量越小，企业实现的利润越少（或亏损越多）。

第四，在销售量确定的情况下，盈亏平衡点越低，企业能实现的利润越多（或亏损越少）；盈亏平衡点越高，企业能实现的利润越少（或亏损越多）。

案例二

Apollo 公司是一家享誉全国，拥有 200 余家分店的高端快剪连锁企业，一直秉承着"轻设计、重体验、不推销、不办卡"的经营原则，但在创业初期，管理部门一直对如何招商引资的事情十分头疼。

偶然间，财务经理向招商部门负责人解释了本量利分析，推荐用以解决如何向投资人解释单店盈利模型的问题，效果显著。

经测算，位于某商业区的店面预计每月固定成本开支如表 10 − 20 和表 10 − 21 所示。

表 10 – 20　　　　　　　　**Apollo 公司店面固定成本数据**　　　　　　　　单位：元

固定资产折旧	企业房租	人员基本工资	研发费用与培训费	其他固定成本	合计
8 000	17 000	12 000	14 000	18 000	69 000

变动成本和其他信息数据如下。

表 10 – 21　　　　　　　　　　**变动成本和其他数据**

平均客单价（元）	48
直接成本（元）	2
手工提成（元）	10
店内员工（人）	4

任务二

（1）Apollo 公司单位边际贡献是多少？

（2）Apollo 公司边际贡献率是多少？

（3）Apollo 公司单店盈亏平衡点是多少？

（4）达到盈亏平衡情况时，每日顾客量能达到什么水平？员工平均工资为多少？（假设每月 30 天）

任务三

在 Apollo 公司设计的场景模型中，快剪单次服务时间不长于 20 分钟，造型设计师每日工作时间为 9 小时，单店每月服务人数远超于保本点。

假设每月营业利润为 15 000 元，销售量为 2 250 件，其他条件不变。

（5）如何进行产品定价？

（6）Apollo 公司边际贡献率是多少？

（7）这种情况下，员工的平均工资为多少？

任务四

最终，财务经理向招商总监抛出了一个问题，当前财务数据显示，Apollo 公司直营店每日实际业务量在 90 人，长期来看固定培训费会随员工熟练程度降低至 3 000 元，且公司会在基础售价 48 元的基础上推出 68 元、88 元、128 元的精品项目。

（8）这种情况下，仅以基础售价 48 元计算，单店经营利润能达到多少？

案例三

冷空气公司是一家专业食品加工制造企业，经过多年的经营，该企业已经有数个产品在市场上取得了青睐，信息如表 10 – 22 所示。

表 10 – 22　　　　　　　　**冷空气公司主营产品相关数据**

项目	小龙虾	螺蛳粉	辣条
单位售价（元）	39	19	12
快递费（元）	4	4	3
原材料（元）	12	3	1

续表

项目	小龙虾	螺蛳粉	辣条
其他加工费（元）	6	2	1
销售数量（件）	12 200	7 100	4 500
分摊折旧费（元）	5 000	3 000	3 000
员工数（人）	17	6	4
平均员工工资（元）	5 000	4 800	4 500
分摊房租（元）	25 000	30 000	25 000
研发费用分摊（元）	3 000	4 000	1 500

任务五

尝试根据已知数据计算表 10 – 23 中信息。

表 10 – 23   **冷空气公司主营产品相关数据计算结果**   单位：元

项目	小龙虾	螺蛳粉	辣条
变动成本			
单位边际贡献			
边际贡献			
固定费用合计			
营业利润			

任务六

冷空气公司的财务总监 Tomson 在查看了本量利分析模型后建议对业务模型进行优化，在"螺蛳粉"原有基础上制作"两袋装"，折扣价为 36 元。螺蛳粉单包净重1 200 克，3 千克以下快递费保持不变，如表 10 – 24 所示。根据以上信息，试计算经 Tomson 优化后新的"螺蛳粉"的本量利分析模型。

表 10 – 24   **冷空气公司主营产品优化后数据计算结果**

项目	螺蛳粉	螺蛳粉 2 包装
售价（元）	19	
快递费（元）	4	
原材料（元）	3	
加工费（元）	2	
变动成本（元）	9	
单位边际贡献（元）	10	
销售数量（件）	7 100	
边际贡献（元）	71 000	
固定费用合计（元）	65 800	
营业利润（元）	5 200	

第四节　税负波动分析在企业经营决策中的应用

【激活旧知】

（一）增值税

一般计税公式：当期应纳税额＝当期销项税额－当期进项税额

$$销项税额＝（不含税）销售额×税率$$

$$销项税额＝（含税）销售额/（1＋税率）×税率$$

当期销售额包括增值税纳税人当期销售货物、应税劳务从购买方取得的全部价款和价外费用。

销项税额是指增值税纳税人销售货物、加工修理修配劳务、服务、无形资产或者不动产，按照销售额和适用税率计算并向购买方收取的增值税税额。

增值税税率是指增值税税额占货物或应税劳务销售额的比率。

增值税税负：增值税税负＝（本期末累计应纳增值税税额/本期末累计营业收入）×100。增值税税负衡量企业在一定时期内实际税收负担的大小。从国家宏观调控角度讲，相对合理的税负才能保障国民经济健康发展；从纳税监管角度讲，在名义税率和税收政策确定情况下，实际税负过低，有可能存在偷漏税问题，会引起税务监管部门的注意；从企业来讲，如果实际税负较高，企业也应该查明原因，加强纳税核算管理，避免不必要的纳税损失。

增值税税负变动率：增值税税负变动率＝（本期增值税税负－上期增值税税负）

$$/上期增值税税负×100\%$$

增值税税负变动率是指增值税税负增加或者减少的比率，可以与上期或者同期比，也可以与同业比等。通过这些可以分析企业是否多缴税或者少缴税。

（二）所得税

计算公式：当期应纳税额＝当期应纳税所得额×适用税率

$$应纳税额所得＝利润总额＋纳税调增－纳税调减$$

所得税税负：本季所得税税负＝本季应纳所得税额/本季度应税销售收入

企业所得税负担率并不等于企业所得税税率，税收制度确定了应纳税所得与会计核算利润的原则有一定的差异，又由于企业所得税中有各种优惠条款，使得企业实际的所得税负担率不等于名义税率。所得税在企业利润分配环节征收，因此，企业所得税负担水平的高低直接决定了企业留利的多少，而企业所得税负担率是反映企业所得税负担水平的重要指标，因而也是处理企业和国家分配关系的最直接、最常用的指标。

所得税税负变动率是指所得税税负增加或者减少的比率，可以与上期或者同期比，也可以与同业比等。通过这些可以分析企业是否多缴税或者少缴税。

$$所得税税负变动率 = (本期所得税税负 - 上期所得税税负)$$
$$/上期所得税税负 \times 100\%$$

税负也称税收负，是因国家征税而造成的一种经济负担。税负是国家税收对社会经济发生影响的结果，是国家税收所反映的经济分配关系的一个表现方面。也称为税收负担率，是应交税费与主营业务收入的比率。

税负形式有以下两种：

一是税负率，用税额占税基的比重来表示；

二是税负额，用绝对量来表示。

税负波动。由于内外各种因素的影响，企业经营不是一成不变的，企业缴税也是每月金额都会有变化，这种不同月份缴税金额对比的变化我们就称为税负波动。

企业内控线。纳税人根据行业特点和经营规模等因素自设的缴税警戒线。高于企业内控线，税交多了企业经济负担重。

税务稽查线。税局针对纳税人生产经营的特定产品、品种，经过对辖区内所有纳税单位调查而得出一个平均税收负担率。纳税人在一定时期税负在预警线以上，税务机关就不会过分监管，如果低于预警线，税务机关就要分析原因，进行纳税评估。这是防止纳税人虚构经济业务、虚开增值税专用发票、加强重点税源管理的一种方法。

【尝试应用】

好美超市 2023 年增值税税负波动起伏波动较大，财小智发现其 2023 年 10 月、11 月、12 月增值税税负都在稽查线以下，计算了 2023 年 10 月增值税税负如表 10 - 25 所示。

表 10 - 25　　　　　　　　好美超市 2023 年 10 月增值税税负情况

指标类型	增值税税负（202310）（％）	税务稽查线（％）	偏离方向
增值税税负风险	0.19	1.46	偏低

经反复核对，财小智确认 10 月少计收入 40 万元，少计增值税销项税额 5.2 万元；根据差错做如下调整。

（1）调整事项：10 月少计收入 40 万元，少计增值税销项税额 5.2 万元。

调整说明	科目名称	调整借方	调整贷方
结转应收账款少计收入	应收账款	452 000	
	主营业务收入		40 0000
	应交税费——应交增值税——销项税额		52 000
结转未交增值税	应交税费——应交增值税——销项税额	52 000	
	应交税费——未交增值税		52 000

（2）调整事项：10月少计收入40万元，少计增值税销项税额5.2万元。

调整说明	科目名称	调整借方	调整贷方
补提附加税	税金及附加——城市维护建设税	3 640	
	应交税费——应交城市维护建设税		3 640
	税金及附加——教育费附加	1 560	
	应交税费——教育费附加		1 560
	税金及附加——地方教育附加	1 040	
	应交税费——地方教育附加		1 040

（3）调整事项：10月少计收入40万元，少计增值税销项税额5.2万元。

调整说明	科目名称	调整借方	调整贷方
结转本年利润	主营业务收入	400 000	
	本年利润	393 760	
	税金及附加——城市维护建设税		3 640
	税金及附加——教育费附加		1 560
	税金及附加——地方教育附加		1 040

补计收入和补提增值税后，计算2023年10月增值税税负如表10-26所示。

表10-26　　　　好美超市2023年10月调整后增值税税负情况

指标类型	增值税税负（202310）（%）	税务稽查线（%）	偏离方向
增值税税负风险	1.98	1.46	正常

好美超市2023年所得税税负起伏波动也较大，2023年第二、第三、第四季度所得税税负都在税务稽查线以下，计算2023年第二季度所得税税负如表10-27所示。

表10-27　　　　好美超市2023年第二季度所得税税负情况

指标类型	所得税税负（%）	税务稽查线（%）	偏离方向
所得税税负风险	0.04	0.5	偏低

经反复核对，财小智确认6月瞒报收入不含税金额40万元，少计所得税10万元；根据差错做如下调整。

（1）调整事项：6月少计收入40万元，少计所得税10万元。

调整说明	科目名称	调整借方	调整贷方
补计销售商品收入	银行存款——北京银行朝阳支行	464 000	
	主营业务收入		400 000
	应交税费——应交增值税——销项税额		52 000
补提所得税	所得税费用	100 000	
	应交税费——应交企业所得税		100 000

（2）调整事项：6月少计收入40万元，少计所得税10万元。

调整说明	科目名称	调整借方	调整贷方
结转本年利润	主营业务收入	400 000	
	本年利润		300 000
	所得税费用		100 000

补计收入补提所得税后，计算2023年第二季度所得税税负如表10-28所示。

表10-28　　　　　好美超市2023年第二季度调整后所得税税负情况

指标类型	所得税税负（%）	税务稽查线（%）	偏离方向
所得税税负风险	0.93	0.5	正常

【融会贯通】

计算2023年11月、12月增值税税负如表10-29所示。

表10-29　　　　　好美超市2023年11月、12月增值税税负情况

指标类型	月份	增值税税负（%）	税务稽查线（%）	偏离方向
增值税税负风险	11月	0.20	1.46	偏低
增值税税负风险	12月	0.08	1.46	偏低

（1）调整事项：发现11月少计收入110万元，少计增值税销项税额14.3万元。

调整说明	科目名称	调整借方	调整贷方
补缴上月增值税	应交税费——未交增值税	52 000	
	银行存款——中国银行朝阳支行		52 000
补缴上月城建税及附加	应交税费——应交城市维护建设税应收账款	3 640	
	应交税费——教育费附加	1 560	
	应交税费——地方教育附加	1 040	
	银行存款——中国银行朝阳支行		6 240

（2）调整事项：发现 11 月少计收入 110 万元，少计增值税销项税额 14.3 万元。

调整说明	科目名称	调整借方	调整贷方
结转应收账款少计收入	应收账款	1 243 000	
	主营业务收入		1 100 000
	应交税费——应交增值税——销项税额		143 000
结转未交增值税	应交税费——应交增值税——销项税额	143 000	
	应交税费——未交增值税		143 000

（3）调整事项：发现 11 月少计收入 110 万元，少计增值税销项税额 14.3 万元。

调整说明	科目名称	调整借方	调整贷方
补提城建税及附加	税金及附加——城市维护建设税	10 010	
	税金及附加——教育费附加	4 290	
	税金及附加——地方教育附加	2 860	
	应交税费——地方教育附加		17 160

（4）调整事项：发现 11 月少计收入 110 万元，少计增值税销项税额 14.3 万元。

调整说明	科目名称	调整借方	调整贷方
结转本年利润	主营业务收入	1 100 000	
	本年利润	1 082 840	
	税金及附加——城市维护建设税		10 010
	税金及附加——教育费附加		4 290
	税金及附加——地方教育附加		2 860

（5）调整事项：发现 12 月虚增成本 110 万元，少计增值税销项税额 14.3 万元。

调整说明	科目名称	调整借方	调整贷方
补缴上月增值税	应交税费——未交增值税	143 000	
	银行存款——中国银行朝阳支行		143 000
补缴上月城建税及附加	应交税费——应交城市维护建设税应收账款	10 010	
	应交税费——教育费附加	4 290	
	应交税费——地方教育附加	2 860	
	银行存款——中国银行朝阳支行		17 160

（6）调整事项：发现 12 月虚增成本 110 万元，少计增值税销项税额 14.3 万元。

调整说明	科目名称	调整借方	调整贷方
冲销虚增成本和进项税额	库存商品	1 100 000	
	应交税费——应交增值税——进项税额		143 000
	应付账款		1 243 000
结转未交增值税	应交税费——应交增值税——销项税额	143 000	
	应交税费——未交增值税		143 000

（7）调整事项：发现 12 月虚增成本 110 万元，少计增值税销项税额 14.3 万元。

调整说明	科目名称	调整借方	调整贷方
补提城建税及附加	税金及附加——城市维护建设税	10 010	
	税金及附加——教育费附加	4 290	
	税金及附加——地方教育附加	2 860	
	应交税费——地方教育附加		17 160

（8）调整事项：发现 12 月虚增成本 110 万元，少计增值税销项税额 14.3 万元。

调整说明	科目名称	调整借方	调整贷方
结转本年利润	本年利润	1 082 840	
	主营业务成本		1 100 000
	税金及附加——城市维护建设税		10 010
	税金及附加——教育费附加		4 290
	税金及附加——地方教育附加		2 860
年末结转利润分配	本年利润	2 101 994	
	利润分配		2 101 994

补计收入补提增值税后，计算 2023 年 11 月、12 月增值税税负如表 10 - 30 所示。

表 10 - 30　　好美超市 2023 年 11 月、12 调整后占增值税税负情况

指标类型	月份	增值税税负（%）	税务稽查线（%）	偏离方向
增值税税负风险	11 月	1.86	1.46	正常
增值税税负风险	12 月	1.87	1.46	正常

计算 2023 年第三、第四季度所得税税负如表 10 – 31 所示。

表 10 – 31　　　　　　好美超市 2023 年第三、第四季度所得税税负情况

指标类型	季度	所得税税负（%）	税务稽查线（%）	偏离方向
所得税税负风险	第三季度	0.26	0.5	偏低
所得税税负风险	第四季度	0.47	0.5	偏低

（1）调整事项：发现第三季度瞒报收入 60 万元，少计所得税 15 万元。

调整说明	科目名称	调整借方	调整贷方
补缴第二季度所得税费用	应交税费——应交企业所得税	100 000	
	银行存款——中国银行朝阳支行		100 000

（2）调整事项：发现第三季度瞒报收入 60 万元，少计所得税 15 万元。

调整说明	科目名称	调整借方	调整贷方
补计销售商品收入	银行存款	696 000	
	主营业务收入		600 000
	应交税费——应交增值税——销项税额		96 000
补提所得税	所得税费用	150 000	
	应交税费——应交企业所得税		150 000

（3）调整事项：发现第三季度瞒报收入 60 万元，少计所得税 15 万元。

调整说明	科目名称	调整借方	调整贷方
结转本年利润	主营业务收入	1 100 000	
	本年利润		450 000
	所得税费用		150 000

（4）调整事项：发现第三季度瞒报收入 60 万元，少计所得税 15 万元。

调整说明	科目名称	调整借方	调整贷方
结转本年利润	主营业务收入	1 100 000	
	本年利润		450 000
	所得税费用		150 000

（5）调整事项：发现第四季度好美超市作为子公司向母公司支付了管理费用 10 万元，需要调增收入补提所得税 2.5 万元。

调整说明	科目名称	调整借方	调整贷方
补缴第三季度所得税	应交税费——应交企业所得税	150 000	
	银行存款——中国银行朝阳支行		150 000
补缴第四季度所得税	所得税费用	25 000	
	应交税费——应交企业所得税		25 000

补计收入补提所得税后，计算 2023 年第三、第四季度所得税税负如表 10 - 32 所示。

表 10 - 32　　好美超市 2023 年第三、第四季度调整后所得税税负情况

指标类型	季度	所得税税负	税务稽查线	偏离方向
所得税税负风险	第三季度	1.07%	0.5%	正常
所得税税负风险	第四季度	0.99%	0.5%	正常

第五节　形成分析报告

一、综合分析报告

（一）营业收入及增长率分析

从第一季度营业收入及增长率的可视化及报表不难看出，第一季度 2 月营业收入增长率为 - 38.75% < 0，说明存在产品或服务不适销对路、质次价高等方面的问题。3 月营业收入增长率达到 45.22%，市场份额占有率不稳定。说明该产品的市场份额在萎缩或者说明公司产品处于成长期，如能继续保持将不会面临产品新的风险。

从第二季度营业收入及增长率的可视化及报表不难看出，第二季度 4 月至 6 月营业收入在 300 万元至 500 万元之间平稳上升；增长率也从 4 月 < 0 到 6 月 47.95% 平稳增长。市场份额占有率相对稳定，说明公司产品处于成长期，如能继续保持将不会面临产品新的风险。

从营业收入及增长率的可视化及报表观察，第三、第四季度整体营业收入均有所增长，增长率也在稳步增长，7 月和 12 月收入较平稳，收入增长率均 < 0，10 月收入又回到 2 月的情况。说明公司可能存在季节性产品或服务不适销对路、质次价高等方面问题。由于公司产品处于成长期，收入基本还是呈增长趋势，但还需要找出收入忽高忽低的原因。

（二）净利润及增长率分析

从第一季度净利润及增长率的可视化及报表不难看出，第一季度 3 月净利润为 -35.32 万元，增长率 -229.58% ＜0，说明企业收益增长得越少，表明企业经营业绩不佳，市场竞争能力越弱。从企业的整体净利润增长率来看，低于销售增长率。营业利润增长率，反映企业的成本费用的上升超过了销售的增长，反映出企业的增长能力并不好。

从第二季度净利润及增长率的可视化及报表不难看出，第一季度 4 月、5 月净利润虽然有所增长，但是增长率依然 ＜0，说明企业收益增长得越少，表明企业经营业绩不佳，市场竞争能力还是较弱。6 月净利润达到 51.45 万元，较 5 月增长近 10 倍。主要是由于 6 月收入 540 万元，收入增长率 47.95%。从企业的整体净利润增长率来看，企业的成本费用的上升超过了销售的增长，反映出企业的增长能力并不乐观。

从第三季度净利润及增长率的可视化及报表不难看出，第三季度 8 月净利润 122.69 万元，增长率为 1 131.8% ＞0，说明企业收益增长得越多，表明企业经营业绩突出市场竞争能力越强。这期间企业的净利润增长率高于销售增长率，表明企业产品获利能力在不断提高，但离良好的增长能力还有段距离。第四季度 10 月净利润为 -4.6 万元，收入从 9 月的 555 万元降至 10 月的 285 万元；连续的 11 月、12 月两个月净利润及增长率也并不乐观。处于成长期的企业还需进一步分析单产品相关销售情况。

（三）采购商品接受劳务支付的现金占比分析

从第一季度现金支付及占比的可视化及报表不难看出，第一季度现金支付占比相对第二季度少一些，第二季度比第一季度收入增长 244 万元之多，说明企业这期间可能发生采购时直接现付、支付前期赊购款项、支付预付账款、销货退回等业务较多。这也是企业处于成长期阶段的现金流问题，还需进一步关注相关产品销售情况。

从第三、第四两个季度现金支付及占比的可视化及报表不难看出，7 月、9 月、10 月、12 月现金支付占比高于当期商品采购额，说明在这几个月可能发生采购时直接现付、支付前期赊购款项、支付预付账款、销货退回等业务较多。导致现金支付占比上升。

（四）销售商品提供劳务收到的现金占比分析

从第一、第二季度收到现金及占比的可视化及报表不难看出，2 月销售收到的现金比当期商品销售收到的现金多，说明 2 月不只收到当期销售款，还收到前期赊销款项。其他个月销售收到的现金比当期商品销售收到的现金少，说明公司为增长销售额采取了宽余的信用政策，这是成长期企业的典型特征。

从第三、第四季度收到现金及占比的可视化及报表不难看出，11 月销售收到的现金比当期商品销售收到的现金少，说明 11 月只收到当期销售款。其他几个月销售收到的现金比当期商品销售收到的现金多，说明这几个月不但收到当期销售款，还收到前期应收未收款项，应收账款周转率较好。

（五）购置长期资产支付的现金占比

从 2 月和 8 月购置长期资产支付的现金占比的可视化及报表不难看出，这两个月都有固定资产购入的资金投入，全部用现金支付，共 1 150 000 元。其他几个月没有固定资产购入的资金投入。

二、杜邦分析报告

根据公司财务数据情况进行杜邦分析，考虑企业是债权融资还是股权融资，融资后企业未来三年利润情况的杜邦分析，具体如下。

财务依据调研结果以及财务方法进行资金预测，预计需求资金合计 1 000 万元。

【分析】

第一，未融资前，公司的资产负债率 56%，

第二，如果采用债权融资银行借款后公司的资产负债率高达 79%，负债过高，这种情况银行授信很难。

第三，如果采用股权融资，投资人投入后资产负债率为 27%，较为合理。

第四，综合决定：企业此次采用股权融资。

分析结果：

第一，投资回报率由原来的融资前 25% 降为 12%，具体原因看三个指标情况。

第二，未融资前资产负债率为 56%，通过股权融资 1 000 万元后，资产负债率降为 26%，在较为合理范围。

第三，平台上线后，线上收入导致销售净利率由融资前的 2%，增加至 3%。

第四，资产周转率下降，由融资前的 632% 降为 305%，主要原因是无形资产增加 800 万元导致。

三、本量利分析报告

（1）基于爱美客招股说明书的本量利分析。

爱美客 2023 年"宝尼达"产品的销售收入是 67 500 000 元，单位边际贡献为 2 467 元，边际贡献为 66 609 000 元，边际贡献率 98.68%。

经计算，"宝尼达"产品为高贡献率产品，销售收入每年翻番，占总收入比例逐年加大，应尽量保持重点关注，投入较大工作重心。

（2）Apollo 公司本量利分析。

Apollo 公司单位边际贡献为 36 元，边际贡献率 75.00%，单店盈亏平衡点是 1 500 人次，达到盈亏平衡情况时，每日顾客量需达到 50 人，此时员工平均工资为 6 750 元。

在新的业务场景中，当快剪单次服务时间不长于 20 分钟，造型设计师每日工作时间为 9 小时，每月营业利润为 15 000 元，销售量为 2 250 件时：

产品销售单价为 42.67 元，Apollo 公司边际贡献率为 71.88%。在这种情况下，

员工的平均工资为 8 625 元。

据此判断，Apollo 公司的商业模式具有较高的实操性、可复制性。而这两种特性既是企业筹资活动中吸引投资人的关键指标，也是实际经营业务中成功的关键因素。同时，Apollo 公司还能够在保证较低客户数的同时保证企业的基本运转，具有较强的经营韧性，这种韧性甚至在应对"黑天鹅"的情境下能够产生出乎意料的效果。

（3）冷空气公司本量利分析。

冷空气公司主营三项产品，其中高利润产品为小龙虾，中利润产品为螺蛳粉，低利润产品为辣条，且期利润产品营业利润为负。电商公司经常会存在"薄利多销"的引流产品，辣条可能属于此项。小龙虾销售受季节性影响较强，建议配合季节控制存货和销售策略。螺蛳粉虽然利润不高，但互联网热度仍在，建议对产品热度保持关注。

冷空气公司针对其中利润产品采取了"多买打折"的销售策略，产生了积极的正面影响，在这种策略下产品税前利润从 5 200 元上涨到 12 300 元，增长率为136.54%，涨幅巨大。其利用优秀的本量利分析能力重新调整产品定价，对单个产品产生了决定性影响，对整个公司的业务起到了一定的提振作用。

四、税负波动分析报告

（1）增值税税负分析。

好美超市 2023 年增值税税负波动起伏波动较大，2023 年 10 月、11 月、12 月增值税税负都在稽查线以下。

2023 年 10 月增值税税负如下。

原因：10 月少记收入 40 万元，少记增值税销项税额 5.2 万元。

原因：11 月少记收入 110 万元，少记增值税销项税额 14.3 万元。

发现 12 月虚增成本 110 万元，少记增值税销项税额 14.3 万元。

（2）所得税税负分析。

好美超市 2023 年所得税税负波动起伏波动也较大，2023 年第二、第三、第四季度所得税税负都在税务稽查线以下。

原因：6 月少记收入 40 万元，少记所得税 10 万元。

原因：第三季度瞒报收入 60 万元，少记所得税 15 万元，第四季度好美超市作为子公司向母公司支付了管理费用 10 万元，需要调增收入补提所得税 2.5 万元。

【经营指导建议】

北京好美超市区域内业务发展较好，收入连年蒸蒸日上，企业为了实现多收入和少交税的目标，开始采取隐瞒收入和虚增成本费用的手段，被税务机关的金税三期系统检查出税负波动存在严重的问题进行了约谈。

针对企业在经营中只注重经营发展而不重视守法的现象给出以下三点建议。

第一，明确发展思路和发展目标，作为超市公司要全面积极地拓展产品范围，多种经营，打造品牌。

第二，严格规范运作，企业经营流程化、制度化，规避企业经营风险；建立健全公司各项制度，增加收入的同时严格控制成本费用，才能为企业创造更高的利润。

第三，企业加强日常税务风险管控，提高税收筹划意识，从业务、财务、税务等方面全方位做好公司的管理。

拓展阅读

巴萨利模型

模型起源：巴萨利模型是在 Z 计分模型的基础上发展起来的，由亚历山大·巴萨利建立。该模型由 5 个特定的财务比率指标构成，计算简便，且比 z 值模型多了一个功能，即在预测企业破产可能性的同时，还能衡量企业实力的大小，适用于所有行业。

模型定义：巴萨利模型是后人在 Z 计分模型的基础上发展出来的，此模型以其发明者亚历山大·巴萨利（Alexander Barthory）的名字命名，此模型适用于所有行业，且不需要复杂的计算。

模型公式：其各项比率如下。

$$Z = X1 + X2 + X3 + X4 + X5$$

其中，X1 =（利润总额 + 折旧 + 摊销 + 利息支出）/流动负债

　　　X2 = 利润总额/（流动资产 − 流动负债）

　　　X3 = 所有者权益/流动负债

　　　X4 = 有形资产净值/负债总额

　　　X5 =（流动资产 − 流动负债）/总资产

对各项比率考察重点如下。

X1 是衡量公司业绩的工具，能精确地计算出公司当前利润和短期优先债务的比值，也用于表示公司业绩。

X2 是衡量公司营运资本的回报率。

X3 是资本结构比率，自有资本与短期负债的对比关系，衡量股东权对短期负债的保障程度。X4 是衡量扣除无形资产后的净资产对债务的保障度。X4 是衡量流动性的指标，表示营运资本占总资产的比重。

巴萨利模型指标值高说明公司实力强，反之则弱。巴萨利模型是 Z 计分模型更普遍的应用，可在预测公司破产可能性的同时衡量公司实力大小。据统计，巴萨利模型的准确率可达 95%。

Z 计分模型

模型起源：奥特曼通过对往年破产企业的数据分析，计算企业的 Z 值，总结出结论：Z 值越大，公司财务状况越好。通过数据分析进一步得出经验性临界数据值判断企业破产的临界值。若 Z 值属于区间（2.675，+∞），则表明企业发生破产的可能性很小，其财务状况良好；若 Z 值属于区间（1.81，2.657），则表明企业财务陷入危机，不及时采取措施很可能发生破产；若 Z 值属于区间（−∞，1.81），则表明很可能会发生财务危机。通过计算企业每年的 Z 值大小可找出企

业出现财务危机的先兆，从而可以预测企业的财务状况，由于 Z 计分模型计算简单，一直被广泛地应用于企业财务危机的预测。

模型定义：Z 计分模型是著名财务专家奥特曼设计的一种破产预测模型。他根据数理统计中的辨别分析技术，对银行过去的贷款案例进行统计分析，选择一部分最能够反映借款人的财务状况，对贷款质量影响最大、最具预测或分析价值的比率，设计出一个能最大限度地区分贷款风险度的数学模型（也称为判断函数），对贷款申请人进行信用风险及资信评估。

模型公式：

$$Z = 0.012(X1) + 0.014(X2) + 0.033(X3) + 0.006(X4) + 0.999(X5)$$

或：

$$Z = 1.2(X1) + 1.4(X2) + 3.3(X3) + 0.6(X4) + 0.999(X5)$$

其中，X1 表示流动资本/总资产（WC/TA），X2 表示留存收益/总资产（RE/TA），X3 表示息前、税前收益/总资产（EBIT/TA），X4 表示股权市值/总负债账面值（MVE/TL），X5 表示销售收入/总资产（S/TA）。上面两个公式是相等的，只不过权重的表达形式不同，前者用的是小数，后者用的是百分比，第五个比率是用倍数来表示的，其相关系数不变。

奥特曼经过统计分析和计算，最后确定了借款人违约的临界值 $Z_0 = 2.675$，如果 $Z < 2.675$，借款人被划入违约组；反之，如果 $Z > 2.675$，则借款人被划为非违约组。当 $1.81 < 2 < 2.99$ 时，判断失误较大，称该重叠区域为"未知区"（zone of ignorance）或称"灰色区域"（gray area）。

F 计 分 模 型

财务风险是每一个企业都必须面对的客观现实。伴随着全球经济一体化，企业面对的竞争压力不断增加，财务风险也进一步加大。因此，如何防范和化解风险，在激烈的市场竞争中求得生存和发展，已成为现代企业亟须解决的问题。实践证明，建立有效的财务危机预警体系，对企业的财务状况进行实时监控和评估，为相关决策提供依据，是十分必要的。经过多年的探索和实践，企业财务预警理论的研究已取得了丰硕成果。在众多的财务危机预警方法中，Z 计分模型作为一种多变量判定模型被广泛运用。

然而，Z 计分模型是以美国破产法对破产企业的界定，并以美国公司作为样本而创立的，能否适应我国国情？同时，Z 计分模型中没有考虑现金流量这一重要因素，对预测的准确性是否会产生影响？这些都是我国理论工作者值得探讨的问题。周首华、杨济华两位学者对此作了进一步研究，创立了 F 分数模型。这两种模型既有共性，也各有特点。

模型定义：Z 计分模型没有充分考虑现金流量因素，因而具有一定的局限性。为此，我国学者周首华、杨济华等在 Z 分数模型基础上进行大量的样本采集，使用 SPsS – x 统计软件多微区分分析方法，建立了 F 分数模型。

F 分数模型的主要特点如下。

一是加入了现金流量这一预测自变量。许多专家证实现金流量比率是预测公司破产的有效变量，因而弥补了 Z 计分数模型的不足。

二是考虑了现代化公司财务状况的发展及其有关标准的更新。

三是使用的样本数量更大。F 分数模型使用了 Compustat PCPlus 会计数据库中 1990 年以来的 4 160 家公司的数据进行了检验。检验结果表明，F 分数模型对破产公司预测的准确率为 68.18%。

F 分数模型是对 Z 计分模型的完善。Z 计分模型中所选取的 5 个财务指标虽然从企业的偿债能力、企业利润的积累情况、企业资产的利用效率、财务结构的稳定程度以及权益资本保障企业债权人权利的程度、企业产生销售额的能力以及资产的利用效率方面较为全面地考察了企业的财务风险程度，但却没有考虑到企业现金流量的变动情况。由于企业的现金流量体现了企业利润的质量，更加能够体现公司真实的盈利能力，因此，F 分数模型在 Z 计分模型的基础上将 Z 计分模型中的 X3 与 X5 替换成可以反映企业现金流量变动的指标，以便能够更加全面地衡量财务风险。

模型公式：

$$F = -0.1774 + 1.1091X1 + 0.1074X2 + 1.9271X3 + 0.0302X4 + 0.4961X5$$

其中，X1、X2 及 X4 与 Z 分数模型中的 X1、X2 及 X4 相同，这里不再进行分析。

X1 =（期末流动资产 – 期末流动负债）/期末总资产

X2 = 期末留存收益/期末总资产

X3 =（税后纯收益 + 折旧）/平均总负债

X4 = 期末股东权益的市场价值/期末总负债

X5 =（税后纯收益 + 利息 + 折旧）/平均总资产

F 分数模型与 Z 分数模型中各比率的区别就在于其 X3、X5 与 Z 分数模型中 X3、X5 不同。X3 是一个现金流量变量，它是衡量企业所生产的全部现金流量可用于偿还企业债务能力的重要指标。一般来讲，企业提取的折旧费用，也是企业创造的现金流入，必要时可将这部分资金用来偿还债务。X5 则测定的是企业总资产在创造现金流量方面的能力。相对于 Z 分数模式，它可以更准确地预测出企业是否存在财务危机（其中的利息是指企业利息收入减去利息支出后的余额）。

F 分数模式中五个自变量的选择是基于财务理论，其临界点为 0.0274；若某一特定的 F 分数低于 0.0274，则将被预测为破产公司；反之，若 F 分数高于 0.0274，则公司将被预测为继续生存公司。

第十一章 企业经营决策分析实训

【学习目标】

知识目标

◇掌握基于 Power BI 实现企业管理能力、销售收入、三大费用、税负变动等维度数据与同行业企业对比分析

◇理解综合阶段企业经营分析与决策

能力目标

◇培养学生具有企业经营分析与决策思维

◇培养学生能够使用 Power BI 基于企业不同维度数据与同行业进行对比分析

素质目标

◇培养学生具备数据战略思维、数据安全意识、数据伦理道德

◇引导学生养成自主学习和终身学习的意识

第一节 管理能力行业对比分析

▶▶ 案例背景

公司名称：北京 BD 文体用品有限责任公司（以下简称 BD 文体用品公司）。

所属行业：批发和零售业文化、体育用品为主的百货公司。

纳税性质：一般纳税人。

启用期间：2022 年 1 月。

会计制度：企业会计准则。

BD 文体用品公司自 2022 年成立以来，业务发展迅猛，收入连年蒸蒸日上，成为当地市场领军企业。公司管理层认为上市时机已趋于成熟，特此聘请"财智未来公司"财税专家对企业各项指标做全面评估，为公司上市做好财务准备工作。

▶▶ 任务描述

将 BD 文体用品永发公司作为案例企业，选取同行业 10 家公司进行对比分析，评估其管理能力各项指标。

▶▶ 任务要求

完成案例企业及对比企业的数据采集，获取四大能力分析指标数据，对指标作出经营决策分析并结合分析结果给出经营指导建议。

▶▶ 任务实现

第一步，登录财务大数据分析平台，点击左侧模型分析，选择上市公司对比，设置查询的指标项，分别查询对比公司数据，如图 11 - 1 所示。

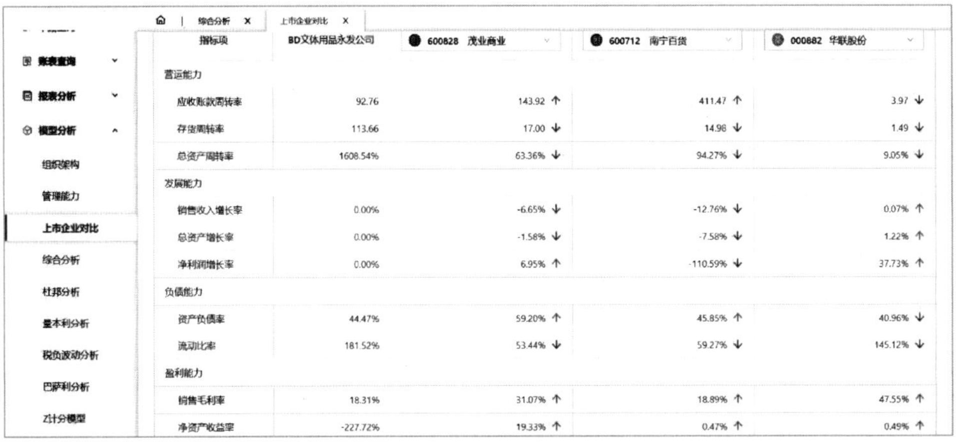

图 11 - 1 上市企业对比

第二步，将查询的结果导出，对导出的 Excel 表格进行整理分析，如表 11 - 1 所示。

表 11 - 1 四大能力行业对比分析

项目	BD文体	三夫户外	三江购物	重庆百货	茂业商业	南宁百货	华联股份	新华百货	合肥百货	南京新百	安德利
营运能力											
应收账款周转率	92.76	17.53	586.4	211.49	143.92	411.47	3.97	57.93	120.19	7.29	244.3
存货周转率	113.66	1.96	10.44	13.21	17	14.98	1.49	11.71	6.22	9.26	5.3
总资产周转率	16.09	0.47	0.89	2.36	0.63	0.94	0.09	1.39	1.02	0.42	1.06
发展能力											
销售收入增长率（%）		-4.29	-3.74	1.33	-6.65	-12.76	0.07	0.55	2.12	-34.66	5.26
总资产增长率（%）		-4.70	2.59	7.31	-1.58	-7.58	1.22	22.76	2.94	4.61	5.56
净利润增长率		-707.42	43.80	17.16	6.95	-110.5	37.73	38.62	-21.24	-329.21	160.80

续表

项目	BD 文体	三夫 户外	三江 购物	重庆 百货	茂业 商业	南宁 百货	华联 股份	新华 百货	合肥 百货	南京 新百	安德利
负债能力											
资产 负债率 （%）	44.47	26.01	30.43	57.37	59.20	45.85	40.96	62.92	56.27	29.62	66.20
流动比率 （%）	181.52	306.48	238.7	110.4	53.44	59.27	145.12	63.43	92.69	137.46	52.78
盈利能力											
销售 毛利率 （%）	18.31	48.24	24.47	18.08	31.07	18.89	47.55	21.84	19.77	50.08	19.91
净资产 收益率 （%）	−227.7	−4.58	5.11	16.82	19.33	0.47	0.49	7.29	5.38	12.44	2.50

一、营运能力分析指标

$$应收账款周转率（周转次数）＝营业收入/平均应收账款余额$$
$$总资产周转率（周转次数）＝营业收入/平均资产总额$$
$$存货周转率（周转次数）＝营业成本/平均存货余额$$

营运能力分析指标行业对比如图 11−2 所示。

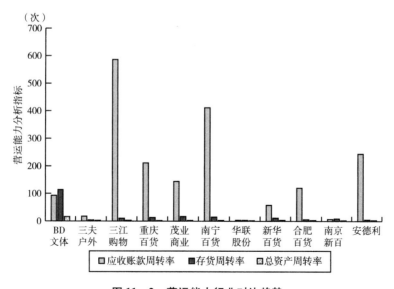

图 11−2 营运能力行业对比趋势

【营运能力分析】

第一，应收账款周转率越高越好，应收账款周转率高，表明收账迅速，账龄较短；资产流动性强，短期偿债能力强；可以减少坏账损失等。通过比较，BD 文体用品公司应收账款周转率远低于同行业其他公司，应收账款能力较差。

第二，一般情况下，总资产周转率越高越好。总资产周转率高，表明企业全部资产使用效率较高。从总资产周转率指标看，BD 文体用品公司营运能力在同行业中是佼佼者。

第三，存货周转率越高越好。存货周转率高，表明存货变现速度快，资金占用水平较低。通过比较，BD 文体用品公司存货周转率在同行业中较高，说明整体上商品适销对路，管理层对于市场需求的把控较好。

【经营指导建议】

第一，从应收账款周转率指标看，企业应当加强赊销管理，避免坏账的发生。

第二，BD 文体用品虽然 2023 年度业绩小幅下滑，但尚未对资产的整体运营管理水平造成不利的影响。

第三，从存货周转率指标看，公司存货的管理能力较好。但近两年存货增长过快，结合销售收入负增长来考虑，可能存在部分商品滞销的情况，公司应当及早查明原因，防止损失扩大。

二、发展能力分析指标

$$总资产增长率 = 当年总资产增长额 / 年初资产总额 \times 100\%$$
$$销售收入增长率 = 当年销售收入增长额 / 上一年销售收入总额 \times 100\%$$
$$净利润增长率 = (当期净利润 - 上期净利润) / 上期净利润 \times 100\%$$

发展能力分析指标行业对比如图 11 - 3 所示。

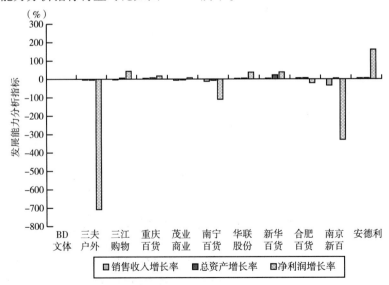

图 11 - 3　发展能力行业对比趋势

【发展能力分析】

第一，BD 文体用品公司是总资产规模 1 000 多万元的小微企业，对比同行业总资产增长率较高，表明即使在全国经济形势不利的情况下，公司还能正常经营，总资产规模还能逐年递增，公司管理层还是深谙经营之道，企业持续发展能力较好。

第二，销售收入增长率大于零，表明企业当年营业收入有所增长。该指标值越高，表明企业营业收入的增长速度越快，企业市场前景越好也越强大。相反，若该指标低于零，则表明营业收入下降，企业需警惕增长动能不足或同业竞争加剧的隐患。从与同行业对比来看，该公司收入增长率处于行业领先。

第三，净利润增长率是指企业当期净利润比上期净利润的增长幅度，指标值越大代表企业盈利能力越强。从与同行业对比来看，公司整体发展能力非常好。

【经营指导建议】

第一，从总资产增长率指标看，整体发展能力较好，但是主要体现在年末存货和应收账款的增加，存货和应收账款虽然是企业的流动资产，但其变现能力有待进一步分析。

第二，从前面两个能力分析结果来看，BD 文体用品公司 2023 年总体发展略有停滞，应收账款和存货的过快增长挤占了大量营运资金，因此，公司应当增加销售投入，把握市场商机，促进销售收入稳步快速增长。

第三，净利润增长率是指企业当期净利润比上期净利润的增长幅度，指标值越大代表企业盈利能力越强。从与同行业对比来看，公司整体发展能力非常好。

三、偿债能力分析指标

$$流动比率 = 流动资产合计/流动负债合计 \times 100\%$$
$$资产负债率 = 负债总额/资产总额 \times 100\%$$

偿债能力分析指标行业对比如图 11 - 4 所示。

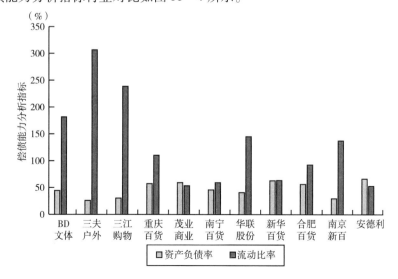

图 11 - 4　偿债能力行业对比趋势

【偿债能力分析】

第一，流动比率是用来衡量企业流动资产在短期债务到期以前，可以变为现金用于偿还负债的能力。一般说来，比率越高，说明企业资产变现能力越强，短期偿债能力也越强；反之则弱。BD 文体用品公司相对于同行业其他公司短期偿债能力处于平均水平。

第二，资产负债率是衡量企业负债水平及风险程度的重要标志，包含以下几层含义。

（1）资产负债率能够揭示出企业全部资金来源中有多少是由债权人提供。

（2）从债权人角度看，资产负债率越低越好。

（3）对投资人或股东来说，负债比率较高可能带来一定的好处。

（4）从经营者角度看，他们最关心的是在充分利用借入资金给企业带来好处的同时，尽可能降低财务风险。

（5）企业负债比率应在不发生偿债危机的情况下，尽可能择高。

BD 文体用品公司相对于同行业其他公司，资产负债率接近行业平均水平，属于比较稳健的资本结构。

【经营指导建议】

第一，企业短期偿债能力较弱。BD 文体用品公司 2023 年流动比率为 145.21%，一般公认流动比率为 2∶1，公司流动比率略低。公司流动资产中存货近 360 万元，占比 36%，存货占比过重，挤占过多营运资金，变现能力差。流动负债中应付账款、票据和其他应付款 576 万元，占比 84%；每月固定支付的薪酬和税费近 60 万元，需要企业及时筹措资金保证公司正常运转。

第二，企业资本结构较为合理。BD 文体用品公司 2023 年流动比率为 181.52%，一般公认流动比率为 2∶1，公司流动比率略低。公司流动资产中存货近 360 万元，占比 36%，存货占比过重，挤占过多营运资金，变现能力差。流动负债中应付账款、票据和其他应付款 576 万元，占比 84%；每月固定支付的薪酬和税费近 60 万元，需要企业及时筹措资金保证公司正常运转。

四、盈利能力分析指标：

$$销售毛利率 = (销售收入 - 销售成本)/销售收入 \times 100\%$$
$$总资产周转率(周转次数) = 营业收入/平均资产总额$$

盈利能力分析指标行业对比如图 11 - 5 所示。

【盈利能力分析】

第一，公司总资产 1 000 多万元，相对于同行业，销售毛利率指标偏小，公司适合采用薄利多销的经营方式。

第二，净资产收益率越高，企业自有资本获取收益能力越强，运营效益越好，对企业投资人、债权人利益保证程度越高。通过比较，公司净资产收益率在同行业中较低，表明公司盈利能力较弱。

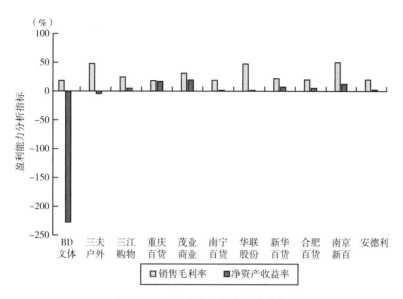

图 11 - 5 盈利能力行业对比趋势

【经营指导建议】

第一，整体变动幅度比较平稳。公司销售毛利率为 11.71%，22 个月中 20 个月超过 10%，2 个月接近 10%；其中，最高点 2017 年 10 月，为 16.64%，最低点 2018 年 7 月，为 8.84%。

第二，公司 2023 年净资产收益率 3.97%；净资产 2023 年末比年初增加 75 万元，增长率 119%，BD 每年都小有盈利。

第三，公司净利润 2023 年度比 2022 年度减少 26 万元，2023 年度净资产收益率比 2022 年低 10%，但从净资产收益率指标看，公司整体盈利能力较强，管理层需要关注 2023 年度盈利能力整体下降的原因。

第二节 销售行业对比分析

▶▶任务描述

将 BD 文体用品公司作为案例企业，选取同行业 10 家公司进行销售对比分析。

▶▶任务要求

完成案例企业以及对比企业的数据采集，对数据作出经营决策分析并结合分析结果给出经营指导建议。

▶▶任务实现

第一步，登录财务大数据分析平台，在报表分析中点击经营状况表和费用统计表，获取 BD 文体用品公司财务数据信息，如图 11 -6 和图 11 -7 所示。

月份	收入	成本	费用	税金	利润
1月	4,000,000.00	3,200,000.00	576,500.00	7,800.00	215,700.00
2月	2,450,000.00	1,750,000.00	421,950.00	5,460.00	272,590.00
3月	3,557,931.03	3,017,500.00	475,100.00	8,633.80	56,697.23
4月	3,400,000.00	2,865,000.00	428,970.00	8,346.00	97,684.00
5月	3,650,000.00	3,080,000.00	508,340.00	8,892.00	52,768.00
6月	5,400,000.00	4,250,000.00	518,420.00	11,700.00	619,880.00
7月	4,000,000.00	3,400,000.00	491,040.00	9,360.00	99,600.00
8月	7,034,500.00	5,280,000.00	512,740.00	14,890.20	1,226,869.80
9月	5,550,000.00	4,305,700.00	492,775.00	10,051.08	741,473.92
10月	2,850,000.00	2,415,000.00	474,400.00	6,786.00	-46,186.00
11月	8,500,000.00	7,285,400.00	511,046.00	18,947.76	684,606.24
12月	8,000,000.00	6,850,000.00	738,260.00	17,940.00	393,800.00
合计	58,392,431.03	47,698,600.00	6,149,541.00	128,806.84	4,415,483.19

图 11 -6　BD 公司经营状况数据

费用类型	1月	2月	3月	4月	5月	6月	年度累计
销售费用	95,000.00	13,100.00	41,600.00	19,500.00	38,460.00	36,050.00	391,086.00
办公用品及办公费	0.00	0.00	3,000.00	4,500.00	3,460.00	2,350.00	27,610.00
差旅费	45,000.00	12,300.00	32,400.00	12,000.00	12,000.00	24,500.00	230,231.00
广告宣传费	0.00	0.00	0.00	3,000.00	0.00	3,000.00	12,000.00
通讯费	30,000.00	800.00	1,200.00	0.00	3,000.00	1,200.00	46,245.00
租赁费	20,000.00	0.00	5,000.00	0.00	20,000.00	5,000.00	75,000.00
管理费用	469,000.00	396,350.00	421,000.00	396,970.00	457,380.00	469,870.00	5,608,455.00
职工工资	250,000.00	250,000.00	250,000.00	250,000.00	300,000.00	300,000.00	3,600,000.00
保险费	0.00	0.00	0.00	0.00	0.00	0.00	0.00
办公费	30,000.00	12,350.00	7,000.00	3,250.00	2,400.00	5,600.00	85,578.00
广告宣传费	0.00	20,000.00	0.00	0.00	0.00	0.00	23,000.00
社会保险费	75,000.00	75,000.00	75,000.00	75,000.00	90,000.00	90,000.00	1,020,000.00
住房公积金	25,000.00	25,000.00	25,000.00	25,000.00	30,000.00	30,000.00	340,000.00
差旅费	50,000.00	0.00	12,000.00	6,720.00	0.00	3,420.00	81,340.00
固定资产折旧费	7,000.00	7,000.00	15,000.00	15,000.00	15,000.00	15,000.00	216,000.00
无形资产摊销费	2,000.00	2,000.00	2,000.00	2,000.00	2,000.00	2,000.00	24,000.00
交通费	0.00	0.00	0.00	0.00	1,280.00	850.00	12,615.00

图 11 -7　BD 公司费用统计数据

第二步，将查询的结果导出，对导出的 Excel 表格进行整理分析，如表 11 -2 所示。

表 11 -2　　2023 年销售行业对比分析　　　　　金额单位：万元

项目	BD 文体	三夫 户外	三江 购物	重庆 百货	茂业 商业	南宁 百货	华联 股份	新华 百货	合肥 百货	南京 新百	安德利
营业收入	5 839	40 230	397 900	3 454 000	1 223 000	185 800	125 400	766 800	1 091 000	950 200	189 800
营业成本	4 770	20 820	300 500	2 829 000	843 300	150 700	65 780	599 300	875 200	474 400	152 000
毛利润	1 069	19 410	97 400	625 000	379 700	35 100	59 620	167 500	215 800	475 800	37 800
毛利润率（%）	18.31	48.25	24.48	18.09	31.05	18.89	47.54	21.84	19.78	50.07	19.92

续表

项目	BD 文体	三夫 户外	三江 购物	重庆 百货	茂业 商业	南宁 百货	华联 股份	新华 百货	合肥 百货	南京 新百	安德利
销售费用	39	11 860	78 020	364 400	111 700	10.270	32 390	118 000	50 970	70 380	25 730
营业利润	442	-3 018	20 910	119 400	180 100	1.69	6 555	18 010	39 920	234 900	2 304
营业 利润率 (%)	7.56	-7.50	5.26	3.46	14.73	0.91	5.23	2.35	3.66	24.72	1.21

第三步，分别标记出《2023 年销售行业对比分析》数据中毛利润率和营业利润率的最优/劣值，并就其数据同扬帆公司进行具体分析，如表 11-3 所示。

表 11-3 **2023 年销售行业对比分析** 金额单位：万元

项目	BD 文体	三夫 户外	三江 购物	重庆 百货	茂业 商业	南宁 百货	华联 股份	新华 百货	合肥 百货	南京 新百	安德利
营业收入	5 839	40 230	397 900	3 454 000	1 223 000	185 800	125 400	766 800	1 091 000	950 200	189 800
营业成本	4 770	20 820	300 500	2 829 000	843 300	150 700	65 780	599 300	875 200	474 400	152 000
毛利润	1 069	19 410	97 400	625 000	379 700	35 100	59 620	167 500	215 800	475 800	37 800
毛利润率 (%)	18.31	48.25	24.48	18.09	31.05	18.89	47.54	21.84	19.78	50.07	19.92
销售费用	39	11 860	78 020	364 400	111 700	10 270	32 390	118 000	50 970	70 380	25 730
营业利润	442	-3 018	20 910	119.400	180 100	1 691	6 555	18 010	39 920	234 900	2 304
营业 利润率 (%)	7.56	-7.50	5.26	3.46	14.73	0.91	5.23	2.35	3.66	24.72	1.21

【经营决策分析】

经测算，BD 文体用品公司 2023 年的营业收入为 5 839 万元，远低于 10 家所选取同行业上市公司平均营业收入 842 413 万元，低于同行业最低营业收入 40 230 万元（三夫户外）。

BD 文体用品公司 2023 年毛利润率为 18.31%，低于平均毛利润率 29.99%，低于同行业最低毛利润率 18.89%（南宁百货）。

BD 文体用品公司 2023 年营业利润率为 7.56%，略高于行业平均营业利润率 5.40%，同时，高于同行业最低毛利润率 -7.50%（三夫户外）。

【经营指导建议】

北京 BD 文体用品有限公司经过几年来的精心准备和不懈努力，大大提高了知名度，业务发展迅猛，收入连年蒸蒸日上，成为当地领先企业，资本实力也有巨大增长，为公司快速扩张和持续增长奠定了良好基础。但仍有很大前进空间，现针对企业销售情况为可持续发展提供以下指导建议。

第一，营业收入远低于上市公司平均值。2023 年 BD 文体用品公司营业收入与上市公司平均值相比，仍有很大差距（约 144 倍）。需特别关注扩充企业销售渠道和方式，可尝试引入"互联网＋""Ai＋"等科技手段提升办公能效和顾客体验感。同时，可采取直营、加盟等方式进行连锁经营扩充店面，也可考虑明星带货、商业代言等方式吸引客流。传统百货受电商平台等影响发展有限，需提前布局多元化发展和业务转型。

第二，营业成本占比高于上市公司平均值及最低值。需注重上下游企业建设，建议通过投融并购等方式纵向扩充企业，深耕企业供应链资源，降低企业营业成本率，提高毛利率。同时，需注意仅考虑相关性强、可以取得竞争优势的企业，避免企业规模变大的同时也变得更加臃肿。结合公司战略推行全面预算管理，精益管理企业，持续监控、改善业务流程。

第三，销售费用占比明显低于上市公司。受规模较小、业务模式单一、产品高度集中影响，杨帆公司销售费用占比较为优秀。但未来企业为满足上市条件，必然会努力扩大营收，而后采用的如商演、代言、冠名等多种营销手段必然会导致销售费用上扬。建议企业从战略层、制度层提早建设布局，尽量保持销售费用占比较低的优势。

综上所述，仅从销售行业对比来看，BD 文体用品公司的上市之路仍然"任重道远"。

第三节　费用行业对比分析

▶▶ 任务描述

将 BD 文体用品公司作为案例企业，选取同行业 10 家公司进行期间费用对比分析。

▶▶ 任务要求

完成案例企业及对比企业的数据采集，对数据作出经营决策分析并结合分析结果给出经营指导建议。

▶▶ 任务实现

第一步，登录财务大数据分析平台，在报表分析中点击经营状况表和费用统计表，获取 BD 文体用品公司财务数据信息，如图 11－8 和图 11－9 所示。

第二步，将查询的结果导出，对导出的 Excel 表格进行整理分析，如表 11－4 所示。

第三步，经营决策分析。

【**销售费用行业对比分析**】10 家上市公司平均值为 14.12%，三夫户外、华联股份、三江购物 3 家公司均超过平均值，企业用于销售费用支出较大。BD 文体用品公司销售费用率远低于平均值，小企业销售人员支出较少，间接影响企业收入。

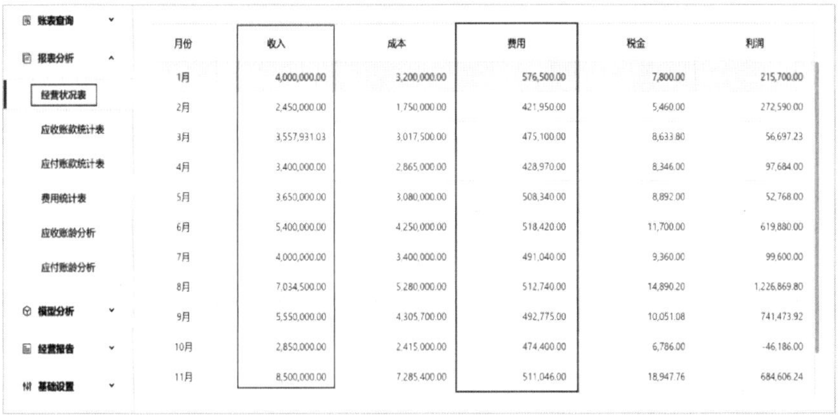

图 11-8　BD 公司费用统计数据

图 11-9　BD 公司费用统计数据

表 11-4	2023 年费用行业对比分析										金额单位：万元
项目	BD 文体	三夫户外	三江购物	重庆百货	茂业商业	南宁百货	华联股份	新华百货	合肥百货	南京新百	安德利
销售费用	39	11 860	78 020	364 400	111 700	10 270	32 390	118 000	50 970	70 380	25 730
管理费用	561	5 209	11 240	110 500	33 020	18 870	17 890	21 230	108 500	96 680	5 190
财务费用	15	634	-9 512	3 636	33 010	1 789	21 240	6 462	3 079	9 067	2 940
营业收入	5 839	40 230	397 900	3 454 000	1 223 000	185 800	125 400	766 800	1 091 000	950 200	189 800
销售费用率（%）	0.67	29.48	19.61	10.55	9.13	5.53	25.83	15.39	4.67	7.41	13.56
管理费用率（%）	9.60	12.95	2.82	3.20	2.70	10.16	14.27	2.77	9.95	10.17	2.73
财务费用率（%）	0.26	1.58	-2.39	0.11	2.70	0.96	16.94	0.84	0.28	0.95	1.55

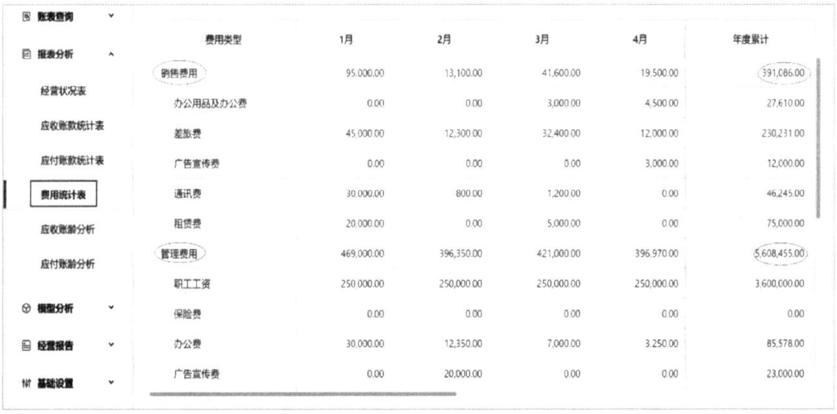

通过 BD 文体用品公司与三夫户外 2023 年销售费用明细对比（见图 11 - 10），三夫户外销售人员薪酬支出占销售费用的 42%，而 BD 文体用品公司无销售人员费用支出，导致销售费用少。BD 文体用品公司没有用于销售的场地租赁费，所以比三夫户外的销售费用低。三夫户外的广告宣传占销售费用的 13.49%，企业所得税法实施条例规定常规企业广告宣传费税前扣除比例为 15%。BD 文体用品公司未做广告宣传，以至于销售费用较低。以上三点导致销售费用少，是 BD 文体用品公司销售费用率远低于三夫户外的主要原因。

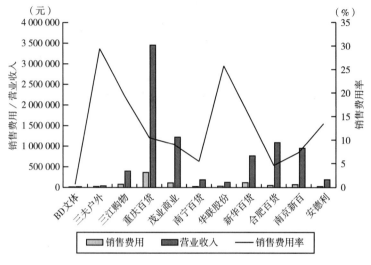

图 11 - 10　销售费用行业对比趋势

【管理费用行业对比分析】10 家上市公司平均值为 7.17%，华联股份企业用于管理费用支出较大，管理相关支出较多。安德利公司管理费用率最低，管理人员薪酬相对较低。BD 文体用品公司销售费用率略高于平均值，主要支出是管理人员薪酬方面支出较大。

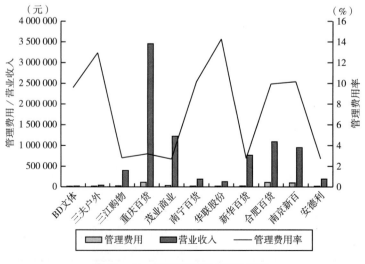

图 11 - 11　管理费用行业对比趋势

经计算，BD 文体用品公司 2023 年管理费用率为 9.60%，高于 10 家所选同行业上市公司平均；安德利管理费用率 2.73%。管理费用明细科目分析；BD 文体用品公司管理人员薪酬支出（工资、社保、公积金）合计占管理费用 89%；安德利薪酬占管理费用 44.24%，管理人员薪酬支出偏高，导致管理费用率高。

【财务费用行业对比分析】 10 家上市公司平均值为 2.35%，三江购物财务费用为负比例利息收入，影响很大，其他企业都是正比例，运营财务杠杆支出手续费、利息支出较多。合肥百货财务费用率与 BD 文体用品数值接近。BD 文体用品公司销售费用率远偏于平均值，贷款类财务杠杆较低，无利息收入。

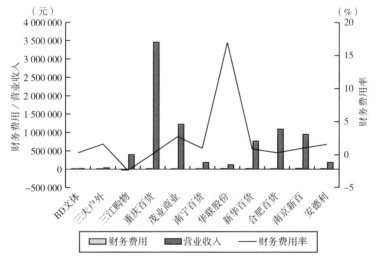

图 11-12 财务费用行业对比趋势

经计算，BD 文体用品公司 2023 年的财务费用率为 0.26%；BD 文体用品公司有部分借款产生销售费用手续费，金额不大。与三江购物财务费用率对比，三江购物低至负数，原因是三江购物有货币资金受限做担保或保证金，导致财务费用利息较高，经营业务的特殊性导致财务费用极低。BD 文体用品公司与合肥百货对比，财务费用率接近。从经营业务来看，合肥百货业务经营百货与 BD 文体用品公司相似。合肥百货有利用财务杠杆，抵押借款，导致财务费用增加。同时，合肥公司利息较多，平衡下来，财务费用率较低。BD 文体用品公司利用财务杠杆较少。

【经营指导建议】

北京 BD 文体用品有限公司经过几年来的精心准备和不懈努力，大大提高了知名度，业务发展迅猛，收入连年蒸蒸日上，成为当地领先企业，资本实力也有巨大增长，为公司快速扩张和持续增长奠定了良好基础。但仍有很大前进空间，现针对企业费用情况为可持续发展提供以下指导建议。

一是建议企业结合自身情况，增加店面，招聘销售人员，拓展销售渠道等提高企业业绩。

二是提高企业知名度，通过线上广告、线下推广等方式加强宣传。

三是加强全面预算管理监督销售费用匹配情况。

四是进一步完善财务管理制度。

五是落实公司人员的绩效考核和薪酬制度。

六是加强全面预算管理，监督管理费用执行情况。

七是销售方面增加结算方式：刷卡、微信、支付宝等。

八是为防止资金链断裂，可以通过贷款等方式补充企业血液。

九是加强全面预算管理，监督财务费用匹配情况。

第四节　税负波动行业对比分析

税务问题是企业改制上市过程中的重点问题。在税务方面，中国证监会颁布的主板和创业板发行上市管理办法均规定：发行人依法纳税，各项税收优惠符合相关法律法规的规定，发行人的经营成果对税收优惠不存在重大依赖。

因此，BD 文化用品将本公司税负数据进行全面结构化采集，同时与从东方财富网抓取的上市公司税负进行比较分析。

一、增值税税负分析

增值税税负如图 11 – 13 所示。

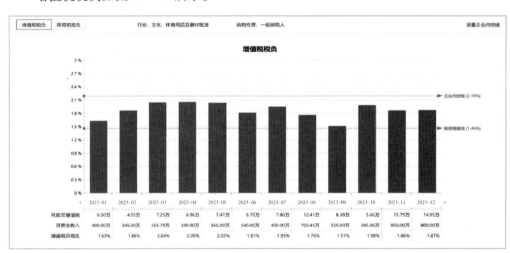

图 11 – 13　增值税税负

【分析】公司增值税税负 1.84%，高于税务稽查线，稍低于企业内控线，相对安全，企业税负适当。

增值税税负行业对比如图 11 – 14 所示。

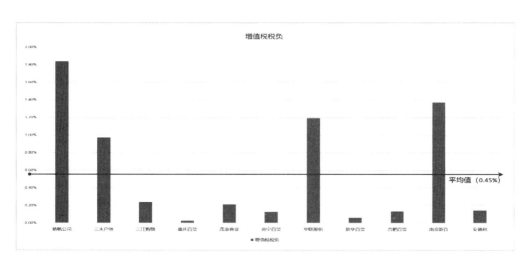

图 11 - 14 增值税税负行业对比

【分析】公司增值税税负 1.84%，在行业中处于高位，并且高于 10 家公司的平均值 0.45%。

BD 文体用品公司与同行业上市公司税负对比表 11 - 5 所示。

表 11 - 5 **BD 文体用品公司与同行业上市公司税负对比**

项目	BD 文体	三夫户外	三江购物	重庆百货	茂业商业	南宁百货	华联股份	新华百货	合肥百货	南京新百	安德利	平均值
增值税税负（%）	1.84	0.98	0.24	0.03	0.21	0.13	1.19	0.06	0.13	13.7	0.15	0.45
增值税（万元）	107.4	39 260	960.75	928 16	2 608.08	240.67	1 497.55	466.74	1 462.16	13 056.01	27 877	
营业收入（万元）	5 839	40 230	397 900	3 454 000	1 223 000	185 800	125 400	766 800	1 091 000	950 200	189 800	

【分析】10 家上市公司平均值为 0.45%，三夫户外、华联股份、南京新百 3 家公司均超过平均值，是行业中佼佼者，其共同特点是经营中深入研究消费者需求，更新百货公司定位，推进内容创新，增进竞争能力，完善数据化系统建设，加强运营管控，完善整合营销体系，增进顾客黏性。

BD 文体用品公司增值税税负虽也超过平均值，但在经营中缺乏创新，数字化管理不到位，顾客黏性较弱，收入不稳定，税务波动较大，因而需要提升运营管理水平。

二、所得税税负分析

企业所得税税负如图 11 - 15 所示。

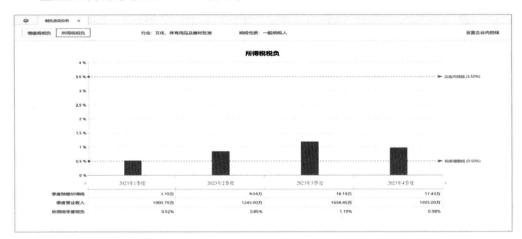

图 11 - 15　企业所得税税负

【分析】公司所得税税负 0.83%，高于税务稽查线，远低于企业内控线，企业无税务风险。

企业所得税税负行业对比如图 11 - 16 所示。

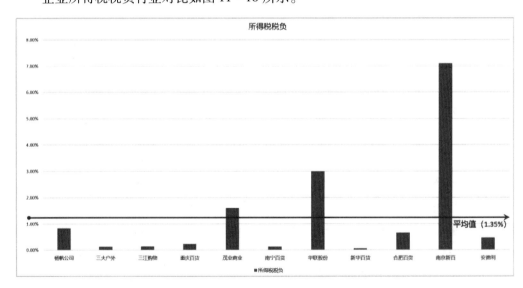

图 11 - 16　企业所得税税负行业对比

【分析】公司所得税税负 0.83%，居于 10 家公司中间位置，略低于平均值 1.35%。BD 文体用品公司与同行业上市公司税负对比如表 11 - 6 所示。

表 11 - 6　　　　　　　　　BD 文体用品公司与同行业上市公司税负对比

项目	BD 文体	三夫户外	三江购物	重庆百货	茂业商业	南宁百货	华联股份	新华百货	合肥百货	南京新百	安德利	平均值
所得税税负 (%)	0.83	0.13	0.14	0.23	1.60	0.13	2.99	0.06	0.66	7.10	0.46	1.35
企业所得税 (万元)	48.36	53.85	567.70	8 052.66	19 544.26	243.33	3 753.76	477.39	7 184.18	67 471.86	880.40	
营业收入 (万元)	5 839	40 230	397 900	3 454 000	1 223 000	185 800	125 400	766 800	1 091 000	950 200	189 800	

【分析】10 家上市公司平均值为 1.35%，茂业商业、华联股份、南京新百 3 家公司均超过平均值，企业利润较高，其共同特点是公司资源配置优化，为保障公司利润率和持续盈利能力强，销售投入都较高，同时合理控制成本费用，公司有明确的经营规划和发展战略。

BD 文体用品公司所得税负 0.83% 低于平均值 1.35%，营业收入不高，利润较低，原因企业管理费用控制较差，销售投入较少；企业今后运营中要注重提升核心竞争力，提高持续发展能力的同时要强化收支平衡的规范管理。

设置企业内控线如图 11 - 17 所示。

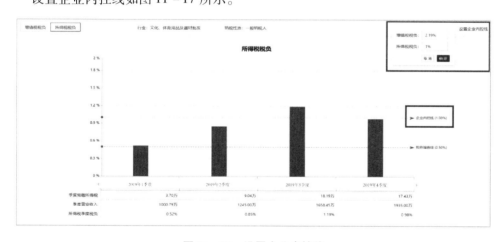

图 11 - 17　设置企业内控线

【分析】公司自行设置的所得税企业内控线稍高，可以根据实际情况进行调整，有利于企业合理控制税负，减轻企业经营负担，这样上市之路才能加快步伐，轻装前进。

【经营指导建议】

北京 BD 文体用品有限公司经过几年精心准备和不懈努力，大大提高了知名度，业务发展迅猛，收入连年蒸蒸日上，成为区域经营的佼佼者，企业资本实力也有巨大增长，为公司快速扩张和持续增长奠定了良好基础。为了企业持续发展开辟新的融资渠道，给出以下六点建议。

一是明确发展思路和发展目标，作为百货公司要全面积极拓展产品范围，多种经营，打造品牌，而不能以体育用品为主，做好批发的同时还要兼顾零售。

二是保持持续、稳定的盈利，增加公司资本总额，持续深化线上线下流量互导，提升销售效率，持续提升品牌的认知度、美誉度。

三是严格规范运作，企业经营流程化、制度化，规避企业经营风险。

四是加强公司财务管理，增加收入的同时严格控制成本费用，为企业创造更高的利润。

五是随着金税三期全面上线，企业加强日常税务风险管控，提高税收筹划意识，从业务、财务、税务和法务等方面做好上市筹备工作。

六是精心选择中介机构和财务顾问，重视上市后的规范运作，保持良好的经济效益，维护和创造持续的融资条件，以便能够及时从证券市场筹集发展资金，保证企业快速发展，逐步发展成为行业内的优势企业。

主要参考文献

［1］陈虎，陈健．会计大数据分析与处理技术：助推数据赋能财务新未来［J］．财务与会计，2022（10）：33－38.

［2］陈虎，朱子凝．数据可视化的财务应用研究［J］．财会月刊，2022（16）：120－125.

［3］唐晶晶．本量利分析在企业管理中的应用［J］．中国价格监管与反垄断，2025（1）：131－133.

［4］滕蕙．企业短期资金需求预测与调配策略探讨［J］．行政事业资产与财务，2024（18）：43－45.

［5］温素彬，赵心舒，李慧，杜邦分析法：解读与应用案例——杜邦分析法在金融业的应用［J］．会计之友，2023（12）：150－155.

［6］闫美娟．基于Power BI上市企业财务指标可视化分析研究与应用［J］．山西财政税务专科学校学报，2024，26（5）：44－48.